Con todo mi cariño:

Gisela.

Para que "Campes"
por tus dominios
con un buen conocimiento

Pepe

Cocina Canaria

Vicente Sánchez Araña

Cocina Canaria

EDITORIAL EVEREST, S. A.

MADRID • LEON • BARCELONA • SEVILLA • GRANADA • VALENCIA
ZARAGOZA • LAS PALMAS DE GRAN CANARIA • LA CORUÑA
PALMA DE MALLORCA • ALICANTE – MEXICO • BUENOS AIRES

Las fotografías de este libro han sido realizadas en los restaurantes:
Comidas Bar **Carmelo el 7** — Guía de Gran Canaria
Restaurante **La Farola** — El Altillo, Moya
Restaurante **El Paso** — Los Charcones, Moya
Restaurante **Puerto de Laguete** — Agaete
Restaurante **La Granja** — Agaete
Restaurante **Las Nasas** — Agaete
Restaurante **Dedo de Dios** — Agaete
Restaurante **Las Cabras** — Galdar
Restaurante **Álamo** — Galdar
Restaurante **Hao** — Santa Lucía de Tirajana
Restaurante **Girasol** — Isla La Graciosa
Restaurante **Hotel Gloria Palace** — Playa S. Agustín
Restaurante **Riu Papaya** — Playa del Inglés
Fábrica de Repostería Canaria **Roque Nublo** — Tejeda

A todos ellos agradecemos la colaboración prestada.

Coordinación Editorial: *Ángeles Llamazares Álvarez*
Diagramación: *Jorge Garrán Marey*
Diseño de cubiertas: *Alfredo Anievas*
Fotografías: *Francisco Rivero García*

SEGUNDA EDICIÓN

Carretera León-La Coruña km 5 - LEÓN
ISBN: 84-241-2267-4
Depósito Legal: LE: 201-2000
Printed in Spain - Impreso en España

EDITORIAL EVERGRÁFICAS, S. L.
Carretera León-La Coruña km 5
LEÓN (ESPAÑA)

ÍNDICE

	Pág.
Nota biográfica, por Juan José Laforet.	9
Prólogo, por Mario Hernández Bueno	13
HISTORIA Y RECETARIO DE LA COCINA CANARIA,	
por Vicente Sánchez Araña	15
Enyesques y entremeses	33
Gofio	57
Mojo	67
Mariscos y pescados	79
Caldos, sopas, potajes y pucheros	115
Carnes	149
Guarniciones	181
Huevos, masa de hojaldre y puntos de azúcar	191
Postres	199
Batidos y refrescos	263
Quesos, vinos y licores	269
Significado y origen de las voces	281
Bibliografía y documentos	291
Agradecimientos	295

Nota biográfica

Pincelada biográfica del Excmo. Sr. D. Vicente Sánchez Araña

El autor de la presente obra *Historia y Recetario de la Cocina Canaria* nos muestra interesantes facetas cronológicas de la gastronomía de nuestra región, desconocidas hasta ahora en este apasionante campo. El Excmo. Sr. D. Vicente Sánchez Araña, es un hombre estudioso, entusiasmado por todo lo canario, y un investigador profundo, meticuloso, dedicado a desentrañar los entresijos de nuestro pasado en el silencioso mundo de los archivos y bibliotecas nacionales, insulares, parroquiales y particulares. Prueba de ello es este trabajo rigurosamente histórico que nos presenta exuberante de noticias gastronómicas, redactado con la sencillez, naturalidad y humildad que le caracterizan. Ello viene a sumarse a algunos libros y a varias publicaciones en revistas y periódicos nacionales y extranjeros; ha sido también guionista y actor de la 2ª cadena de Televisión Alemana en el Programa TERRA X. 1991. Orador consumado y conferenciante en diferentes países de habla hispana sobre temas canario-colombinos, en su isla natal y en la provincia de Las Palmas, ha pregonado por todos sus pueblos magníficas y documentadas proclamas. Méritos que le han hecho acreedor del cariño y admiración de sus múltiples amigos dentro y fuera de las islas. Los ayuntamientos de Gran Canaria le han hecho patente su reconocimiento; otros de importancia turística como Mogán y San Bartolomé de Tirajana le han nombrado hijo adoptivo y cronista oficial este último. Ha sido el creador e impulsor de fiestas y conmemoraciones ya tradicionales en la isla de Gran Canaria, entre las que destacamos la venida de la Reina de la Luz desde Suecia, para asistir a los actos patronales de Santa Lucía; la Fiesta de los Labradores y la efeméride de Ansite, ininterrumpidamente celebrados desde los años 65-68 hasta la actualidad. Fue alcalde de su pueblo y en la actualidad es presidente del Real Patronato de Ansite, presidente del Patronato de las Dunas de Maspalomas, fundador propietario y director del Museo Antropológico y Arqueológico, ubicado en el Castillo de la Fortaleza de Ansite. Es asimismo presidente perpetuo de la Fundación Vicente Sánchez Araña, presidente del Patronato Reina de la Luz Suecia-España y vicepresidente perpetuo cofundador de la Fundación de los Archipiélagos Españoles, (Presidente para Canarias), entre otros. Recientemente se destaca como cofundador de la Fundación de los amigos del Castillo de la Luz (Las Palmas de Gran Canaria). De entre el elevado número de distinciones son de destacar las de Caballero Gran Cruz de la Orden Civil de Alfonso X el Sabio, Caballero de Primera Clase de la Orden de la Estrella Polar de Suecia, Comendador de la Orden Soberana y Militar del Temple de Jerusalem, miembro fundador y comendador de Ciencias Humanísticas y Relaciones de los Estados Unidos de Méjico y República Dominicana y Medalla de Oro y Zafiros de la Isla Graciosa. La obra que tienes en tus manos, amigo lector, está confeccionada por este ferviente grancanario, que no duda un momento poner a tus servicios los altos conocimientos que tiene de su región y de su pueblo natal, Santa Lucía de Tirajana. Así es de sencillo este hombre ilustre que es don Vicente Sánchez Araña.

Juan José Laforet
(Historiador, licenciado en Ciencias de la Información)

Prólogo

A MODO DE ENYESQUE

Cuando el amigo Vicente Sánchez Araña me adelantó su propósito de hacer un libro sobre la Cocina Canaria, la reacción primera fue de envidia. Santa envidia, si es que por fin se dictamina que la envidia es una enfermedad saludable. Y no sólo me quedé «rascado» por que abordaba una olvidada materia de nuestro acervo histórico cultural, sino porque venía yo desde hace algunos años recopilando notas, recetas, referencias históricas y otras noticias a fin de, un incierto día, ¡y ese fue mi error!, plasmar en un libraco el material aún hoy disperso. El joven abuelo había dado una lección más de vitalidad al indolente «joventón». Pero no sólo lo ha hecho con éste humilde plumífero de las cosas del buche, sino también con una nutrida nómina de ilustrados, quienes, a través de más de 500 años de historia, han pasado por el tema de puntillas, quizá con una hamburguesa y un refresco en las manos.

Y es que este joven de setenta años es un caso insólito. Desde temprana edad se sintió atraído por la historia, la poca difundida historia de las Islas Canarias y; como un Quijote en su ínsula, se ha dedicado de forma totalmente autodidacta a investigar diversas parcelas de la canariedad, creando incluso, su propio museo arqueológico etnográfico —escuela de amor a la tierra canaria— situado en los altos de su Santa Lucía de Tirajana.

Hoy, este canarista de pro nos trae una sabrosa parte de nuestra cultura popular, la gastronomía, fenómeno que en las Islas Canarias está cobrando ya el interés que se experimentara hace años en el resto del mundo civilizado. Nos regala en este texto de cocina, —que no fácil recetario—, además de un colorido ramillete de recetas (algunas viejas e inéditas) las anécdotas, las historias de algunos de los platos emblemáticos, interesantísimos informes sobre sus productos, así como noticias de los usos y costumbres alimentarios. Y llega, además en el momento justo. En un momento en el que los forasteros comienzan a reconocer nuestras peculiaridades culinarias.

Bueno es recordar que fuera de Canarias sólo se tienen noticias de las típicas «papas arrugadas con mojo», ¡ay, nuestros mojos!, y quizas algo del gofio.

Canarias tiene cocina, yo apostillaría que en plural; ya lo comprobarán a través de este texto. Y no sólo por constituir una región fragmentada, sino porque el Archipiélago ha sido, y es, un verdadero «melting pot» donde se han sancochado las más dispares aportaciones de sus diversos colonos: genoveses, flamencos, portugueses, magrebíes, negros africanos (las riadas de esclavos de la Costa Occidental) y toda suerte de españoles de Andalucía, Galicia, Baleares, Castilla, Extremadura... Sin olvidar los viajes de ida y vuelta de tantísimos indianos por esas Américas de Dios, como dice el autor de este libro.

Uno de los capítulos, que enseguida vamos a comenzar, está dedicado a ordenar todos los datos sueltos recogidos en las apresuradas notas de las primeras crónicas, añadiéndoles Vicente Sánchez Araña las interesantes aportaciones de las más recientes investigaciones efectuadas en intestinos de momias aborígenes.

Piensa uno si aquellos habitantes del Neolítico intuyeron el desdén de los ilustrados y esas momificaciones no fueron otra cosa que una pillería: las ocultas pistas para que los antropólogos del siglo XX pudieran corregir datos referidos a su alimentación y cocina.

No debemos olvidar que los aborígenes canarios, a diferencia de otros pueblos antiguos, al momificar sus muertos no removieron sus órganos interiores.

Es importante señalar, por otra parte, que Canarias a partir de las fechas de su sometimiento, se convierte en una potencia mundial en producción y exportación de azúcar; de ahí esa variadísima dulcería y repostería, y su destilado rey, el «pisco» de ron, el aguardiente de más consumo en el mundo. Pero, ¿qué decir de los vinos? Durante siglos fueron distinguidos como los más prestigiosos del planeta, cantados en varias ocasiones por el novelista de moda, Mr. Willian Shaskespeare, y algunos otros importantes «*connaisseurs*» de la «*gourmandise*» internacional. Los quesos, nuestros viejos quesos artesanales, son la sorpresa de los más entendidos; y sus frutas, desde las frías meridionales a las más calurosas tropicales, aportan un nada despreciable contenido de sabores, colores y exotismo. Exportamos hortalizas con tales cotas de calidad que se han hecho imprescindibles en los exigentes mercados europeos.

Pero, recordemos también nuestras legumbres: las garbanzas, los chícharos, las judías o lentejas. Canarias se ha distinguido siempre como una región agrícola.

Los túnidos, los salmonetes, los meros, corvinas, pulpos, camarones, centollos, samas roqueras, bocinegros, besugos, cabrillas, chernes, las irrepetibles «clacas», un marisco sólo comparable al mejor percebe; o la misteriosa, la viajera «vieja», conforman y confirman una naturaleza y vocación marcadamente marineras.

Del cochino se ha glorificado sobremanera su pernil. Y el magro, festoneado de suave tocino, aromáticamente adobado y frito, es vianda que en Tenerife llaman «Carne de fiesta». Por algo será. El «baifito» de Fuerteventura tiene permiso para «engaliarse» a las más altas y conspiscuas mesas. Igual que los escabechados de perdiz, los guisos de conejo montaraz, de palomas o incluso de las avutardas de Fuerteventura y pardelas actualmente protegidas; razón por la que el señor Sánchez Araña no registra en el presente recetario ningún plato confeccionado con carne de dichas aves.

Y, no nos extendamos mucho para hablar del guisote más emblemático y aglutinador de todas las cocinas hispanas e hispanoamericanas: el cocido. «El Puchero» o «Puchero de las siete carnes», es posiblemente el pote que mejor ha conservado los genes de la madre de todos ellos: la medieval y opulenta «Olla podrida».

Las típicas y hasta tópicas «Papas arrugadas» constituyen una verdadera proeza culinaria. La humanidad ha inventado cientos de recetas con este tubérculo nutricio, pero lo de las papas «a la isleña» es un caso singular. Hemos visto cómo cultos periodistas andinos se llevaban a sus tierras, llenos de admiración, unas bolsitas con «bonitas», «quineguas» (King Eduard) o «negras».

Todas estas apresuradas evocaciones a los productos y datos étnicos, unidos a la imaginación y ciertas peculiaridades que diferencian al isleño, nos llevan a confirmar que Canarias posee sus propias cocinas. Asunto suficientemente importante para que, por fin, un hombre del talante de Vicente Sánchez Araña acometiera la feliz empresa de explicarlo en un volumen. Un libro, pues, revelador; el esperado difusor de una de las más importantes parcelas para el conocimiento de un pueblo.

La mesa ya está servida. El «maître» de ocasión, el amigo Vicente Sánchez Araña, ha dispuesto generosamente sobre ella más de cuatrocientas recetas de «enyesques», «condutos»[83] y guanijais[84].

Usted, prepárese a saborearlos.

Mario Hernández Bueno.
(Cronista gastronómico internacional y especialista en temas culinarios).

Historia y recetario de la cocina canaria

EVOLUCIÓN DE LA COCINA Y GASTRONOMÍA CANARIA

Desde los más remotos tiempos el hombre ha dedicado gran parte de su vida a mejorar sus hábitos alimentarios ayudándose incluso de la medicina, cuyos especialistas han realizado importantes aportaciones en busca del mayor y mejor equilibrio nutritivo. La evolución en la preparación de alimentos ha sido paralela al mayor o menor grado de cultura y medios económicos de los pueblos, desde los primitivos pobladores que consumían frutas y raíces de arbustos, pasando luego a las carnes, moluscos y peces en estado natural, hasta que el conocimiento del fuego abrió un nuevo horizonte para la preparación de sus viandas, utilizando más tarde condimentos naturales o artificiales que han ido dando un especial sabor a cada plato en cada una de las zonas donde aquéllos son empleados, dando lugar al nacimiento de un nuevo arte: el culinario. Cocina y gastronomía son vocablos con significados diferentes, que se complementan entre sí; pues si cocinar es el arte de aderezar las viandas, gastronomía es la habilidad y conocimientos para preparar una buena comida, degustándola regaladamente. Inciden luego una serie de factores ajenos a la intervención del hombre, que dan a los alimentos un especial sabor, según las zonas de cultivo, aunque éstos sean confeccionados con los mismos productos en igual proporción y procedimiento. El clima, el agua, la composición de la tierra y las horas de sol que reciben los frutos y productos destinados a la cocina, son la causa principal de ese peculiar sabor que caracteriza a los alimentos de cada país. Luego, si éstos son sometidos a una especial condimentación con arreglo al gusto de cada pueblo, encontraremos la explicación de esa especial diferencia. La degustación de alimentos ha permitido al hombre moderno, en sus desplazamientos por los distintos paises, conocer no sólo el paisaje, costumbres, etc., del pueblo que visita, sino la degustación de platos típicos que conforman la cocina regional, o la insular, como es el caso de Canarias, motivo de esta publicación, solicitada con extraordinario interés por la Editorial Everest, gesto que tenemos que agradecer los canarios, pues merced a ello hemos puesto nuestro empeño en recopilar los valiosos datos, —muchos de ellos inéditos en cuya investigación y comprobación hemos invertido más de tres años— que publicamos gustosos en esta edición. Ello nos permite aseverar que sobre la cocina canaria se ha investigado poco; en cambio, se ha publicado mucho y variado. Por eso entendemos que es hora de aclarar conceptos y orígenes para entender mejor los esfuerzos de nuestras pasadas generaciones en busca de nuevos aportes culinarios. El documental recopilado en archivos, bibliotecas y casas particulares, así como la recogida de datos en varios puntos del Archipiélago Canario, me permiten tratar, con la rigurosidad histórica de costumbre, este tema tan interesante como complejo.

PREHISTORIA

El ordenamiento histórico de este capítulo exige dividirlo en dos etapas diferenciadas. La primera abarcará el sistema alimenticio de los canarios preshistóricos. La segunda, los nuevos aportes culinarios que recibieron las llamadas Islas Feudales y Realengas tras su conquista, cuya incorporación, fechas, costumbres, etc., relatamos en nuestras guías histórico-turísticas de Gran Canaria y Fuerteventura, publicadas por esta prestigiosa Editorial. Dentro del propio entorno insular, en épocas pasadas se detectan singulares gustos entre las poblaciones costeras y las de montaña. Aún hoy persisten diferentes nombres para los mismos productos y platos entre islas. La diferencia alimenticia que observamos en cada una se debió, en gran parte, a la falta de comunicaciones entre sí y con el mundo exterior. Los regímenes alimentarios fueron evolucionando con la llegada de nuevos núcleos humanos, procedentes de distintas regiones europeas y españolas tras la conquista; evolución facilitada luego por los cada vez más rápidos y cómodos medios de comunicación. Los estudios antropológicos realizados en esqueletos del interior de Gran Canaria y en los de la costa sobre lesionados de caries dental por efectos alimentarios han dado los siguientes porcentajes: La población costera asentada en Gáldar presenta un 19% de lesionados; mientras que la del interior, un 25%, debido, según observaciones científicas, al mayor consumo de alimentos duros que ocasionaba además un acusado desgaste dental. Las causas principales atribuidas a dicha enfermedad son dos: la diferencia de razas o la imputable al sistema de alimentación, pues mientras los habitantes del interior consumían frutas, cereales y productos de la ganadería, los de costa complementaban su dieta con alimentos procedentes del mar y, por tanto, más ricos en calcio.

RÉGIMEN ALIMENTARIO DE LOS PRIMITIVOS POBLADORES DE CANARIAS

Avanzado el poblamiento humano en las islas de Gran Canaria y Tenerife, se impuso el sistema de trueque de alimentos entre la población de montaña y la de costa, decisivo para el equilibrio dietético de ambas. Entre los cereales ocupó lugar preferente la cebada, según se desprende de los análisis realizados en los intestinos de una momia guanche (aclaramos que la voz guanche identifica a los primitivos pobladores de Tenerife), perteneciente al cuerpo de un niño, en la que se hallaron, según el dictamen de la Escuela Superior de Dinamarca, residuos de semillas de pino y harinas de rizomas de helechos, con un alto porcentaje de almidón[II]. Otro análisis realizado en trozos de vísceras intestinales de una momia procedente de Acusa, Gran Canaria, revela la existencia de hasta doce especies de granos, entre ellos trigo. El especialista de los laboratorios de El Cairo donde se realizó el informe, dice: «Por efectos químicos no se pudo determinar la existencia de fragmentos de carne, mamíferos, moluscos o similares». No obstante, los historiadores confirman el consumo de carnes, moluscos, miel, etc.[III], como veremos seguidamente. Entre los cereales, ocuparon un lugar preferente la cebada y el trigo. A la harina obtenida de ellos o de otras semillas y raíces de helechos tostadas y molidas le llamaron gofio[1]. Los grancanarios antiguos consumían el gofio en polvo, amasado con miel de abejas, caldo de carne, leche o manteca de cabra, que escaldaban caliente y conservaban en gánigos [IV]. Confeccionaban grandes bolas de higos pasados, majados y mezclados con gofio, miel de abejas y manteca, que guardaban en gánigos[2] de una cosecha a otra. Los benahoritas[3] y bimbachos[4] no conocieron el gofio hasta muy avanzado su primitivismo, ya que descubrieron tardíamente el fuego. Una vez conocido, emplearon el mismo sistema que en Gran Canaria. Los guanches[5], en vez de hacer pellas de gofio con higos, las hacían con miel de mocan.

LEGUMBRES

En Gran Canaria consumían habas, arvejones y arvejas guisadas, conservadas las primeras en salmuera, costumbre habitual de los palmeros, quienes además consumían las habas tiernas crudas y para conservarlas las tostaban. En época de escasez hacían uso de semillas de forrajeras silvestres, entre ellas las llamadas «cosco» o «cofe cofe»[6] y las amagante[7]. En Tenerife, además de las semillas reseñadas, consumían raíces de helechos.

MARISCOS

La población aborigen de todas las islas se alimentaban de una gran variedad de moluscos, especialmente patellas, *comus canariensis*, ciprea, burgados, etc., que ingerían asados y según las islas, aderezados con leche, miel y manteca.

PECES

Entre la gran variedad de peces que en aquellos tiempos poblaban nuestro océano, pescaban lisas[8] y morenas que consumían asadas.

CARNES

Aparte de las carnes de cabra y oveja (especie que no producía lana), consumían las de cerdo, tipo jabalí africano, baifos, corderos y palomas[9]. Algunos de los historiadores citados en el número IV de la bibliografía, afirman que consumían la carne de perros castrados.

FORMA DE PREPARAR LAS CARNES

Los grancanarios cortaban en grandes trozos las carnes de cabra y cerdo para luego freírlas en su propia grasa o con sebo fresco o hervidas con agua y sal y espolvoreadas con gofio, pues en todo el Archipiélago Canario, no se conoció el pan de levadura, vino, vinagre y otros condimentos hasta la llegada de los castellanos. Otro plato apetecido fue la carne hecha trozos pequeños y refrita en su propia gordura[10]. También la consumían con leche, y asada sobre las brasas, rociándola con manteca. En Fuerteventura curaban las carnes al sol, colgadas de las puertas de las casas. Más tarde usaron el procedimiento de ahumarlas en cuevas o al aire, en originales construcciones circulares[11]. En Tenerife preferían las de cabrito y cordero, cocidas bajo tierra, envueltas en hojas o dentro de gánigos, que depositaban en un pequeño foso sobre el cual prendían una hoguera, quedando así preparadas a fuego lento. En La Palma consumían preferentemente la de cochino. En El Hierro la carne preferida fue la de ovejas gordas[12] que cocían en ganigos o asaban directamente sobre las brasas. Tenían predilección por la de lagartos, cuya variedad actualmente está protegida. En esta isla, el cochino estaba considerado animal sagrado[13].

A los festines del pueblo los denominaban «Guatatiboas» y a los familiares «Guatiboas». En la Gomera, entre otras carnes, consumían la de cuervos, que preparaban al estilo de las demás islas.

LECHE Y SUS DERIVADOS[14]

El pueblo canario primitivo fue predominantemente pastoril y sus ganados de cabras y ovejas abastecían suficientemente a la población. En el capítulo del gofio damos a conocer la forma de consumir la leche los grancanarios y los guanches. En La Palma, Gomera, Hierro, Lanzarote y Fuerteventura, además de consumir la leche como en el resto de las islas, la hervían con raíces de helechos. También majaban raíces de malvas hasta convertirlas en delgadas fibras, que después de secas introducían en gánigos de leche, adquiriendo ésta un agradable sabor. Este producto lácteo era utilizado en todas las islas como eficaz laxante, tomándola en ayunas sin desnatar, mezclada con miel de mocán, de palma y otras hierbas medicinales. La leche ácida desnatada fue considerada en Lanzarote, alimento muy apreciado para prolongar la longevidad[15].

CURIOSO SISTEMA DE OBTENER LA MANTEQUILLA

En el trimestre julio-septiembre, única época en la que se podía obtener una mantequilla de calidad por la excelente condición de los pastos, depositaban la leche en un tazufre[16] de cigüena[17], que pendían de la rama de un árbol; aquel era mecido por dos mujeres, situadas una frente a otra, hasta conseguir que se formara una gustosa y blanda pella de mantequilla[18]; el líquido resultante tomaba el nombre de ahemén[19]. Esta forma de confeccionar y consumir la mantequilla, sólo fue conocida en las islas de Fuerteventura y Lanzarote. Hasta principios de siglo fue un artículo muy estimado en América, a donde era exportada en gánigos de barro o en botellas. Aún se detectan reminiscencias de aquella costumbre, sobre todo en El Hierro, donde se le denomina leche mecida.

QUESOS

No ha podido confirmarse que los grancanarios prehistóricos conocieran el procedimiento para fabricar quesos; en cambio, en los Protocolos de Datas de Tenerife se han descubierto suficientes testimonios que acreditan que los isleños de la Gomera y Fuerteventura estaban en posesión del secreto; los niños lo ingerían con gofio de cebada.

FRUTOS Y SEMILLAS SILVESTRES

Las semillas de los pinos y los frutos de los madroños, dragos, mocanes, vicácaros, acebuches, palmas dactilíferas, moras de zarza y palmitos, eran consumidos con deleite por los primitivos habitantes de estas islas.

BEBIDAS

Los grancanarios disponían de gran variedad de aguas minerales, cuyas propiedades curativas conocían. No obstante, consumían una bebida extraída de la savia de la palma, que, en estado de fermentación, adquiría un sabor agridulce, llamada yacerquen. En la Gomera empleaban el mismo sistema, con la diferencia que lo consumían convertido en miel, tras hervirlo varias veces, costumbre que aún perdura. Los guanches extraían la miel de la fruta del mocán. Desmenuzadas y secas sus yoyas [20], las ponían al fuego con poca cantidad de agua , hasta conseguir un líquido espeso y meloso. El mismo sistema lo emplearon los habitantes del Hierro pero con otra fruta parecida a la cereza, llamada endunilla. Excepto en Lanzarote y Fuerteventura, existieron en el resto de las islas gran cantidad de abejas silvestres que producían abundante y rica miel. Aún hoy, en lugares inaccesibles de las islas, hemos comprobado cómo el dulce «maná» cae de las altas rocas, donde las abejas han construido sus panales.

EVOLUCIÓN DE LA ALIMENTACIÓN EN NUESTRAS ISLAS

Las islas feudales[21] fueron las primeras en recibir los nuevos aportes alimenticios tras su conquista, setenta y ocho años antes que las realengas. La cocina introducida en las primeras islas conquistadas tuvo su origen en Normandía y Península española, y fue llevada por los conquistadores, cuyas costumbres perduraron hasta el definitivo establecimiento de Diego García de Herrera (1456), cuando fue abolido todo vestigio francés para introducir costumbres regionales hispanas. En las islas realengas[22], tan pronto quedaron anexionadas a Castilla, la cocina fue evolucionando a medida que llegaban productos alimenticios europeos, a través de los puertos del sur de España.

EL PAN EN CANARIAS

Entre los primeros alimentos europeos llegados a Gran Canaria y luego a La Palma y Tenerife, figura el pan, cuya introducción está datada el 24 de junio de 1478, procedente del puerto de Santa María en forma de pan bizcochado, embalado en cerones[23] como suministro para las tropas de Juan Rejón.

Se aceptó desde un principio el estilo andaluz para molturar los granos, construcción de hornos y amasijo, desde el llamado bizcocho que se conservaba en «talegos» o cajas de madera, durante 15 o 20 días, para consumirlo mojado en agua, leche, o caldo a fin de poder masticarlo, hasta el llamado tierno, hecho con harina del país y matalahúva. Aún hoy se confecciona adquiriendo un sabroso y delicioso sabor.Al transcurso del tiempo se hizo el pan de centeno, de papas, de huevo, de azúcar, batatas, de leche y de flor, esto es, con la harina de la primera cernidura pasada por un cedazo muy fino; moreno, amasado con la harina de la segunda cernidura; de millo, de mixtura, o sea, de millo y trigo en la proporción de tres por una; de papas y batatas, etc.

Con el pan llegaron a Gran Canaria, y posteriormente al resto de las islas realengas, el vino, vinagre, garbanzos, aceite, pasas, azúcar sin refinar, agua de azahar y rosada[V]. La introducción paulatina de otros productos sería suficiente para iniciar la transformación que dio lugar a la creación de la cocina regional canaria que, como vemos, se debe a la fusión de cocinas regionales españolas con la madeirense (portuguesa), las de paises europeos, sudamericanos, incluso con reminiscencias africanas por las frecuentes relaciones con aquel continente, sobre todo la nutrida colonia de negros libertos y sus descendientes establecidos en las islas, procedentes de la esclavitud en los Ingenios de la caña de azúcar en los siglos XV y XVI, todo ello sin perder la influencia aborigen, pues muchas de los mujeres canarias enlazaron su vida con la de los conquistadores.

De esa fusión de productos y guisos nació la cocina regional canaria, que al devenir de los siglos se ha ido enriqueciendo con aportes de las más variadas procedencias, predominantemente europeas y sudamericanas.

Llegadas las primeras vacas a estas islas, hacia el 1500, ovejas con lana (las de los aborígenes no producían lana por eso fueron exterminadas[VI]), y las aves de corral, sus carnes, unidas a las ya existentes en el país (cabra y cerdo), fueron preparadas y consumidas al estilo aborigen, esto es, asadas sobre las brasas de las hogueras, hasta que fueron llegando a las islas el menaje, artículos alimenticios, árboles frutales y hortalizas, no sólo para el abastecimiento de la población, sino para poner en producción las tierras que los nuevos pobladores habrían de cultivar con destino a la industria artesanal de las islas.

Las plantaciones de caña dulce e industrialización del azúcar a lo largo de los siglos XV y XVI, se debió a los mercaderes genoveses y maestros portugueses[VII].

Por aquella misma fecha se iniciaron las plantaciones de árboles frutales y hortalizas, de las cuales quedaron registradas más de quince variedades: tuvieron especial preferencia las berenjenas, pepinos, coles, calabazas, melones, nabos, rábanos, lechugas, cebollas, habas, arvejas, anís, cilantro, etc.[VIII], y las afamadas trufas del Valle de Santa Inés de Fuerteventura, lamentablemente desaparecidas. En esa fecha no entraron en nuestras islas el perejil, azafrán, especias ni el millo.

La excelente calidad del azúcar producida en los Ingenios canarios dio lugar al establecimiento en Las Palmas de Gran Canaria y La Laguna (Tenerife), de afamados pasteleros, confiteros y reposteros[XIX] que no sólo trabajaban para la localidad, sino para el extranjero, donde sus productos alcanzaron una gran demanda. Otra aportación de incalculable valor para nuestra repostería ha sido la procedente de los conventos, casas religiosas y reposteros de los obispos, que al ser sus ilustrísimas destinados a otras diócesis, se quedaban en la isla y montaban sus industrias o atendían encargos. Todos ellos nos dejaron una gran variedad de originales recetas de golosinas que, en la actualidad, nos deleitan con su exquisito sabor.

Destacamos, por lo poco conocidos, los deliciosos Manjares de los que en nuestro recetario reseñamos algunas fórmulas que en épocas pasadas gozaban de gran popularidad. De sus postres los preferidos fueron: *Crema de Manjar Blanco*, hecha con leche, almendras, azúcar y harina de arroz. *Manjar de Ángeles*: a base de leche y azúcar. *Manjar Imperial*: Leche, yemas y harina de arroz. *Manjar Lento*: Leche, yemas batidas y azúcar. *Manjar Principal*: Queso, leche colada, yemas de huevo batidas y pan rallado. Estos manjares dieron lugar al nacimiento del MANJARETE (Voz y formula cubana inspirada en las anteriores recetas e introducida de nuevo en las Islas por nuestros emigrantes en el pasado siglo): Dulce confeccionado con millo tierno rallado, leche y azúcar, que se cuece y cuaja al enfriarse, tipo flan. (Véase la receta MANJAR DE MILLO TIERNO).

Igual pasa con nuestra cocina, que debido a la privilegiada situación geográfica y benigno clima de Canarias, nunca ha dejado de recibir aportes culinarios que aquí encuentran buen campo para su adaptación, por lo que podemos decir que está en continuo progreso, olvidando deleitosos platos como el *Manjar de Cardenales* compuesto con pechugas de gallina cocidas y desmenuzadas, mezcladas con azúcar, leche y harina de arroz; o el *Manjar Real*, composición al estilo del Manjar de Cardenales sustituyendo las pechugas de gallina por pierna de cordero, los cuales han sido relegados, además de otros, para dar paso a nuevos sabores y olores, destacando los postres confeccionados con frutas de árboles tropicales, cuyos cultivos están dando excelentes resultados en nuestras Islas, como el aguacate, mamey, mango, chirimoya, papaya, piña tropical, parchita, kiwi, etc. con cuyas frutas se confeccionan gran variedad de excelentes postres y refrescos de gran aceptación.

DIFERENTES COCINAS CANARIAS

Nos dicen viejas crónicas que hasta principios del presente siglo existieron en Canarias tres cocinas perfectamente diferenciadas: la campesina, la señorial y la conventual. En la primera se utilizaba muy poca leche, pues se destinaba principalmente a la fabricación de quesos para su venta, y se consumían diariamente potajes de yerbas amasados con gofio, acompañado de un casco de cebolla, pescado salado, sardinas de barrica, suero con gofio y frutas secas. Raramente comían pan, excepto la gente pudiente[X]. En las dos últimas abundaban los huevos, el queso, la mantequilla, carne, pescado y granos, etc., distinguiéndose la conventual por la profusión y variedad de exquisitos postres y frutas en conserva.

CURIOSA DESCRIPCION DE UN ALMUERZO EN EL AÑO 1764

La gente acomodada, según nos dice el cronista consultado[XI], «desayuna chocolate y pan bizcochado. Almuerza con sopa de carne de vaca, cordero, cerdo, tocino, zanahorias, nabos, papas, guisantes, cebollas y azafrán. Una vez en el plato se le añaden rebanadas de pan». ¿Quién no reconoce en este guiso el antecesor del que sería nuestro peculiar y famoso puchero canario?

«El segundo plato —dice—, consiste en carne asada». «El tercero es el aceite o los ingredientes que sirvieron para hacer la sopa». En este plato vemos a nuestro «tumbo» de hoy.

«El postre estriba en frutas y dulces. Todos los comensales beben libremente vino, o vino con agua durante la comida y brindan al final con el dueño de la casa, diciendo: "Que viva su merced mil años", y él contesta: "Que les aproveche". Inmediatamente después de la comida se pone encima del blanco mantel una grande y pesada bandeja poco profunda, con agua, en la que todos se lavan las manos, después el sirviente se coloca a la cabecera de la mesa y pronuncia la siguiente frase: "Bendito y alabado sea el muy Santo Sacramento del altar y la Inmaculada y pura Concepción de la muy Santa Virgen María, en gracia concebida desde el primer instante de su existencia natural. Señoras y señores, que les aproveche". Acto seguido los comensales se retiran a su habitación para descabezar un sueño de aproximadamente una hora: a esto se le llama siesta».

INVITACIONES Y CENAS

En las reuniones de las casas acomodadas, según las crónicas que poseemos de la misma época, se ofrece a los invitados, mañana y tarde, chocolate con dulces. En las tardes de verano se les invita con agua helada. La cena tiene lugar entre las ocho y las nueve[XI], y se toma sopa de gallina, huevos pasados o sancochados, pescado y postres.

Un siglo más tarde se practicaba la misma costumbre de servir abundantes y variados platos a los invitados, como señal de la sólida posición económica de los anfitriones. Veamos cómo se celebró un festín nupcial el día 2 de octubre de 1817, en casa del pudiente labrador don Domingo Díaz, en San Cristóbal de La Laguna, Santa Cruz de Tenerife, al que asistieron curas y frailes franciscanos: Sopa de arroz con caldo de aves y menudillo «servida en platos soperos al colmo». Puchero con tajadas de pechugas de gallina, lonjas de ternera, chorizos finos y grandes trozos de tocino, un colmo de garbanzos tiernos y mantecosos, todo mezclado con papas peladas que amarilleaban en fuerza de azafrán, buena col cerrada de cuyo rizado urdimbre no se había desprendido una hoja, la batata, el bubango y una que otra cebolla cabezuda, cuyo guisado comían acompañado de sendos vasos de vino tinto de la Caldera de Tegueste y del Portezuelo. Terminado el puchero se sirvió un hermoso mero asado, con sus correspondientes papas en salsa, cubierto con ruedas de cebolla y de lascas de pimientos verdes. De tercer plato se sirvieron sendas fuentes con grandes bolas de carne mechada, cuya salsa cargada de especias invitaba a comer por su incitante buen olor. A continuación vinieron pollos estofados, jamón, pastel de pichones, «tostones»[24], con sus colleras de cinta de seda roja al cuello y una flor contrahecha en el hocico. Un pavo relleno, escabeche de sama, natillas, manjar, dulce de frutas , desde pera real al higo chumbo. Lo sobrante fue repartido entre las familias amigas y personal asalariado de la casa[XXII].

Podemos decir que el XIX fue el siglo de oro de la gastronomía y cocina canaria, pues si admira la abundancia y calidad de los platos ofrecidos en Tenerife, no menos fueron los servidos en Gran Canaria con motivo de los tradicionales banquetes en casas particulares a fines de siglo.

Obsérvese la diferencia del puchero de Tenerife al canario, la inclusión de la rica ensalada y otros deliciosos nuevos platos: «Entremeses: aceitunas del país, anchoas y varias ensaladeras con habichuelas sancochadas, lechugas y pepinos. Sopa de fideos finos con caldo muy sustancioso, seguido del tradicional puchero, compuesto de grandes trozos de carne de vaca y carnero, dos gallinas, chorizos y tocino con garbanzos, papas, batatas, coles, habichuelas, piñas tiernas, calabacinos, cebollas, peras y nabos; aquí no se usó el azafrán. Seguidamente se colocaron en la mesa los guiseros[25] con carnes y pescados adobados con salsa, otros con albóndigas, genovesado de revoltillos y patas de carnero, riñones entomatados, lampreado de anguilas de Lanzarote; guiso de pichones y oloroso estofado»

Tras estos suculentos platos se colocaba en el centro de la mesa un jamón y pavos asados y en cada extremo de la misma una hermosa bola de carne mechada y un cuarto de ternera rodeado de papas asadas en su salsa. Al fin, llegaban los postres, consistentes en torta de mazapán, embellecida con una paloma de alfeñique—[XIII 26], en cuyo pico ostentaba una cinta con un versito dedicado al obsequiado; a los lados, dos bandejas con copas llenas de huevos moles; otras dos con crema de manjar; igual número de otras rebosantes de buñuelos y huevos hilados embebidos en almíbar. A los lados, innumerables platos y bandejas de plata con variados dulces, confituras y frutas de la estación.

Entre plato y plato se servía licor de almendra amarga, de corteza de naranja y anisado.

No crean nuestros lectores que este festín fue un caso aislado ni extraordinario; poseemos un copioso documental que acredita la costumbre de servir y comer abundantes, suculentos y exquisitos platos, seguidos de una fina y deliciosa repostería y licores.

¿Qué pasó con esta cocina peculiarmente canaria? Aunque estuvo en vigor hasta los primeros años de este siglo, su decadencia empezó a notarse en 1852, pues el autor del libro «*La División de la Provincia*» se adelantó a su desaparición diciendo:

«1. Nuestra cocina de origen frailuna monjil está quedando en completo olvido en razón de la resistencia de las amas de casa ocuparse en menesteres tan enjundiosos.

2. La falta de preparación de la nueva generación de cocineras y mozas de servicio, que retrocedieron al caldo de jaramagos.

3. Más importante ha sido la introducción de la cocina inglesa, mal entendida y peor aplicada»[XV]

Efectivamente, ya en el mes de octubre de 1909 aparecen el gofio, el pescado salado y los mojos incorporados a los menús de las familias pudientes, antes alimento diario de campesinos y gente modesta. Lo confirma un almuerzo preparado en Telde en honor de don Luis Morote, consistente en sancocho de cherne con mojo picón y «pella» de gofio; de segundo una paella con vino del Monte, y de postres aguacates, fruta del país, vinos, licores y café. Esta es la primera vez que se registra en Gran Canaria el consumo de este producto exótico.

Por aquellos meses, en Santa Lucía de Tirajana se sirvió otro menú para invitados en el que de primer plato se presentó la insustituible pella de gofio, amasado al puño, acompañado de una ensalada de tomates y huevos sancochados (duros); de segundo, sopa de aves, luego gallina compuesta y salsa con carne de cochino; y fruta del tiempo, destacando los albaricoques, de los que dijeron eran los mejores del mundo[XVI].

ORIGEN DE LOS PRODUCTOS Y VOCES QUE IDENTIFICAN A LOS ARTÍCULOS QUE ACTUALMENTE GOZAN DE NATURALEZA CANARIA EN NUESTRA COCINA

El pueblo canario, en busca de su identidad tras la declaración de su autonomía, se pregunta y nos pregunta con interés, cual es la correcta denominación de los productos culinarios que se emplean en su cocina; el origen y la procedencia de las voces que los denominan. ¿Maíz o millo? ¿Papas o patatas? ¿Buango o calabacín?, chuchango, mojo, etc. ¿Cuándo llegaron estos productos a las islas? ¿Cual es su procedencia?

EL MILLO

Pues bien, empezaremos por el millo. Los valiosos antecedentes documentales y bibliográficos que poseemos nos permiten aseverar, hasta el momento, que el millo llegó a la España peninsular antes que a Canarias.

El millo entró en la península española por dos puertos opuestos y fechas distintas. La primera, inmediatamente después del descubrimiento de América.

Desde aquel continente pasó por Sevilla hacia Castilla. En 1498 Cristóbal Colón mostró su admiración por la fácil germinación y adaptación de esta planta tropical en la fecunda Castilla. De allí a principios del 1500 pasó a Sevilla con resultados sorprendentes de aclimatación y producción en tierras más cálidas[XVII].

El segundo lugar al que llegó fue Galicia; el almirante español don Gonzalo de Castro y su esposa doña Magdalena de Luaces transportaron desde el nuevo continente dos arquetas que contenían los preciados granos que fueron sembrados: los de la primera arqueta en Tapia de Casariego, tierra natal del almirante, perteneciente antes a Galicia, y hoy a Asturias. Los granos de la otra arqueta fueron plantados en Mondoñedo, Lugo, de donde era natural doña Magdalena, y de esta localidad se extendió el cultivo por Galicia a lo largo del siglo

XVIII, hasta la alta montaña y, un siglo más tarde, llegaba a Orense[XVIII].

El maíz en España reemplazó a la popular planta forrajera llamada panizo, de ahí que Colón confundiera el millo con el panizo, registrándolo con este nombre en su Diario del Descubrimiento.

A la vista de lo expuesto y los pocos datos de los que se dispone hasta el momento, nos hacen suponer que el millo llegó a Canarias desde Sevilla o Galicia, puesto que desde antiguo estos dos lugares han mantenido contactos comerciales, culturales y humanos con nuestras islas.

El 1591 se registra por primera vez el vocablo maíz y su existencia en Canarias, concretamente en la isla de Fuerteventura[XIX]. A partir de 1611, fecha más antigua localizada documentalmente, podemos decir que se cultivó el millo en Gran Canaria, concretamente en el Palmital de Guía[XX], extendiéndose lógicamente por toda la comarca del noroeste; no así a la del sur, en la que los documentos más antiguos confirman la plantación de esta gramínea en Aguimes en 1636[XXI]. La introducción en Arucas de este cereal en el año 1 686 se debe a navegantes portugueses que lo llamaban millo[XXII], versión que no está suficientemente documentada.

El erudito historiador canario don José de Viera y Clavijo registra en su Diccionario Canario de Historia Natural: «Maíz: planta gramínea llamada ordinariamente millo en nuestras islas».

ORIGEN DE LAS VOCES MAÍZ Y MILLO

Contrariamente a lo que todos los canarios creemos, el nombre primitivo y correcto de este valioso grano para isleños y peninsulares es maíz, derivado del dialecto indio mahí. Registran los historiadores de la época[XXII] que cuando los soldados de Hernán Cortés pidieron forrajes para sus caballos, dábanles los indios puntas de aquellas plantas, diciendo: «mahí señor», voz que traducida al castellano quiere decir «toma señor». Desde entonces los españoles llamaron mahíz o maíz a dicha planta. Así se llamó en Canarias hasta que se publicaron las *Sinodales del Obispo de la Cámara y Murga* en 1626, quien por primera vez denomina millo al maíz. La voz millo deriva del latín *milium*.

Como hemos dicho, discrepa en ello Pedro Marcelino Quintana, cura de Arucas, atribuyéndole a los portugueses este nombre. A la vista del documental expuesto, el obispo Murgas se adelantó nada menos que 60 años a la fecha del aruquense, llamando millo al maíz, voz que fue aceptada por el pueblo, haciéndola tradicional en nuestra tierra.

Tan pronto llegó el millo a Gran Canaria, se convirtió en alimento básico e insustituible para los habitantes de esta isla, que lo han consumido de las más variadas formas, sin que aún esté agotado el recetario, pues la preparación del millo se presta a mil combinaciones, tanto la piña como el grano.

LAS PIÑAS DE MILLO

Las piñas tiernas se acostumbra a comerlas asadas sobre las brasas de las hogueras la víspera de San Juan, San Pedro, San Antonio, etc., dándoles vuelta hasta que obtengan un tueste uniforme; después en caliente se sumergen en salmuera y se comen. En la Calzada (Tafira), desde tiempos remotos y en las mismas fechas, era tradición asar las piñas y mojarlas en vino moscatel, o vino tinto con azúcar.

También en la Caldera de los Tirajanas recogimos la modalidad de mojarlas en miel después de asadas en la misma forma y días señalados.

Ha tenido gran aceptación la costumbre sudamericana, introducida recientemente en nuestra isla, de «sancochar» es decir, hervir las piñas con un poquito de sal y untarlas con mantequilla antes de comerlas. Indispensables son las piñas tiernas para dar gusto a los caldos, potajes y pucheros canarios, que son luego consumidas en rodajas o partidas.

EL MILLO EN GRANO

El grano del millo rallado y colado se emplea con gran éxito en repostería, especialmente en flanes. Semicurado y curado, en la confección de caldos y potajes, hervido con sal para combinar con ensaladas; actualmente se sustituye por el que se ofrece enlatado con gran éxito. También como enyesques se preparaba tostado con arena en tostadores de barro, obteniendo el tradicional cochafisco conocido con el nombre de roscas; este sistema ha sido desplazado por la nueva tecnología y por la variedad de millo blanco, procedente de Argentina y denominado «millín». Este grano, introducido en las modernas *popkornmachine* con un poquito de sal se convierte en blancas, uniformes y gustosas «roscas», que lamentablemente han cambiado su antiguo nombre por el moderno de «palomitas», dando lugar a un fácil, agradable y barato enyesque.

Preparado en la misma máquina, pero mezclados con azúcar, hace las delicias de los niños en sus meriendas.

Otra fórmula de consumir el millo en grano es hervido y rociado con mojo, llamado «macho». Del grano de millo crudo, molturado sobre lo fino, se obtiene la singular harina para la confección de pan en sus distintas variedades y en muchos casos para repostería. Molido sobre lo grueso, se destina a preparar el delicioso y tradicional frangollo[67].

De estos granos y productos tradicionales de Canarias, nos dice la copla popular:

De Tenerife el buen vino,
Gran Canaria nos da el millo,
de Fuerteventura el trigo,
Lanzarote la cebada,
de La Palma rapaduras,
de El Hierro fruta pasada,
y miel de palma la Gomera.

EL GOFIO

El vocablo gofio es voz prehistórica heredada de nuestros lejanos antecesores (los aborígenes), utilizada para distinguir la harina de determinados cereales previamente tostados y molidos: cebada, trigo, garbanzos, chochos (altramuces), etc. Ningún producto alimenticio ha alcanzado tan alto grado de popularidad y consumo en nuestras islas como el gofio. El de trigo tradicionalmente se consume en Tenerife. En las llamadas islas menores se prefiere, entre otros, el de «mezcla» de los granos ya citados, incluido el de millo[XXIV].

En La Palma, en la parte oriental y sur de la ciudad, se consume mucho gofio de chochos, endulzados en charcos de agua salada llamados maretas, o sumergidos en agua corriente de manantial durante ocho días; luego secos y molidos con un puño de sal es alimento muy gustoso.

Los habitantes de Gran Canaria, tan pronto conocieron las excelencias del gofio de millo, sustituyeron el de cebada y trigo por aquel, extendiéndose racionalmente su consumo a todo el archipiélago.

DIFERENTES FORMAS DE CONSUMIR EL GOFIO

El gofio puede tomarse en polvo con azúcar en la proporción que se desee. Se toma en cucharaditas o en «cucurucho» de papel perforado por la parte inferior sistema recomendable para meriendas de la grey infantil. Amasado al puño en frío con sal o azúcar da lugar a la pella. También se consume en ralas, escaldado o hecho escaldón.

No deben confundirse las ralas de gofio o el escaldado con el escaldón, pues mientras las ralas se preparan mezclándolo con líquidos fríos o templados y batiendo hasta obtener una pasta suave, el segundo se hace revolviéndolo con leche o caldo que luego se deja cocer.

El escaldón se confecciona mezclando previamente el gofio con el líquido en frío, preferentemente leche, dejándolo hervir hasta obtener una mezcla compacta y suave que con un poco de azúcar se sirve de postre. Con vino tinto y azúcar, o moscatel revuelto con una yema, toma el nombre de «Tulipán» en Gran Canaria y «Tarvina» con o sin la yema en la isla de El Hierro.

Amasado con plátanos se come con queso duro o semiduro. También con miel de abejas o de caña, añadiéndole a gusto almendras molidas. A las ralas, si se hacen con té, se les da el nombre de «Ralatén». La infusión de té puede sustituirse por las de tila, manzanilla, pasote, hierbaluisa, café, café con leche, nogal, etc., esta última recomendable para aumentar la leche de las madres lactantes. El gofio con leche, acabada de ordeñar o en su defecto envasada, se toma en desayunos y meriendas. Esta mezcla en Gran Canaria recibe el nombre de «Chareta». Hervida con unas cucharadas de gofio, sal, azúcar o miel a gusto es recomendable como reconstituyente.

El gofio amasado con chicharrones en caliente es muy apreciado como segundo plato; y mezclado, a fuego lento, con azúcar y una cucharada de manteca de cerdo o un poco de aceite es muy estimado por la población campesina a la hora de merendar.

En la Isla del Hierro a los pedazos de pella modelados al puño con un hoyito en el centro en cual se vierte miel, mojo o melaza se les llama Pericos.

Las pellas o pelotas hechas con gofio y leche hervida, envueltas en hojas de ñameras, acompañadas de un buen pedazo de queso duro, fueron comida predilecta de caminantes y arrieros.

El gofio amasado en zurrones[27] con leche, agua y unos granos de sal sigue siendo el alimento básico de pastores y campesinos de nuestras Islas. Sobado hábilmente en el zurrón se obtiene una masa dura y suave que se ingiere en desayunos y almuerzos, con higos pasados y queso. El gofio se consume con beletén[28]. Escaldado con tocino se le da el nombre de Sopa de gofio. Gofio con potaje o amasado con papas y batatas acompañado de una ensalada o tiras de queso tierno es obligado entrante en un almuerzo canario. A este alimento tan popular desde siglos en nuestras Islas dedicamos el siguiente verso en sones de nuestra tierra:

El amor de una mujer,
de gofio una buena pella,
de buen ron una botella
y sones con alegría,
es lo que pide un canario
para cantar las folías.

LAS PAPAS Y BATATAS

En Canarias las papas han ocupado durante siglos el segundo lugar de los productos alimenticios de la población isleña. Procedentes del Perú llegaron a Santa Cruz de Tenerife, concretamente a Icod Alto, de la mano del ilustre tinerfeño don Juan Bautista de Castro en el año 1622 y su cultivo se propagó posteriormente por todo el Archipiélago Canario. El nombre correcto de dicho tubérculo en estas Islas es papas; así se les llama también en Portugal[XXV]. En cambio en la Península española se les dice patatas donde en siglos pasados, y, por defectos de transcripción se confundió esta voz con la de batata[XXVI], cambiando la b por la p.

Las batatas son de origen y nombre antillano. Llegaron a España procedentes de Santo Domingo en 1526; fueron traídas a Avila por el americanista Fernández de Oviedo. Su introducción en Canarias fue anterior al siglo XVI; en 1776 registra Viera en su Diccionario que en el navío Paloma se envió a Caracas una batata de 72 libras. Las batatas de Lanzarote son muy apreciadas en nuestras Islas para la confección de truchas, morcillas dulces y la gandinga. A las batatas amarillas les llamamos de yema o de ñema.

CONSIDERACIONES PRÁCTICAS

RECIPIENTES DE BARRO

Recientes estudios sanitarios aconsejan no emplear vasijas de barro, de ningún tipo, para preparar y servir alimentos por las siguientes razones:

1. El material poroso se presta a que pequeñas partículas se queden en los intersticios de las paredes de los recipientes por mucho que se laven.

2. Los receptáculos de barro «melado», barnizado, sólo son aconsejables para alimentos fríos pues los calientes descomponen el barniz del revestimiento, dando lugar a malos sabores y otros inconvenientes. Si se quiere conservar el tipismo en el servicio, pueden llevarse a la mesa cazuelas, gánigos, o tinajas de barro, y dentro de ellos colocar recipientes de cristal u otros materiales refractarios con los alimentos que se van a servir.

Por estas razones no deben guisarse comidas en vasijas de barro aunque tradicionalmente se venga haciendo y en algunas recetas hayan sido aconsejadas.

CEFALÓPODOS

Para conservar los moluscos en nevera han de sancocharse, guisarse, de la siguiente forma: según la cantidad de crustáceos a conservar se pondrá al fuego un caldero con suficiente agua que los cubra y en ella unas rodajas de limón, dos hojas de laurel y una copita de güisqui. Cuando esté hirviendo se introducirán los cefalópodos y se dejan cocer unos minutos.

Se retiran, y se dejan enfriar 5 minutos y se escurren. Cuando estén totalmente fríos se pasan a la nevera en bolsas de plástico.

CEBOLLAS

Las cebollas blancas son propias para comidas y la llamada roja para ensalada.

Para obtener de la roja un sabor agradable y dulce deberá ponerse de remojo, cortada en rodajas, dentro de una ondilla cubierta de agua tibia con tres cucharadas de vinagre del país, una cucharada sopera de orégano y dos cucharadas de sal. Al cabo de una hora se escurre, lava y se mezcla con la ensalada o se sirve sola. Estas dosis son para una cebolla grande.

PIMIENTAS

Si se quiere obtener todo el sabor picante de la pimienta evítese ponerla en agua tibia y macháquese con venas y semillas.

PAPAS ARRUGADAS

Para arrugar papas que no sean nuevas y tomando como base un kilo, póngase en un caldero con agua que las cubra, añádasele una cucharada sopera de lejía y remuevase durante 5 minutos; escúrranse y lavénse en agua limpia dos veces más. Este metodo las dejará limpias y blancas. Procédase luego a su arrugado según recetas. Deben elegirse siempre papas pequeñas.

GOFIO

Las molinerías canarias producen varios tipos de gofio: el amarillo tostado natural, semitostado y tostado; éste último es solicitad o por personas débiles de estomago y para niños lactantes.

FRUTAS TROPICALES

Para que las frutas tropicales, especialmente los aguacates, al conservarlos cortados, no se pongan negros úntense los cortes con zumo de limón.

MEJUNJE

Para obtener el máximo de sabor y olor del mejunje búsquense limones del país, llamados sutiles, a ser posible recién cogidos, éstos deben pelarse finamente para evitar el amargor de la corteza.

ACEITUNAS

Para evitar que aparezcan hongos en la superficie de la salmuera de las aceitunas, debe añadírseles una ligera capa de aceite.

PRESENTACION DEL RECETARIO

El formulario que damos a continuación procede, en su mayoría, de viejas recetas, casi ilegibles, que tras enjundiosa labor han sido rescatadas del arcón de los recuerdos de distintas familias canarias, que amablemente nos las cedieron; sus nombres aparecen en el apartado «Agradecimiento».

Al ponerlas al día hemos respetado la forma de preparación y otros pormenores suprimiendo, sólo, el empleo excesivo de manteca de cerdo, huevos, azúcar, etc, para dar entrada al aceite de oliva, mantequilla o margarina, según los platos, siguiendo las pautas de la moderna y equilibrada alimentación, pues los abusos de productos ricos en colesterol, grasas saturadas, azúcar y féculas son la causa de la obesidad, arterioesclerosis y otras enfermedades que corrientemente padecían nuestros inmediatos antepasados.

En algunos recetarios hemos encontrado también hojas sueltas del Almanaque Zaragozano en cuyas hojas y al reverso de cada fecha, correspondiente a la primera mitad de este siglo aparecía la receta del día que las amas de casa, nos consta, ponían en práctica diligentemente.

Ha mejorado mucho en estos últimos años, la dietética canaria, si bien aún tenemos que superar nuestra ancestral inclinación por el consumo de papas y otras féculas.

Para hacernos una idea de la descompensación alimentaria de la población canaria frente a la media nacional en 1987, basta conocer los siguientes datos estadísticos, suministrados por la Consejería de Agricultura y Pesca del Gobierno de Canarias:

	Total nacional	Canarias
Carnes	27,4	19,8
Pescados	7,5	5,5
Leche líquida	7,6	3,4
Frutos secos	9,4	10,6
Papas y hortalizas frescas	7,4	10,0
Pan	6,4	8,1
Aceite	5,6	4,4

No obstante y a pesar de nuestro clima benigno, subtropical, somos buenos consumidores de mojos picantes cuya variedad y selección se encontrará en el capítulo correspondiente.

Vicente Sánchez Araña

Enyesques y entremeses

Lapas sudadas al estilo de Salvador *(página 49)*

Aceitunas con mojo

Ingredientes:

11 dientes de ajos
5 pimientas piconas secas
Sal
1 tacita de aceite
1 cucharadita de orégano
1 cucharada de pimentón
4 ramitas de tomillo
1/2 vaso de vinagre
1 vaso de agua
2 kilos de aceitunas

En primer lugar se endulzan las aceitunas mediante el procedimiento explicado en la receta anterior: se pueden elegir dos fórmulas:

A. Después de cinco días en remojo, en vez de pasarlas a la salmuera se les hace una cortada lateral y se ponen en recipientes de cristal con el mojo siguiente:

Se machacan los ajos, las pimientas y la sal; se revuelve con el aceite y se le añade el orégano, pimentón, tomillo, vinagre y agua. Se mezcla todo muy bien y se le pone a las aceitunas.

A los ocho o diez días éstas estarán listas para consumir.

B. La segunda forma de presentarlas consiste en confeccionar este mismo tipo de mojo y añadírselo a las aceitunas endulzadas y conservadas en salmuera, al sacarlas de los tarros, para servirlas así en la mesa.

Aceitunas del país al temple del huevo

Ingredientes:

150 gramos de aceitunas maduras
1 litro de agua
150 gramos de sal
1 huevo

Se ponen las aceitunas en un recipiente de barro o cristal, se cubren con agua y durante cinco días se tienen en remojo cambiándoles el agua a diario. Se escurren y, si se desea endulzarlas pronto, se les hace uno o dos cortes laterales a cada una y se van pasando al recipiente donde han de permanecer hasta su consumo.

Si se quieren conservar se dejan enteras. En este caso recomendamos guardarlas en tarros de cristal con tapa hermética.

Según la cantidad de aceitunas se prepara una salmuera poniendo en un recipiente agua y salen la proporción indicada; se revuelve bien hasta que la sal quede totalmente diluida. Se deja caer suavemente dentro de la salmuera un huevo del día y si el huevo queda flotando con la coronita al aire, aquélla estará en su punto. Si aflora demasiado habrá que añadirle agua y si por el contrario se sumerge, se le añade sal hasta conseguir que sólo se vea la corona.

Obtenida la salmuera se vierte en los tarros hasta cubrir las aceitunas.

Antes de tapar los tarros se pueden añadir unas ramitas de olivo para que éstas empujen las aceitunas hacia abajo y todas queden cubiertas por la salmuera.

Este procedimiento puede seguirse con aceitunas verdes que se conservarán de esta forma, hasta un año.

Aguacates rellenos, ocho islas Canarias

(6 personas)

Ingredientes:

3 aguacates medianos maduros
1/4 piña tropical del Hierro en trocitos
1 toronja grande en trocitos
200 gramos de langosta graciocera (Santorra)
2 cucharadas de ron añejo
El zumo de de un limón
1/4 litro de aceite de oliva
1 tomate majorero grande, frito y triturado
1 naranja en gajos
1 pomelo en gajos
Las hojas blancas de una lechuga
1/2 pimienta quemona
Sal
1 yema
1 cucharadita de mostaza

Se corta el aguacate por la mitad y con una cuchara se le saca el contenido sin herir la cáscara. En una ondilla se coloca la pulpa del aguacate en trozos pequeños, la piña, toronja, langosta, mitad del zumo de limón, ron y los gajos de naranja y pomelo partidos a la mitad, reservando algunos. Aparte hacemos la salsa como si fuera una mayonesa. Se bate la yema con un poco de zumo de limón, mostaza y un poquito de aguacate hasta que forme espuma; se le añade poco a poco el aceite, un poquito de sal, el tomate y pimienta triturados. Se mezcla todo y se rellenan los aguacates, decorándolos con las hojas de lechuga y gajitos de pomelo y naranja.

Albóndigas canarias

Ingredientes:

1 kilo de carne de cerdo picado
150 gramos de tocino
2 dientes de ajos
1/4 cucharadita de pimienta negra molida
2 yemas de huevos duros
20 almendras molidas sin piel
2 huevos
1 pan de desayuno
1/2 tacita de leche
Un poquito de nuez moscada
Sal
3 ramitas de perejil picado
1 cucharada de vino Malvasía seco
1/2 taza de harina para enharinar
1 taza de aceite
PARA LA SALSA
El aceite reservado
1 cebolla regular pelada y muy picada
1 kilo de tomates pelados, sin semilla, triturados
3 ramas de perejil picado
1 cucharadita de azúcar
3 hebritas de azafrán
Sal al gusto
2 cucharadas de vino Malvasía seco
1/2 taza de caldo

Se pican la carne y el tocino con los ajos y la pimienta negra depositándola en una ondilla; se añaden las yemas trituradas, las almendras molidas (previamente peladas, para lo cual se ponen unos minutos en agua hirviendo) y sal a gusto, y se mezcla, agregando seguidamente las dos yemas batidas, el pan empapado en leche y triturado, las ralladuras de la nuez moscada, perejil picado y el vino. Se amasa todo muy bien y se colocan pequeñas porciones en la tabla enharinada, donde se forman las albóndigas, pasándolas seguidamente a la sartén para freírlas en aceite bien caliente. Se removerán con cuidado y cuando obtengan un dorado perfecto se colocan en una cazuela, reservando el aceite.

Del aceite sobrante de freír las albóndigas se pasa la necesaria a la sartén dorando en ella a fuego lento la cebolla muy picada añadiéndole los tomates pelados sin semilla, bien triturados. Cuando la salsa esté hecha se le agrega el perejil, azúcar y la sal que convenga; el vino, azafrán y el caldo; a los pocos minutos de estar hirviendo se aparta y se echa sobre las albóndigas, que han de ponerse al fuego, dejándolas cocinar. Al cuarto de hora de haber empezado a hervir se apartan y se sirven en platitos, bañadas en su propia salsa, o en cazuelas individuales con papas sancochadas.

Se tendrá un calentador sobre la plancha con un poco de caldo para aumentar la salsa en caso de que ésta no fuese suficiente.

Albóndigas de carne

Ingredientes:

1 kilo de carne de res
200 gramos de jamón serrano
5 ramas de perejil
5 dientes de ajos
3 huevos
2 cucharadas de queso duro rallado
1 pizco de orégano
3 cucharadas de harina
1 taza de pan bizcochado molido
Sal
Aceite para freír

Se pican la carne y el jamón, añadiéndole ajo, perejil muy picado, orégano, sal y queso. Se pone todo en un recipiente y se trabaja con las yemas. Se toman porciones y se forman unas pequeñas croquetas. Se espolvorearan de harina. Luego se pasan por las claras que estarán muy batidas y finalmente por el pan rallado, friéndose en aceite abundante. Si se desea se le pone un poco de salsa almogrote (véase página correspondiente a los mojos).

Burgados o lapas en escabeche

(1ª Fórmula original de las islas orientales)

Ingredientes:

5 Kilos de burgados
4 dientes de ajos
1/4 litro de vinagre

Se lavan varias veces los burgados con agua corriente debajo del chorro; luego se depositan en un caldero con abundante agua y se ponen a hervir hasta que se compruebe con una aguja o pincho que se pueden extraer fácilmente del caracol haciendo un movimiento con los dedos de forma contraria a su espiral. Cuando esto suceda se apartan del fuego, se escurren y se van sacando uno a uno de su concha y depositando en una tinaja.

Se pican los ajos muy finitos y se unen a los burgados, añadiéndoles el vinagre. Pueden consumirse en el momento o conservarse en un recipiente de cristal herméticamente cerrado. Comúnmente se utilizan botellas de cualquier tamaño. Tanto los recién preparados como los envasados en botellas se comen con cucharilla en pequeñas porciones, o simplemente pinchándolos con palillo de dientes y comiéndolos entre copa y copa de vino o ron.

De la misma forma se preparan las lapas. Primero se les quita la barriguilla y se hacen collares que se dejan secar al sol y al aire . Luego, se guisan y se conservan de la misma forma que los burgados. Tanto uno como otro molusco pueden adquirirse por encargo, preparados en escabeche, en cualquiera de las islas orientales, principalmente en la Graciosa.

Burgados o lapas en escabeche

(2ª fórmula, original de las islas Graciosa, Lanzarote y Fuerteventura. Especial para enyesque)

Ingredientes:

4 kilos de burgados con su concha
1/4 litro de vinagre del país
3 dientes de ajos
1 hoja de laurel
Sal
1 cucharada de aceite

Extraídos los burgados de la forma explicada en la fórmula primera, si se van a conservar se colocan en un recipiente de cristal con tapa hermética; si se van a consumir en el día, hay que prepararlos de la siguiente forma:

Se pone en vinagre en una taza, se le añaden los ajos picados finamente con la hoja de laurel y muy poquita sal, se remueve y se vierte sobre los burgados que han de quedar cubiertos por el escabeche. Si se quieren guardar, se tapan bien; corrientemente se conservan en botellas.

A la hora de consumirlos se sacan de la botella procurando dejar el escabeche dentro de la misma. Los extraídos pueden consumirse con un chorrito de aceite por encima, acompañados de papas sancochadas. También se tomán con mojo colorado, o añadiendo unos cuantos a la sopa de pescado.

En costumbres en las islas orientales guarnicionar los platos de pescado hervido con burgados y lapas en escabeche.

Uno u otro molusco pueden adquirise por encargo en la isla de la Graciosa.

Carajacas tirajaneras

Ingredientes:

1 kilo de hígado de cerdo
1/2 pimienta colorada
1/2 pimienta verde
6 o 7 dientes de ajos
Sal
6 ramitas de perejil
1 vaso de aceite de oliva
1/2 vaso de vinagre del país
1 cucharada de pimentón
1 cucharadita de orégano

Se hierve el hígado. Después se le quita la piel, se hacen lascas finitas y se colocan en una cazuela.

Se machacan muy bien las pimientas, los ajos, la sal y el perejil. Se añade el pimentón, el aceite, sin dejar de remover, el vinagre y el orégano. Si queda demasiado ácido se le añade un poquito de agua. Se agrega este adobo al hígado y se deja en una ondilla hasta el día siguiente que se fríen las lascas con poco aceite sin dejarlas pasar. Se depositan en una cazuela, se echa sobre ellas el mismo adobo y se ponen al fuego durante cinco minutos. Se aparta y se sirve en platos pequeños con papas sancochadas o arrugadas.

Carcajacas cumbreras

(Véase Carajaca en el nº 37 de voces)

Ingredientes:

1 kilo de hígado de vaca
1 cabeza de ajos
1 pimienta verde mediana
8 ramitas de perejil
Sal
1 vaso de aceite
1 vaso de vinagre
1 cucharadita de pimentón
1 cucharadita de orégano

Se limpía el hígado quitándole la piel, se corta en trozos pequeños y se deposita en una ondilla grande.

Se machacan en el almirez los ajos, la pimienta, el perejil y la sal; se añade el aceite, el vinage, el pimentón y el orégano. Se echa en la ondilla de las carajacas, se remueven despacio con la cuchara de madera y se deja en maceración hasta el día siguiente, cuando se sacan los trozos y se asan a la plancha o a la parrilla, a fuego reducido en ambos casos. Mientras se asan, se les echa por encima con una cuchara un poco de adobo; luego se pasan de nuevo a la ondilla y en la sartén se hierve de adobo que quedó y se vuelca sobre el hígado.

Se sirve en platos pequeños con papas sancochadas o arrugadas.

Carcajacas del Mosquito

(Siglo XIX. Antigua fonda del «Mosquito» Puerto de la Luz)

Ingredientes:

1 asadura de cochino
150 gramos de tocino
500 gramos de carne de cochino
1 cabeza de ajos
3 ramitas de tomillo
1 hoja de laurel
1 cucharilla de orégano
la punta de una cucharilla de pimienta negra molida
1 cucharada de pimentón
Sal

PARA EL REFRITO

1 tacita de aceite
1/2 kilo de debollas
4 tomates medianos
1 cabeza de ajos
1/2 cucharilla de pimentón
3 especies
3 clavos
4 pimientas negras
1 pimienta roja
1 tacita del adobo del día anterior
1/2 tacita de agua
1/2 vaso de Malvasía seco

Se trocea la asadura quitándole la piel; junto con el tocino y la carne picados se colocan en un recipiente. Se le añaden las dos cabezas de ajo escachadas con cáscara, el tomilla, la hoja del laurel, el orégano, vinagre, pimienta molida, el pimentón y la sal. Se une todo muy bien, se resuelve y se deja así 12 horas; al día siguiente se hace el refrito.

Se pone la sartén al fuego con el aceite y se van dorando ligeramente el tocino, la asadura y la carne; esto se reserva en una cazuela.

En otro recipiente se pican muy finitas las cebollas peladas y los tomates sin piel ni semillas; la cabeza de ajos se añadirán sin pelar y machacada ligeramente; se agregará luego el pimentón, especies, clavos, pimienta negra, el adobo y la pimienta quemona abierta al centro con venas y semillas (así resulta más picante). Se resuelve con cucharada de madera, se vuelca todo sobre la carne procurando que quede bien bañada y se pone al fuego; cuando empiece a hervir se le agrega el vino, se baja la llama dejando cocer dos minutos.

Se aparta y se sirve con papas sancochadas.

Si se desea menos picante deben quitarse la semillas y las venas de la pimienta.

Carne en adobo

(El adobo en Canarias se prepara en todas las islas con muy poca diferencia)

Ingredientes:

1 kilo de carne limpia de cerdo (costilla, lengua o riñones de cochino)
Sal
1 cabeza de ajos
1 sobre de cominos
1/2 pimienta roja seca
1/2 cucharada de pimentón
1 cucharadita de orégano
1/2 taza de vinagre

Carajacas cumbreras *(página 39)*

Se lava la carne y se trocea. Se deja una hora en agua y sal. Se escurre y se deposita en una cazuela. Se le pone el adobo con los ajos pelados, los cominos, la pimienta y la sal, todo majado. Se le añade el pimentón y el orégano y se revuelve con el vinagre; se vierte sobre la carne y se deja en maceración doce horas; al día siguiente se pone la sartén al fuego y se dora la carne. Se coloca en un caldero y se le añade el adobo anterior.

Se hierve todo unos minutos y se sirve con papas sancochadas.

Puede tomarse como enyesque o plato, acompañada en ambos casos con papas sancochadas.

Cochafisco

(Gran Canaria. Véase Millo y Cochafisco en el nº 40 de voces)

Ingredientes:

200 gramos de millo blanco (millín)

Sal o azúcar

1 tacita de aceite

Se vierte el aceite y el millo en un caldero con su tapa y se pone al fuego. Cuando empiecen a estallar las primeras roscas, se mueve el caldero hacia los lados. Cuando dejen de estallar, se retiran y se sirven, con sal o azúcar según deseo.

Confección moderna:

Se introduce el millo en la moderna *Popkornmachine* y cuando esté en la bandeja se espolvorea con azúcar o sal.

Chicharrones populares

(Se preparan en todas las islas)

Ingredientes:

1 kilo de carne de cochino muy veteada de grasa, nunca de sebo

Sal

2 limones.

Se lava la carne y se corta en trozos pequeños, se sazona de sal y se pone a derretir en la sartén, revolviendo con espumadera o cuchara de madera. Cuando la carne se haya desprendido de su grasa y tome color dorado, se va retirando de la sartén y pasándola a platos de postre, si es para tapas, agregándole ácido de limón en el momento de comerla.

Si se prefiere con menos grasa, se utiliza un kilogramo de carne de cochino limpia, previamente lavada y troceada, y se refríe en 150 gramos de manteca. Se sirve como la anterior.

Chicharrones tradicionales

(Preparados el día de la muerte del cochino en todas las islas. Véase Bañas y Arbilla, nº 32 y 33 de voces)

Ingredientes:

2 kilos de bañas

La arbilla del cochino

Se lavan las bañas y arbilla y se ponen en salmuera hasta el día siguiente. Se escurren, se trocean y se ponen a derretir en una caldera de hierro. Se van revolviendo con cuchara de madera. Cuando la manteca haya perdido parte de la grasa se pasan por el cedazo fino y se dejan escurrir.

Se sirven calentitos con papas sancochadas, como tapas y como segundo plato de diferentes formas, en días de invierno.

Chochos

(Véase Chochos en el nº 53 de voces)

Ingredientes:

1 kilo de chochos
Sal

Los chochos se colocan en una bolsa de tela. Si es posible se sumergen en agua corriente durante tres días. De lo contrario se ponen a remojo en un recipiente cuatro o cinco días, cambiándoles el agua tres o cuatro veces diarias hasta comprobar que están dulces. Realizada esta operación, se escurren y se ponen al fuego en un caldero con agua hasta que estén tiernos. Se escurren de nuevo y se vierten en una ondilla grande con agua; de allí se irán sacando los que se deseen, se colocan en un plato de postre, y se les añade la sal. En el campo acostumbran a servirlos sobre hojas de parra o ñamera. Hay personas que les añaden un puñado de ceniza de brezo o altavaca en el momento de hervirlos, aunque esto no es imprescindible.

Chuchangos en salsa

(Ingenio. Gran Canaria).
Véase Chuchangos en el nº 38 de voces)

Ingredientes:

2 kilos de chuchangos
200 gramos de gofio
2 ramitas de hinojo
1 cabeza de ajos
1 sobre de cominos
1 cucharadita rasa de sal gruesa
1 trocito de cáscara de naranja
1/2 pimiento verde tierno
1/2 cucharada de pimentón
1/2 tacita de aceite
Vinagre
1 hoja de laurel
1 ramita de tomillo
1 cucharada de orégano

Se lavan los chuchangos varias veces en agua. Se depositan en un caldero y se espolvorean con gofio; se les añade unas ramitas de hinojo y se dejan hasta el día siguiente tapados con una malla fina para que los chuchangos respiren. A esto se le llama purgarlos, es decir, hacerles expulsar la tierra de sus intestinos.

Al día siguiente se lavan varias veces hasta que queden bien limpios, y se colocan en un caldero con abundante agua y vinagre, mitad y mitad. Se ponen al fuego y cuando estén hirviendo se les va quitando la espuma con un cucharon.

En un mortero se tienen majados todos los ingredientes (menos el laurel, el tomillo y el orégano). Se les añade el aceite se revuelve bien y se pone media tacita de vinagre sin dejar de remover. Terminada esta operación se echa todo dentro del caldero y se deja quisar durante una hora. Se les añade el tomillo, el laurel y el orégano. Se prueban y si están tiernos se retiran y se sirven como enyesque o como plato acompañado con papas sancochadas.

Chuchangos en salsa de vino

(Santa María de Guía. Gran Canaria. Véase Chuchangos en el nº 38 de voces)

Ingredientes:

2 kilos de chuchangos
200 gramos de gofio de millo
3 ramas de hinojo
3/4 litro de vino blanco del Monte
2 hojas de laurel
1 cucharadita de pimentón
1 tacita de aceite
1 cuchara de harina
1 cebolla picada
50 gramos de almendras peladas, cortadas en trocitos y tostadas
Sal

En un recipiente alto se ponen los chuchangos —previamente lavados— con las ramas de hinojo y con el gofio. Se tendrán dos días tapados con una malla para que no se salgan. Luego se sacan, se lavan bien y se ponen a cocer 15 minutos en agua hirviendo para que salgan los cuernos. Aparte se hace la salsa con el aceite, cebolla y laurel, añadiendo los chuchangos, harina, pimentón y vino; se dejan guisar. Finalmente se agregan las almendras y un poco de hinojo picado.

Se sirve en cazuelas, con papas y pan para mojar en la salsa.

Se consumen como enyesque o como plato.

Chuchangos en salsa deliciosa

(Santa Lucía de Tirajana. Gran Canaria. Véase Chuchango en el nº 38 de voces)

Ingredientes:

3 kilos de chuchangos
200 gramos de gofio
Sal
1/2 taza de aceite
4 rebanadas de pan de matalahúva
6 dientes de ajo
1/2 kilo de cebollas
1/2 kilo de tomates
1 pimiento
1 cucharadita de pimentón
100 gramos de almendras
2 huevos duros
100 gramos de jamón serrano
100 gramos de aceitunas rellenas con anchoas
6 ramas de perejil
1 vaso de vino Malvasía seco
1 cucharadita de cominos
1 cucharadita de orégano

Se ponen los chuchangos en un recipiente con el gofio, y se dejan dos días tapados con una malla fina para que respiren mientras expulsan la tierra de sus intestinos. Se lavan y se ponen en un caldero con bastante agua y un puñado de sal; se dejan dos horas y se vuelven a lavar varias veces hasta que el agua salga limpia. Se depositan en un caldero cubiertos con agua y se ponen a cocer, si al rato de estar hirviendo se nota que están desabridos se les añade un poco de sal. Se dejan hervir hasta que estén tiernos; esto se comprueba extrayendo uno de su caparazón con un palillo de dientes; si sale con facilidad se escurren y se apartan dejándolos tapados.

Seguidamente se doran en la sartén el pan y los ajos, y se dejan aparte. En el mismo aceite se ponen a fuego suave la cebolla, los tomates y el pimiento en trozos. Se le añade el pimentón se revuelve y se dora. Se pasa todo por el prensapuré dejándolo caer en un caldero. Se ponen las almendras en agua hirviendo, se retiran al minuto, se les quita la piel y se muelen. Se pican los huevos duros, el jamón, las aceitunas y el perejil, y se mezclan con las almendras. Se le pone un vaso de vino y se vierte en el caldero de los chuchangos con el pan, los ajos fritos y los cominos machacados. Se deja hervir todo durante diez minutos y antes de retirarlo del fuego se le añade el orégano; se retira del fuego y se le pone un trocito de pimienta quemona.

Se sirven en ondillas pequeñas y se comen con pan.

Ensalada de verano, ocho islas Canarias

Ingredientes:

1 piña tropical madura de la isla de el Hierro troceada en cuadritos

3 manzanas francesas del país, en cuadritos

1/4 kilo de pepinos, en cuadritos

100 gramos de aceitunas del país partidas a la mitad sin hueso

Los pimpollos (blancos) de dos lechugas cortados finitos.

1 aguacate triturado

1/2 taza de mayonesa

El zumo de un limón

Sal

1/4 pimiento rojo, en tiras

1/4 pimiento amarillo, en tiras

1/2 papaya, en tiras

1 mango pequeño, en tiras

7 nueces picadas

50 gramos de millo enlatado

Se pelan y se quitan el corazón a la piña y manzana; se añaden los pepinos, aceitunas y la lechuga de la forma consignada, y se mezcla todo en una ensaladera.

El aguacate se tritura y se mezcla con la mayonesa y el zumo de limón y la sal; se aliña bien y se coloca en platos individuales que se decoran con los pimientos, papaya y mango hecho tiritas, las nueces y el millo salpicados sobre la ensalada.

Se sirve fría.

Entremeses de verano

(Antiguo Hotel Metropol)

Ingredientes:

1/2 pollo hervido desmenuzado
4 higadillos de pollo hervidos y picados
4 papas
1/4 kilo de pepinos en dados
1 cebolla picada en dados
4 tomates pintones pelados
2 huevos duros en trozos
100 gramos de aceitunas partidas en dos, sin hueso
Sal y pimienta molidas
1/2 taza de aceite de oliva
El zumo de dos limones

Se cuecen las papas con piel y cuando estén guisadas se escurren y pelan. Se dejan enfriar y se cortan en dados, colocándolas en una ondilla grande; se le añade el pollo y los higadillos cocidos, los pepinos, la cebolla, los tomates pelados y cortados en dados, y las aceitunas cortadas a la mitad sin hueso. En un recipiente se coloca el aceite, sal, pimienta, zumo de limón y unas gotas de agua; se mezcla muy bien y se le echa por encima a la ensalada; se remueve bien y se decora al gusto.

Huevas de pescado fresco rebozadas

(Véase Huevas en nº 39 de voces)

Ingredientes:

1/2 kilo de huevas de pescado frescas
Àgua
Sal
1/2 limón
2 huevos
4 dientes de ajos picados
4 ramitas de perejil picado
2 cucharadas de harina
1/2 cucharadita de orégano
Aceite para freir

Se guisan las huevas con agua, sal y limón. Cuando estén guisadas se escurren; una vez frías, se cortan en rodajas, se pasan por harina y luego los huevos batidos con ajos, perejil y orégano. Finalmente, se fríen en abundante aceite. Se sirven con papas arrugadas y con uno de los mojos o almogrote.

Huevas de pescado prensadas secas

Se consumen tal y como se adquieren en los establecimientos del ramo, cortándolas finitas y degustándolas entre copa y copa de vino o ron del país.

Chuchangos en salsa *(página 43)*

Huevas fritas a lo cambullonero

(Véase Cambullonero y Huevas en nº 85 y 39 de voces)

Ingredientes:

1 kilo de huevas frescas
1 tacita de aceite
6 dientes de ajos pelados y filetes
1 limón partido
Sal

Las huevas se lavan y hacen rodajas; se dejan salpicadas de sal durante 15 minutos. Pasado este tiempo se lavan, dejándolas orear.

Mientras, se pone el aceite al fuego con los ajos; cuando estén dorados se van poniendo las rodajas de huevas, apartándolas cuando estén fritas.

Se sirven calientes con un trocito de limón para ponerles zumo a gusto.

Jareas en salpicón

Ingredientes:

1/2 kilo de viejas o aranas jareadas
2 litros de agua
1/2 cabeza de ajos
10 ramitas de perejil
5 ramitas de cilantro
La punta de una cucharilla de pimienta negra molida
1 tacita de aceite
1/2 tacita de vinagre

Si el pescado es grande se trocea; se pone a remojo la noche anterior cambiándole el agua varias veces. Al día siguiente se escurre y se lava poniéndose a hervir 10 minutos; se escurre, se le quita la piel y se deja en una bandeja pendiente.

Se pican los ajos, el perejil y cilantro. Finalmente se ponen en una ondilla añadiendo la pimienta, aceite y el vinagre, y removiendo bien. Esta salsa se extenderá sobre el pescado.

Se puede comer solo o acompañado de papas sancochadas.

Lapas con mojo

(Isla Graciosa)

Ingredientes:

1/2 cucharadilla de cominos
6 dientes de ajos
3 ramitas de perejil
1 tacita de aceite
1/2 tacita de vinagre
1 cucharada de pan rallado
1 kilo de lapas en su concha

Se machacan en el almirez los cominos, los ajos picados y el perejil; se le añade el aceite y el vinagre, se revuelve bien y se le agrega el pan rallado. Se mezcla todo muy bien y se reserva. Se colocan las lapas en la plancha sobre fuego vivo y a cada una se le pone media cucharadita de la mezcla anterior dejándose asar hasta que se nota que la lapa se desprende de su concha. En ese caso se van retirando del calor y colocando en una bandeja sin que pierdan su concha. Se sirven en la misma bandeja.

Lapas sudadas al estilo de Salvador

(Mogán. Gran Canaria)

Ingredientes:

1 kilo de lapas
Sal
1 limón

Se pone a hervir agua en un caldero cubierto con la tapadera al revés, sobre dicha tapadera se colocan las lapas, previamente lavadas, que se cubrirán con otra tapadera.

Se dejarán al vapor hasta que el molusco se desprenda de su concha.

Se apartan y se colocan en una bandeja; se sirven acompañadas de un salero y un limón partido para que cada uno les ponga lo que desee.

Mejillones jareados majoreros

Ingredientes:

Mejillones
Un poco de agua
Sal
Alcohol de 90 grados para quemar

Se ponen a cocer los mejillones en un caldero tapado con un poquito de agua y sal. Una vez guisados, se sacan del caparazón y se ponen al aire y al sol sobre un paño y cubiertos con tela mosquitera. A los 15 días estarán secos. Se guardan en recipientes de cristal herméticos.

Para servirlos se colocan en un plato o cazuela con un poco de alcohol, se les prende fuego y cuando se haya consumido aquel estarán listos para comer.

Morena frita

(Morro Jable, Fuerteventura)

Ingredientes:

1 morena de un kilo
Sal
1/2 taza de aceite
4 dientes de ajo

Se le quitan cabeza y tripas a la morena; se abre en dos mitades sin que éstas se desprendan. Se pone en sal media hora, se lava y se corta transversalmente sin que los pedazos se desprendan, se cuelga al aire resguardada de insectos.

Cuando esté oreada se terminan de cortar los pedazos y se fríen con los ajos pelados y cortados por la mitad. No debe retirarse de la sartén hasta que el pescado alcance un grado superior al dorado para que las espinas se reduzcan.

Una vez frita, se sirve acompañada con mojo verde o colorado, según preferencia, y con papas sancochadas o arrugadas.

Morena pintada en salmorejo

Ingredientes:

1 kilo de morena pintada
1/2 litro de aceite de oliva
Sal
1 cabeza de ajos
1 cucharilla de cominos
1/2 pimienta quemona
1/2 tacita de vinagre
1 cucharilla de pimentón
3 granos de pimienta negra

Se lava y limpia la morena; se trocea en pedazos, se salpica de sal y se pone al aire durante un cuarto de hora, protegida de insectos. Se acaba de secar con un pañito. Se pone la sartén al fuego con bastante aceite y se dejan dorar los pedazos sin que se pasen.

Se pelan y majan los ajos con la sal, cominos y pimienta en el mortero; se le añade el aceite y vinagre, y se remueve bien. Se agrega el pimentón y los granos de pimienta negra, se rebaja con una o dos cucharillas de agua y se vierte en el caldero dejándolo hervir unos minutos. Se sirve con papas arrugadas o sancochadas y una pella de gofio con mojo verde.

Pejines

(Véase Pejines en el nº 42 de voces)

Ingredientes:

200 gramos de pejines
3 cucharadas de alcohol

Se colocan en un plato o cazuela de barro con el alcohol y se prende la llama. Una vez consumido el alcohol, se lleva a la mesa para acompañar al ron o al vino, según se desee.

Pejines

(Otra fórmula)

Ingredientes:

250 gramos de pejines
3 cucharadas de gofio

Se depositan los pejines en una sartén o cazuela, se pone al fuego y se le añade el gofio. Se revuelven dejándolos tostar a gusto. Se consumen con vino o ron, según se desee.

Pejines fritos

(Véase Pejines en el n.º 42 de voces)

Ingredientes:

1/2 kilo de pejines
100 gramos de gofio
1/4 litro de aceite
Sal

Se lavan los pejines sin quitarles las cabezas; se salan y se dejan en una bandeja. Se pone el aceite al fuego en la sartén, se pasan los pejines por el gofio y se fríen.

Cuando estén doraditos se retiran y se sirven calientes.

Pulpo en salsa

(8 personas)

Ingredientes:

2 kilos de pulpo
1/2 kilo de cebollas
3 tomates grandes
5 ramitas de perejil
1 cabeza de ajos
3 granos de pimienta negra
Nuez moscada rallada un poquito
Sal
1/2 taza de aceite
1 ramita de tomillo
1/2 taza de vino

Se lava bien el pulpo, se corta en trozos pequeños, se coloca en un caldero ancho y bajo y se le va añadiendo la cebolla, los tomates pelados sin semilla y el perejil. A la cabeza de ajos se le quita la piel exterior y sin desbaratarla se le hace una cortada lateral al centro y se introduce en el caldero con la pimienta negra, la nuez moscada, la sal, el aceite, el tomillo y el vino.

Se pone el caldero tapado al fuego y, cuando se compruebe con un tenedor que están tiernos, se apartan del calor y se dejan reposar.

Se sirven con papas sancochadas.

Pulpo en su jugo

(La Isleta, Gran Canaria)

Ingredientes:

2 kilos de pulpo
2 cebollas grandes blancas
1 cabeza de ajos
1 taza de aceite
1 vaso de vino
Malvasía seco
Sal

Se limpia el pulpo, se maja, y se introduce en un caldero.

Se añaden las cebollas con un corte en forma de cruz; los ajos, a los que se les limpia la piel de fuera, y se les hace una cortada lateral; el aceite, el vino y muy poquita sal. Se pone al fuego el caldero y se mueve con las dos manos para unir los ingredientes. Se le da vuelta al pulpo con tenedor de madera. Se deja guisar y se comprueba si está tierno pinchándolo con un tenedor metálico. Se aparta y se sirve con papas sancochadas.

Rosquetes de huevas de pescado fresco

(4 personas)
(Véase Huevas en el nº 39 de voces)

Ingredientes:

1 kilo de huevas frescas
4 dientes de ajos
4 ramitas de perejil
3 huevos
1 tacita de leche
300 gramos de harina
Sal

Se lavan las huevas y se colocan en un caldero con agua suficiente, dejándolas hervir diez minutos. Se escurren y dejan enfriar; se cortan en rodajas y se colocan en una bandeja. En otro recipiente se pican los ajos y el perejil, se les añaden los huevos batidos, la leche y la sal, se remueven y se le va añadiendo poco a poco la harina hasta conseguir una pasta no muy floja. Se pone la sartén al fuego con aceite suficiente, se envuelven los trozos de huevas en la pasta y se fríen; cuando están dorados se apartan y se colocan en una bandeja con papel absorbente. Una vez secos se sirven con papas fritas.

Salpicón de pulpo

(Véase Salpicón en el nº 41 de voces).
(San Cristóbal, Gran Canaria)

Ingredientes:

1 1/2 kilo de pulpo
2 cucharadas de vinagre
1 hoja de laurel

Se lava el pulpo y se introduce en un caldero con agua suficiente para cubrirlo y los ingredientes indicados. Una vez hervido se retira del agua, se limpia y se trocea. Se deposita en una ondilla grande y se le añade el salpicón reseñado en la receta Salpicón de pescado (Ver Mariscos).

Sardinas a la brasa

(Playa de Arinaga, Gran Canaria)
(4 personas)

Ingredientes:

1 kilo de sardinas
Sal gruesa a gusto

Esta es otra variante para comer sardinas con mojo.

Se preparan como se aconseja en la receta anterior.

Se colocan sobre la plancha de asar o en la parrilla rociándolas con mojo colorado o, si se prefiere, con el mojo verde después de asadas.

Morena frita *(página 49)*

Sardinas tostadas con gofio

(La Isleta, Gran Canaria)
(4 personas)

Ingredientes:

1 kilo de sardinas pequeñas
Sal gruesa a gusto
100 gramos de gofio en polvo

Si son muy pequeñas no se les quitan las tripas; se lavan, se salpican de sal y se dejan así durante una o dos horas. Se vuelven a lavar. Se pone el gofio en un plato y se reboza cada sardina en él, y se colocan en una parrilla sobre el brasero o en una cazuela, dándoles vuelta en ambos casos hasta que estén tostadas. Se comen así o con cualquiera de los mojos recomendados.

Tollos con mojo picón

(Véase Tollos en el n.º 36 de voces)
(Composición tradicional)
(4 personas)

Ingredientes:

1 kilo de tollos
La miga de un pan de matalahúva
1 tacita de vinagre
4 ajos pelados
1 pimienta roja sin venas ni semillas
Sal, 1 vaso de aceite
1 cucharada de pimentón
1/2 sobre de azafrán
1 tacita de agua caliente
1 pimiento troceado

La noche anterior se cortan los tollos en trozos de cuatro o cinco centímetros. Se lavan y se ponen en remojo hasta el día siguiente, cuando se les cambia el agua, se escurren, se lavan y se colocan en un caldero con agua suficiente para cubrirlos; se dejan hervir y, antes de que estén demasiado blandos, se apartan y se pasan a un caldero de material refractario.

Se esponja la miga de pan con tres cucharadas de vinagre, se fríe con los ajos pelados y cuando todo esté dorado se apartan y se machaca en un mortero con la pimienta y la sal y se le añade el pimentón y el azafrán con la mitad del aceite que sobró de freír los ajos. Se remueve bien y se vierte el majado sobre los tollos.

Se le añade el agua caliente, se deja hervir todo unos minutos y antes de retirarlo se pone encima el pimiento hecho tiras, se retira, se tapa y se deja enfriar. Se sirven en cazuela acompañados de papas arrugadas o sancochadas según preferencias.

ENYESQUES Y ENTREMESES

Tollos con mojo verde

(Véase Tollos en el nº 36 de voces)
(4 personas)

Ingredientes:

1 kilo de tollos
1 cabeza de ajos
1 sobre de cominos
Sal
1 pimienta verde
6 ramas de cilantro
6 ramas de perejil
1 tacita de aceite
1 tacita de vinagre
1/2 tacita de agua

Los tollos se cortan en trozos de tres centímetros y se meten a remojo el día anterior. Al día siguiente se escurren, se lavan bien y se les quita la piel. Se ponen en un caldero, que no sea de aluminio, con agua suficiente para cubrirlos, y se dejan hervir durante diez minutos. Pasado este tiempo se comprueba con el tenedor si están tiernos; en este caso se apartan y se escurren.

Se pelan los ajos y se majan en el almirez con los cominos, la sal, pimienta, cilantro y perejil. Cuando estén bien machacados se les añade el aceite, vinagre y agua. Se remueve todo y se pasa a la salsera. Ésta acompaña a los tollos que se llevarán a la mesa en la bandeja adornados con papas arrugadas.

Cada comensal se servirá a gusto, añadiendo con una cuchara el mojo que desee.

Tollos en salsa

(Véase Tollos en el nº 36 de voces)
(Receta muy antigua)

Ingredientes:

1 kilo de tollos
1/2 kilo de cebollas
1/2 kilo de tomates
1 pimiento mediano
1 taza de aceite de oliva
6 dientes de ajos
6 ramas de perejil
1 sobre de cominos
1 cucharadita de pimentón
1 hoja de laurel
1 ramita de tomillo
1 vaso de vino
Malvasía seco
Sal

Se parten los tollos y se ponen a remojo la noche anterior, cambiándoles el agua dos o tres veces. Al día siguiente se escurren, se lavan, se guisan y se depositan en un caldero de material refractario.

Se pelan la cebolla y el tomate; se trocean junto con el pimiento y se doran en la sartén con el aceite. Se le añade un majado de ajo, perejil, cominos, pimentón, laurel, tomillo, vino y sal. Con todo esto se ponen al fuego los tollos. Se tendrá agua caliente en un calentador para añadirle a la salsa si se seca. Cuando al pincharlos con un tenedor se noten tiernos, se apartan y sirven con papas arrugadas o sancochadas.

Tollos en salsa del país

(Véase Tollos en el nº 36 de voces)
(Desaparecida «Fonda del Mosquito» siglo XIX).
(Puerto de La Luz)

Ingredientes:

1 kilo de tollos
8 dientes de ajos
1/4 sobre de comino
1/2 pimienta quemona, sin semilla
2 clavos
4 gramos de pimenta negra
3 rodajas de pan frito
1/4 cucharilla de sal
1/2 taza de aceite
1/2 de vinagre

Se hacen trozos los tollos y se ponen a remojo la noche anterior, cambiándoles el agua varias veces. Al día siguiente se lavan y se colocan en un caldero al fuego con agua suficiente para cubrirlos dejándose hervir hasta que estén blandos. Se apartan, escurren y se pasan a un «lebrillo melado» o caldero que no sea de aluminio.

Se ponen en un mortero los ajos, cominos, pimienta, clavos, sal y el pan frito; se majan y se disuelven con el aceite y el vinagre; esta mezcla se le añade a los tollos.

Se acompañan con papas arrugadas o sancochadas.

N.B. Damos esta receta por su antigüedad y para compararla con otras menos antiguas y más gustosas que figuran en este recetario.

Viejas jareadas sancochadas

(Véase Jarea en el nº 43 de voces)

Ingredientes:

1/2 kilo de viejas jareadas
1 tacita de aceite
1/2 tacita de vinagre
5 dientes de ajos picados
6 ramitas de perejil picado

Se ponen a remojo las viejas el día anterior, se lavan y se colocan en un caldero al fuego, con agua suficiente para cubrirlas. Cuando esten tiernas, se retiran, se escurren y se colocan en una bandeja limpiándolas de piel y espinas. Se prepara una salsa de la siguiente forma:

Se mezcla el aceite, vinagre y sal con los ajos y el perejil picado. Se baten bien y se baña con esto el pescado. Se sirve con papas sancochadas.

Gofio

Gofio

Beletén de cabra

Ingredientes:

1 litro de beletén del primer día
3/4 litro de agua

Beletén de oveja

Ingredientes:

1 litro de beletén del primer día
1 litro de agua

Si el beletén es del segundo día se reducirá el agua, en cada caso, un 50%, y si es del tercero se guisará sin agua. La preparación para todo es como sigue:

Se mezclan el agua y el beletén y se ponen a hervir. Cuando empiecen a surgir los primeros grumos se pone a fuego lento, removiendo despacio con cuchara de madera hasta que se reduzca un poco. Se deja enfríar y se sirve en escudilla u ondilla acompañado del azucarero y un recipiente con gofio para añadirle la cantidad que se desee.

Beletén de vaca

Ingredientes:

1 litro de beletén, del primer día
1/2 litro de agua
Sal a gusto
Azúcar

Beletenes con gofio

(Véase Beletén en el nº 28 de voces)

Buñuelos de gofio doña Isabelita

(Agüimes, Gran Canaria)

Ingredientes:

1/4 kilo de gofio
1 cucharada de mantequilla
1/2 litro de agua
1 rabillo matalahúva molida
2 cucharadas de agua de azahar
100 gramos de azúcar
4 huevos
1 cucharadita de canela molida
1 cucharada de azúcar glas
Aceite para freír

En una cacerola se hierve el agua con la mantequilla, azúcar, matalahúva y agua de azahar; luego se añade el gofio, dejando hervir unos minutos.

Fuera del fuego se le agregan los huevos, uno a uno, moviéndolos bien para formar una masa. Una vez fría ésta se corta en trocitos y se fríen en abundante aceite. Posteriormente se sacan, se colocan en una bandeja con papel absorbente y se sirven espolvoreados con azúcar glas y con canela.

Escacho palmero

(Tipo pella de gofio)
(Roque Faro, La Palma)

Ingredientes:

1 pimienta quemona
2 dientes de ajos
1/4 cucharilla de sal
1/4 cucharilla de cominos
1/2 tacita de aceite
1/2 tacita de vinagre
1/2 kilo de papas
Gofio
300 gramos de queso duro picadito
1/2 tacita de agua sobrante de sancochar las papas

Se abre la pimienta, se le quita el corazón y las semillas, se pasa por agua caliente, se raspan las venas y se coloca en el mortero . Se pelan los ajos y se unen a la pimienta agregándole la sal y los cominos; se majan muy bien. Se le añade el aceite y el vinagre. Se remueve todo y se mezcla bien.

Se pelan las papas, se sancochan en agua y cuando estén tiernas se escurren —reservando el agua— se echa un poco de sal y se escachan bien en un lebrillo. Se les añade el mojo anterior, media tacita de agua sobrante de las papas y se mezcla todo muy bien. Se le va poniendo gofio poco a poco hasta formar una masa, se le añade el queso y se bate hasta convertirlo en una apetitosa pella que se lleva a la mesa en bandeja alargada. Se corta en porciones, acompañando al potaje.

Escaldón con yema al horno

(El Juncal de Tejeda. Siglo XIX)

Ingredientes:

1/2 litro de leche
1/2 cucharadilla de sal
La corteza de 1/2 limón
150 gramos de azúcar
1/2 caña de canela
5 cucharadas de gofio
4 yemas de huevo
1/2 cucharadilla de canela molida
1/2 cucharadita de azúcar glas por plato

Se confecciona el clásico escaldón de leche con los ingredientes reseñados. Cuando la mezcla esté a punto se retira del fuego y se echa en cazuelitas individuales de material resistente. Se les pone una yema en el centro y se introducen en el horno a calor moderado, lo suficiente para que se cuajen las yemas. Se sacan, se espolvorean con canela molida y se llevan fríos a la mesa. La receta original aconseja mezclar con la canela el azúcar glas. Nosotros lo dejamos a gusto de cada persona.

Escaldón de gofio del siglo XIX

(Gran Canaria)

Ingredientes:

1 litro de leche
5 cucharadas de gofio colmadas
La corteza de medio limón
3 cucharadas de azúcar
1/2 caña de canela hecha trozos
Sal al gusto
6 yemas de huevo
Azúcar glas

Se pone la leche al fuego en un caldero; cuando empiece a hervir se añade el azúcar y la canela, se baja la llama y se le añade el gofio despacio, revolviendo hasta que forme una pasta suave. Se retira y se vuelca en la bandeja de hornear de forma que la pasta alcance entre 2 y 2,5 cm de altura. Conseguido esto se colocarán espaciadamente sobre ellas, con cuidado de que no se rompan, 6 yemas de huevo y se introduce en el horno a temperatura moderada. Cuando se noten las yemas cuajadas se saca del horno y una vez frío se hacen tantos trocitos como yemas haya, y se sirven en platos de postre espolvoreándolo con azúcar glas.

Escaldón de gofio y leche

(2 personas)

Ingredientes:

1/2 litro de leche
4 cucharadas de gofio de millo
2 cucharadas de azúcar
1/4 caña de canela
1/4 corteza de limón

Se pone al fuego en un calentador la leche y cuando rompa a hervir se le añade el azúcar, la canela y el limón se remueve continuamente el gofio poco a poco hasta que hierva y espese; seguidamente se pasa a platos de postre y se sirve frío. Se acompañará el azucarero para servirse, según el gusto de cada uno.

Escaldón de tocino

(Para 6 personas)

Ingredientes:

100 gramos de tocino
2 litros de agua
2 dientes de ajos
1/2 sobre de cominos
6 cucharadas colmadas de gofio de millo
Sal

Se derrite la mitad del tocino en la sartén a fuego lento. En el almirez se majan los ajos pelados junto con los cominos y muy poquita sal. Se pone al fuego el agua y cuando esté hirviendo se vierte el majado y el tocino derretido añadiéndole el gofio poco a poco; se deja hervir hasta que espese la mezcla. Antes de retirarlo se añadirá el tocino sobrante cortado en cuadritos y bien frito; se remueve y sirve caliente en platos hondos.

Gofio amasado con papas y batatas

Ingredientes:

1 papa del puchero o potaje de regular tamaño.
Un pedazo de batata de igual peso.
3 cucharadas de gofio de millo.

Se colocan en una escudilla de loza los tubérculos, se trituran bien y se les añade poco a poco el gofio hasta obtener una masa compacta y suave; si se prefiere más dura se añadirá más gofio procurando que al amasarlo todo quede bien unido.

Se sirve en ondillas individuales. Antiguamente todos tomaban de la misma ondilla las porciones deseadas.

Gofio con chicharrones

(2 personas)

Ingredientes:

150 gramos de chicharrones
3 cucharadas de gofio de millo

Se ponen los chicharrones en la sartén al fuego y cuando empiecen a derretirse se añade el gofio poco a poco; se baja la llama y se remueve continuamente hasta que todo esté bien unido; entonces se retira y se sirve en platos de postre. Puede comerse solo o con traguitos de vino tinto o moscatel.

A falta de chicharrones pueden utilizarse las mismas cantidades de manteca o de aceite de oliva.

Gofio con miel

(1 persona)

Ingredientes:

150 gramos de miel de abeja o de caña
2 cucharadas de gofio de millo

Se pone la miel en una ondilla y se le añade el gofio poco a poco, sin dejar de remover, hasta convertirla en una mezcla suave y com pacta. Si se desea más espesa se le añadirá más gofio. Se come con queso tierno de oveja.

Gofio con tabefe

(Véase Tabefe en el nº 29 de voces)
(3 personas)

Ingredientes:

1 litro de suero o tabefe
Un poquito de sal
3 cucharadas de azúcar a gusto
5 cucharadas de gofio de millo

Al tabefe ha de dejársele, al menos, un 15% de residuos del queso. Se pone a hervir en un caldero y cuando rompa el hervor se remueve con cuchara de madera despacio, dejándolo a fuego lento hasta que se reduzca un poco; se le añade la sal y el azúcar, o la sal solamente si así se prefiere, se aparta y se sirve frío, acompañado de una ondilla de gofio para añadirle el que se desee.

Gofio con vino tinto (o rala de vino)

(2 personas)

Ingredientes:

1 litro de vino tinto de la islas
5 cucharadas de azúcar
3 cucharadas colmadas de gofio de millo

Se disuelve el azúcar en el vino y se le va añadiendo gofio hasta obtener una mezcla semilíquida en forma de batido.

El vino tinto puede sustituirse por moscatel, en cuyo caso se suprime el azúcar. La misma cantidad y preparación puede utilizarse sustituyendo el vino por té, tila, manzanilla, pasote, hierbaluisa, café o café con leche. A estas mezclas se les llama Ralas. Si se hace con té se les denomina Ralatén.

Gofio en pella (o pella de gofio)

(Para 2 personas)

Ingredientes:

200 gramos de gofio de millo
1 vaso de agua
1 cucharada de azúcar
Sal
1 cucharada de aceite de oliva

Se deposita el gofio en una ondilla, aparte se disuelven el azúcar y la sal con el agua; el aceite se mezcla con el gofio y se le añade el agua con el azúcar y la sal disueltas. Se amasa con las manos y se le da forma de pan con las puntas redondas. Se lleva a la mesa en una bandeja y se toman pedazos con las manos trabajándolos al puño. Se come con queso, pescado salado (sancocho), aceitunas del país, o simplemente mojando los trozos de pella en mojo picón. Otras fórmulas aconsejan sustituir el azúcar por un poco de sal, añadiéndole además una cucharada de ron añejo, si bien esto último no es muy tradiccional.

Gofio escaldado

Ingredientes:

1 litro de caldo de pescado, pasado por colador fino
1 ramita de hierbahuerto
200 gramos de gofio de millo

Se deposita el gofio en una ondilla con la ramita de hierbahuerto, añadiéndose el caldo hirviendo poco a poco, removiendo deprisa para evitar la formación de grumos. Si se desea puede agregarse un pedacito de pimienta picona o pimiento verde.

También se puede hacer con caldo de verduras, de papas, de puchero o potaje. Otra fórmula aconseja mezclar los ingredientes en frío y ponerlos al fuego hasta obtener una masa compacta y suave. En todos los casos se sirve en ondillas individuales, llamándosele escaldón.

Gofio escaldado al estilo de los bordones

(Receta muy antigua de los Altos de Guayadeque, Gran Canaria)

Ingredientes:

1 1/2 litro de caldo de papas
1 cebolla mediana de Gáldar picada semifina
3 tomates sin piel ni semillas triturados
1 pimienta verde sin venas ni semilla en ruedas finas
3 pimpollos de hierbahuerto
Sal a gusto
5 cucharadas de gofio
200 gramos de chicharrones
1 queso semiduro

Se pone el caldo al fuego en una cacerola, se le añade la cebolla, los tomates y el hierbahuerto. Se deja cocinar unos minutos, se le pone la sal y se va añadiendo el gofio, poco a poco sin dejar de revolver, hasta formar una masa suave. Se vierten los chicharrones, se dejan unos segundos, se aparta y, en la misma cacerola se lleva a la mesa, donde estará el queso para que cada comensal lo corte como desee para acompañar a la cucharadas de gofio.

Gofio y leche

(Acabada de ordeñar)

(1 persona)

Ingredientes:

1 taza de leche con espuma
3 cucharadas colmadas de gofio de millo
1 cucharada de azúcar, si se desea

Si se emplea el azúcar, se disolverá en la leche; luego se mezclará el gofio removiendo con la cuchara. Puede tomarse todo revuelto, como una bebida, o a cucharadas, añadiendo el gofio que se desee. Este mismo sistema puede emplearse para la leche guisada.

Plátanos con gofio

(2 personas)

Ingredientes:

3 plátanos maduros
3 cucharadas de gofio de millo

Se pelan y trituran los plátanos en una escudilla u ondilla y se les va añadiendo el gofio, amasándolos hasta obtener una masa compacta y suave. Se comen solos o acompañados con queso cerrollo (semicurado).

Rapaduras de gofio

(Véase rapadura en el nº 74 de voces)

Ingredientes:

1 litro de miel de caña
600 gramos de azúcar
La ralladura de 1/2 limón pequeño
1/2 cucharadita de canela molida
1/2 sobre de matalahúva molida
200 gramos de almendras peladas, tostadas y molidas
3 cucharadas de gofio

En un calentador mediano se ponen la miel, el azúcar, la ralladura de limón, la canela y la matalahúva. Se pasa al fuego y se remueve hasta que hierva. Se aparta sin dejar de batir. Se le añaden las almendras molidas y se pone de nuevo al fuego sin dejar de remover. Se retira y se le añade el gofio, batiendo bien, y se pasa a los moldes antes de que se enfríe. Una vez frías se sacan con cuidado y se envuelven en papel de aluminio o graso.

Los moldes pueden ser de latón u otro material parecido de forma cónica y del tamaño que se prefiera.

En el capítulo de postre damos fórmulas de rapaduras blancas, de huevos, de almendras, de chocolate y de leche.

Tulipán de gofio

(Gran Canaria, Puerto de la Luz)
(1 persona)

Ingredientes:

3/4 vaso de tinto de las islas
1 yema de huevo
1 cucharada de azúcar
2 cucharadas de gofio de millo

Se bate bien la yema con el azúcar, se le añade el vino, se remueve y cuando esté bien unida se le pone el gofio, poco a poco, sin dejar de revolver, hasta obtener una mezcla suave. Se toma pausadamente.

Turrón de gofio

(Receta original del siglo XIX)

Ingredientes:

1/2 kilo de miel de caña
1/2 kilo de miel de abeja
2 cucharadas de azúcar
325 gramos de almendras tostadas y peladas
2 claras de huevo
1 sobre de matalahúva majada
Gofio de millo
Los moldes se hacían con tiritas de plataneras. En la actualidad se emplea papel

Se mezclan los dos tipos de miel y se pone al fuego, removiéndola; una vez hervida, se aparta. Se baten las claras a punto de nieve, se le añade el azúcar y se mezclan las almendras, miel, matalahúva y el gofio que admita; se deja a fuego lento durante un minuto. Debe de quedar una pasta no muy dura.

Debemos tener unos arcos de cartón fino, de colores, y unas obleas de papel graso para formar el turrón, que se endurecerá al enfriar.

Mojos

Mojo bravo, picón o colorado *(página 69)*

Almogrote gomero

(Véase Almogrote en el nº 45 de voces)

Ingredientes:

4 dientes de ajos
1/2 pimienta quemona seca
Sal
3 tomates muy maduros a ser posible de Fuerteventura
3 cucharadas de caldo del día
0,70 gramos de queso duro molido
4 cucharadas de aceite

En el almirez se majan los ajos con la pimienta y la sal.

Los tomates sin semillas, asados previamente se pelan y se trituran con un tenedor. Se unen al majado anterior, se mezcla todo muy bien y se bate. Se le añade el caldo y se sigue batiendo poniéndole el queso y poco a poco el aceite hasta conseguir una pasta suave.

El almogrote en Canarias, y sobre todo en la Gomera, se consume acompañando a las papas sancochadas o arrugadas, huevos duros o simplemente untado en pan.

Mojo bravo, picón o colorado

(Por su antigüedad, popularidad y aceptación, es el rey de los mojos canarios). (Véase mojo en el nº 44 de voces)

(1/2 litro de mojo)

Ingredientes:

1/2 cucharadita de cominos
1 pimienta colorada seca mediana
1 cabeza de ajos
Sal
1 Cucharada rasa de pimentón
1 taza de aceite
2 tacitas de vinagre
1 tacita de agua hervida fría

Se majan los cominos en el mortero. Se abren las pimientas, se les retiran los granos y se ponen a remojo durante veinte minutos en agua caliente. Se raspan interiormente quitándoles las venas y el corazón, se machacan con los cominos y se les añaden los ajos pelados y la sal. Se sigue machacando y se le pone el pimentón; se revuelve todo con la manecilla del mortero, se echa el aceite, se revuelve y cuando esté todo bien unido se le agrega el vinagre y el agua; se sigue revolviendo hasta que esté todo bien mezclado.

Si se quiere más picón, las pimientas se ponen con venas y semillas, sin pasarlas por agua. En la Palma, aparte de estos ingredientes se le añade una cucharada de harina tostada o una papa sancochada bien triturada.

Se presenta en cazuelitas individuales, y en él se mojan las papas arrugadas o sancochadas y batatas también sancochadas, incluso pan y pequeñas pellas de gofio.

Mojo de ajos

(Originario del Hierro)
(Véase Mojo en el nº 44 de voces)

Ingredientes:

1 cabeza de ajos
1/2 cucharadita de sal
1/2 tacita de aceite
2 cucharadas de manteca de cerdo
1 cucharadita de pimentón
El zumo de un limón
1 cucharada de vinagre
1/2 tacita de caldo

Se pelan y machacan los ajos en el almirez, junto con la sal hasta que estén bien unidos. Se le añade el aceite y la manteca hirviendo. A continuación el pimentón, el limón, el vinagre y el caldo. Se revuelve con la manecilla del mortero hasta que quede bien ligado. Se sirve en salsera.

Mojo de almendras palmero

(Véase mojo en el nº 44 de voces)
(Especial para conservar)

Ingredientes:

80 gramos de almendras
8 ruedas de pan duro
1/2 cucharadita de cominos
2 cabezas de ajos peladas
2 pimientas coloradas secas
Sal
1 cucharadita rasa de pimentón
1 vaso de aceite para mojo
Aceite para freír
1 tacita de vinagre

Se ponen las almendras en agua caliente. A los pocos minutos se apartan, se escurren, se pelan y se fríen con el pan. Se majan los cominos en el mortero con los ajos, las pimientas y la sal.

Se añade el pan frito y las almendras, y se siguen machacando. Cuando esté todo bien majado y unido en el mortero, se le agrega el pimentón y el vaso de aceite, despacio, sin dejar de revolver y seguidamente el vinagre también despacio, mezclándolo todo.

Se sirve en salsera.

Depositado en un tarro de cristal, bien tapado, se puede conservar durante algún tiempo.

Mojo de huevos

(Originario de la Palma)
(Véase Mojo en el nº 44 de voces)

Ingredientes:

- 2 cebollas medianas picadas
- 3 tomates pequeños, pelados sin semillas y picados
- 1 pimiento dulce picado
- 1 vaso de aceite
- 3 dientes de ajo
- 2 ramitas de perejil
- 1/2 vaso de vino blanco
- 4 huevos duros picados
- 1/2 cucharadita de sal
- 1 tacita de mojo colorado

Se fríen la cebolla, los tomates y el pimiento con el aceite.

Cuando esté rehogado, se le añaden los ajos y el perejil machacado. Se le añade el vino y se deja hervir unos minutos. Se le ponen los huevos, la sal y el mojo picón.

Se sirve en cazuela de barro y se toma con papas sancochadas.

Mojo de naranjas agrias

(Santa Lucía de Tirajana, Gran Canaria)
(Véase Mojo en el nº 44 de voces)

Ingredientes:

- 1/2 cucharadita de cominos
- 8 dientes de ajo
- La punta de la cucharilla de sal
- Pimienta verde
- 1 pimiento verde
- 3 ramitas de perejil
- El zumo de dos naranjas agrias de tamaño regular

Se majan los cominos y se les añaden los ajos pelados y la sal. Cuando todo esté majado se agregan la pimienta, el pimiento y el perejil picado. Se sigue majando hasta obtener una mezcla compacta. Se le añade el zumo de las naranjas y se revuelve bien; se sirve en cazuelitas y con una cuchara se sacan las porciones que se deseen.

Este mojo es apropiado para el caldo de pescado con gofio escaldado.

Mojo de queso

(Guía, Gran Canaria)
(Véase Mojo en el nº 44 de voces)

Ingredientes:

1/4 kilo de queso duro de ganado de los Altos de Guía
1 tacita de aceite para freír el queso
4 dientes de ajo pelados
3 ramitas de perejil
1/4 de sobre de cominos
Sal
1 tacita de agua
3 cucharadas de aceite de la sobrante del queso

El queso se corta en lascas finas, las cuales se doran en una sartén con aceite y se apartan en un plato. En un mortero se majan los ajos, el perejil, los cominos y la sal. Se depositan en un caldero con el queso, también majado. Se le añade el agua y el aceite, se bate y se pone a hervir. A los cinco minutos se aparta y se vierte en la salsera.

Habitualmente se sirve en platos pequeños para mojar en él papas y batatas sancochadas.

Mojo herreño de queso

(Véase Mojo en el nº 44 de voces)

Ingredientes:

La punta de una cucharilla de cominos
4 dientes de ajos
2 tomates medianos
100 gramos de queso duro rallado
2 cucharadas de aceite de oliva
1/2 tacita de caldo de papas caliente o la misma cantidad de agua caliente

Se machacan los cominos en el mortero, seguidamente los ajos pelados y luego los tomates sin piel ni semillas.

Cuando esté todo machacado se vertirá el queso y se triturará todo hasta convertilo en una pasta suave; se le añade el aceite, se remueve y se agrega el caldo o el agua sin dejar de revolver hasta que esté todo bien unido. Se pasa a una salsera y se lleva a la mesa.

Mojo verde con cilantro, mojo majorero *(página 74)*

Mojo hervido

(Originario de la Palma)
(Véase Mojo en el nº 44 de voces)

Ingredientes:

1 pimienta quemona seca
La miga de 1/2 pan
1 tacita de vinagre del país
4 ramitas de perejil
6 dientes de ajo
1/2 cucharadita de sal común
1 tacita de aceite
2 ramitas de tomillo
1 hoja pequeña de laurel
1 cucharada rasa de pimentón
1 tacita de agua

Se abre la pimienta, se le quitan las semillas y el corazón, dejándose a remojo en agua caliente durante veinte minutos. La miga se pone a remojo en el vinagre.

Se saca la pimienta del agua, se raspa su interior y se le quitan las venas.

Se majan en el mortero el perejil, la pimienta, los ajos pelados, la sal y la miga de pan: se revuelve todo bien hasta convertirlo en una masa.

En la sartén con el aceite se vierte el majado anterior, se fríe y se le añade el tomillo, el laurel y el pimentón. Cuando se observe que el refrito está en su punto se le añade el agua y el vinagre y se deja que hierva unos minutos.

Este mojo es ideal para toda clase de pescados.

Mojo majorero

(Véase mojo en el nº 44 de voces)

Ingredientes:

1/2 cucharilla de cominos
5 dientes de ajos
Sal gruesa
1 pimiento seco colorado
1/2 cucharadita de pimentón
1/2 taza de aceite
1 tacita de vinagre
2 cucharaditas de agua

Se majan los cominos, se agregan los ajos y la sal; luego el pimentón, aceite, vinagre y agua poco a poco, sin dejar de remover para que se ligue bien. Se pasa a la salsera y se lleva a la mesa.

Mojo verde con cilantro

(Originario del Hierro)
(Véase Mojo en el nº 44 de voces)

Ingredientes:

6 dientes de ajo
1/2 manojo de cilantro
Sal
1/2 tacita de aceite
1 tacita de vinagre del país
3 cucharadas de caldo, a ser posible de papas

Se pelan los ajos y junto con el cilantro y la sal se machacan en el mortero. Se añade el aceite, se remueve y seguidamente se ponen el vinagre y el caldo. Se revuelve bien.

Se sirve en salsera para acompañar con papas sancochadas y pescados fritos.

Mojo verde con perejil

(Gran Canaria)
(Véase Mojo en el nº 44 de voces)

Ingredientes:

1/2 cucharadita de cominos
8 dientes de ajos
Sal
1 pimienta verde de tamaño regular
1/2 manojo de perejil
1 taza de aceite
1/2 taza de vinagre del país
1 tacita de agua

Se majan los cominos en el almirez. Se añaden los ajos pelados con la sal y se siguen jamando. Se hace pedazos la pimienta y se machaca junto con el perejil picado y con los otros ingredientes. Cuando se observe que el majado ha tomado forma compacta se le añade el aceite, se remueve todo y, por último, se le añade el vinagre y el agua y se sigue revolviendo durante unos minutos.

Ideal para caldo de pescado y pescados fritos.

Salsa amarilla

Ingredientes:

1 vaso de aceite para freír
6 dientes de ajos pelados
2 rebanadas de pan de desayuno
8 hebras de azafrán
2 clavos
1 rabillo de cominos
1/2 litro de caldo del día
Sal

Se pone la sartén al fuego con el aceite, se doran los ajos y se sacan; se fríe el pan. En el almirez se majan los ajos, azafrán, clavos, cominos y las rebanadas de pan frito; se le añade poco a poco aceite y caldo. Ha de quedar una salsa compacta, que se pone en un calentador, se hierve y se sirve en salsera.

Salsa bechamel

Ingredientes

(para un litro de leche:)

BECHAMEL CLARA
(Para espaguetis, macarrones, para servir como salsa, etc).

60 gramos de mantequilla
60 gramos de harina
Sal
Pimienta
Nuez moscada
1 litro de leche

BECHAMEL NORMAL
(para gratinar huevo, verduras, etc.).

80 gramos de mantequilla
80 gramos de harina
Sal
pimienta
Nuez moscada
1 litro de leche

BECHAMEL PARA HACER CROQUETAS

125 gramos de mantequilla
125 gramos de harina
Sal
Nuez moscada
Pimienta molida
1 litro de leche

El recipiente para hacer esta salsa debe de ser de acero o material refractario.

Se derrite la mantequilla, se mezcla la harina, se rehoga durante un minuto y se deja enfriar un poco la mezcla. Se le añade la leche hirviendo, poco a poco y moviéndola con una varilla.

Finalmente se pone la sal, la pimienta y nuez moscada, se deja cocer de diez a doce minutos.

Salsa canaria de aguacates

Ingredientes:

2 aguacates grandes
El zumo de medio limón
1 cebolla roja de Gáldar
1/4 litro de aceite de oliva
1 pedacito pequeño de pimienta quemona
1 yema de huevo
Sal

Se tritura bien la cebolla con la yema, el zumo de limón y los aguacates, sin piel ni pipas, junto con sal y pimienta. Una vez triturado, se comienza a echar el aceite despacio, como si fuese una mayonesa.

Se sirve en cazuelitas de barro o salsera. Es apropiada para pescados y mariscos.

Salsa costera

(4 personas)

Ingredientes:

1/2 taza de aceite
50 gramos de manteca
1 cebolla mediana
4 dientes de ajo
6 tomates maduros
1 cucharadita de orégano
1 vaso de vino generoso
1 cucharada de maicena
1 copa de coñac
Sal
Pimienta negra molida
1 cucharón de caldo de pescado

Se pone en la sartén el aceite y la manteca y se confecciona una fritura con la cebolla picada, los ajos pelados y los tomates pelados sin semillas; se añade el orégano y se retira del fuego cuando la cebolla esté dorada. Se pasa todo a un caldero, se añade el vino, se pone al fuego y se deja hervir.

Cuando se note la salsa ligeramente espesa, se retira, se pasa por un colador y se le agrega la maicena, el coñac, la sal, la pimienta y el caldo de pescado. Se pone de nuevo al fuego y cuando se espese estará en su punto.

Salsa de nueces don Virgilio

(Lagunetas, San Mateo)

Ingredientes:

6 nueces
4 dientes de ajo
1 cucharilla de cominos
1/4 litro de caldo del día
1 huevo duro (la yema)
Sal

Se parten las nueces, se mondan y se depositan en un mortero con los ajos pelados y los cominos; se machaca todo. Se le añade el caldo, se remueve y se pasa a un calentador. Se tritura la yema y se une al majado, se pone al fuego y se deja hervir durante cinco minutos; se aparta y se sirve en salsera.

Se persigue con esta salsa resaltar el sabor de la fruta seca, con total ausencia de especias. Puede confeccionarse también con almendras.

Salsa de tomate

Ingredientes:

4 cucharadas de aceite
6 dientes de ajos pelados enteros
1 cebolla mediana picada
1 kilo de tomates maduros, pelados y sin semilla
Sal
1 cucharada de azúcar

Se pone al fuego una cacerola con una lata sobre la llama para que no se pegue la salsa. Se coloca en ella el aceite y se refríen los ajos y luego la cebolla. Se le añaden los tomates pelados sin semilla, se agrega sal y azúcar y se cuecen tapados a fuego muy lento durante 25 minutos.

Mariscos y pescados

Pescado en escabeche *(página 102)*

Almejas en salsa canaria

(La Isleta, Puerto de la Luz, Gran Canaria)

Ingredientes:

- *1 kilo de almejas frescas.*
- *1/2 tacita de sal para la salmuera de las almejas*
- *1/4 cucharilla de sal*
- *1 cebolla grande*
- *1 tacita de aceite*
- *1 hoja de laurel*
- *5 dientes de ajos*
- *6 ramitas de perejil*
- *2 cucharadas de leche*
- *1/2 cucharada de pan molido*
- *1 cucharada de almendras peladas y molidas*
- *La punta de la cucharilla de pimienta negra molida*
- *2 hebritas de azafrán*

Al no disponer de agua de mar, se lavan las almejas a chorro abierto. Se pasan a un caldero con agua suficiente para cubrirlas y media tacita de sal, y se dejan reposar una hora. Se lavan de nuevo y se escurren. Se pela la cebolla, se trocea finamente y se coloca en un caldero añadiendo el aceite y el laurel, se pone al fuego y cuando la cebolla esté cristalizada, se vierten las almejas; sin quitarlas del fuego se les añaden los ajos pelados y majados con el perejil bien picado y la sal. Se remueve y se baja la llama. Se mezclan la leche, el pan y las almendras molidas; se echan sobre las almejas, se les añade la pimienta, se dejan al fuego dos minutos y luego se retiran. Se sirven en cazuelitas de barro cubiertas con su propia salsa; si se destina a enyesque se servirán en platos pequeños. Si se quiere servir como plato, se acompaña con papas sancochadas.

Almejas reales en salsa canaria Toñita Sánchez

(Original de Playa de Arina, Gran Canaria)

(4 personas)

Ingredientes:

- *1 kilo de almejas frescas*
- *1 cabeza de ajo*
- *1 cucharadita de sal*
- *1/2 tacita de aceite*
- *1 vaso de vino blanco*
- *2 cucharadas de pan molido*
- *10 ramas de perejil*
- *1/2 cucharadita de pimienta molida*

Se ponen las almejas 3 días en el congelador para que se ablanden. Se lavan bien y se colocan en una bandeja de hornear con el molusco hacia arriba.

Se pelan los ajos y se machacan con la sal y el perejil; se le añade el aceite, se revuelve bien y se pasa a una ondilla; con el vino se enjuaga el almirez y se echa también en la ondilla; se remueve todo con una cuchara y con la misma se le pone una cucharada de salsa a cada almeja; se espolvorean con el pan bizcochado molido y se ponen en el horno. Cuando se desprendan de la concha estarán listas para servir sin sacarlas de su concha y en la misma bandeja.

Almejas reales en salsa majorera

(Gran Canaria)

Ingredientes:

1 kilo de almejas reales canarias
6 dientes de ajos
6 ramas de perejil
1/2 taza de aceite
El zumo de un limón
1 cucharada de pan bizcochado molido

Después de lavar los moluscos se colocan en cazuelitas de barro, con tantas almejas como en ellas quepan.

Se hace un majado con los ajos pelados y el perejil, añadiendo el aceite con el zumo de limón y el pan bizcochado. Se mezcla todo muy bien y con una cucharadita se le pone un poquito a cada almeja. Se introducen en el horno y cuando se note que se desprenden de su concha, se retiran y sirven en la misma cazuelita.

Arroz con burgados y lapas

Ingredientes:

1/2 kilo de arroz
1/4 kilo de burgados sin concha
100 gramos de lapas sin concha
250 gramos de jacas (cangrejos pequeños)
1 tacita de aceite de oliva
1 cebolla grande
2 tomates grandes
1/2 pimiento
4 dientes de ajos
4 ramas de perejil
1/2 sobre de cominos
1/2 sobre de azafrán
5 tazas del caldo obtenido de hervir los moluscos
Sal
4 ramas de cilantro

Para la extracción de los burgados consúltese la receta «Burgados o lapas en escabeche». Una vez extraídos se depositan en una paellera. Como las lapas son más duras, se lavan bien y se hierven en otro caldero hasta que el molusco se desprenda de su concha. En este caso se retiran del fuego, se cuelan y el agua resultante se une a la de los burgados y se reserva. Las lapas se pelan y se depositan en la paellera con los burgados.

Se pican finamente la cebolla, los tomates, limpios de piel y semilla, y los pimientos.

Se tendrá preparado un majado con los ajos, el perejil y los cominos.

Se pone la sartén al fuego con el aceite, se le añade la cebolla y cuando esté rehogada se le ponen los pimientos y los tomates picados. Se doran y se les agrega el majado, se deja freír un poquito, se aparta y se echa en la paellera, sobre los moluscos. Se les añaden cuatro tazas del caldo reservado y se ponen al fuego. Cuando rompa el hervor se le añade el azafrán y seguidamente el arroz. Si se seca demasiado se le añade un poco del caldo restante, el cual se tendrá caliente; se sazona de sal al gusto y un poco antes de estar en su punto se le añade el cilantro, moviendo la paellera hacia los lados, y se retira.

Se le quita la tapa y se cubre con un papel graso. Se deja reposar cinco minutos y se sirve.

Atún fresco embarrado

(Receta moganera, Gran Canaria)

Ingredientes:

1 kilo de atún
Sal
1/4 litro de vinagre del país
1/2 taza de aceite
2 dientes de ajo

PARA EL EMBARRADO
1 pimienta colorada seca
1/2 cucharadita de cominos
1 cabeza de ajos pelados
3 ramitas de perejil
Sal
1/2 cucharada de pimentón
1 taza de aceite
1 tacita de vinagre
1/2 tacita de agua

El atún limpio de piel y hecho filetes se lava en una salmuera suave durante dos horas; se escurre y se pone a remojo en vinagre un cuarto de hora. Se vierte el aceite en la sartén, se pone al fuego y se fríen los ajos pelados y partidos en cuatro pedazos. Una vez fritos se retiran y se empiezan a freír los filetes de atún, que se irán colocando en una cazuela.

Para preparar el embarrado, se abre la pimienta, se le quitan las semillas y el corazón, se pone en agua caliente durante veinte minutos, se saca, se le quitan las venas y se limpia. Se ponen en el almirez los cominos y se machacan con la pimienta; se le añaden los ajos pelados, el perejil y la sal. Se siguen machacando hasta que el majado esté bien unido; entonces se pasa a la sartén, se le añade el pimentón, se revuelve y se le agrega el aceite, se mezcla, se le pone el vinagre con el agua y cuando esté todo bien mezclado se pasa a un caldero. Se hierve y se echa sobre el atún.

Se sirve con papas sancochadas.

MARISCOS Y PESCADOS

Atún frito moganero

(Gran Canaria)

Ingredientes:

1 kilo de atún
3 cucharadas de harina
1/2 taza de aceite
1 pimiento colorado seco
1 sobre de cominos
1/2 palito de canela
1 clavo
4 granos de pimienta
2 dientes de ajos
La miga de un pan de desayuno
1 cucharada de vinagre
1 cucharada de agua
Sal
Caldo del día

Se quita la piel al atún; éste se corta en pedazos medianos, se lava y se deja cocer. Se enharina, colocándose la sartén al fuego con el aceite y se fríe; luego se pasa a una cazuela y se reserva. En el mismo aceite se fríe el pimiento, sin corazón ni semillas, y se aparta. Se machacan en el mortero los cominos, canela, clavo, pimienta y ajos. En una ondillita se esponja la miga de pan en el vinagre, agua y sal, se pasa al mortero, machacándose con los demás ingredientes, y la pasta resultante se deslíe con el caldo, removiéndose con la manecilla del mortero. Esta mezcla se añade al pescado y se pone la cazuela al fuego. Se hierve durante tres minutos a fuego moderado, se rectifica de sal y se aparta. Se sirve acompañado de papas sancochadas.

Atún moganero (2ª variante)

(Gran Canaria)
(4 personas)

Ingredientes:

1 kilo de atún fresco
1 tacita de aceite de oliva
5 dientes de ajos
3/4 kilo de papas pequeñas
2 vasos de agua
6 ramas de perejil
3 pimientas negras molidas
1/2 pimiento rojo
1/2 cucharilla de pimentón
Sal
10 nueces
4 huevos duros

Se lava y se trocea el atún. Se pone el aceite en la sartén al fuego junto con dos dientes de ajos, pelados y fileteados, cuando estén hirviendo se añaden los pedazos de atún y a medida que se van dorando se depositan en una cazuela. Se cuela el aceite, se pone de nuevo en la sartén y en ella se fríen las papas peladas sin partir y los tres ajos restantes pelados; cuando las papas estén semidoradas se retiran de la sartén, se apartan los ajos y se vierten aquéllos en la cazuela. Se añadirá el agua y se deja hervir con todo. En el almirez se machacarán los ajos fritos con el perejil, las pimientas negras y el pimiento; se le añade el pimentón y la sal, se remueve todo muy bien y se le pone por encima al pescado. Se muelen grueso las nueces y se esparcen por el atún. Se deja hervir 5 minutos. Se remueve la cazuela de vez en cuando para que los Ingredientes queden unidos; a los 5 minutos se retira del fuego y se colocan los huevos hechos rodajas decorando la cazuela que se llevará a la mesa.

Besugos al horno

(Original de San Cristóbal, Gran Canaria)
(4 personas)

Ingredientes:

4 besugos frescos de 1/4 kilo cada uno
Sal
1/2 taza de aceite
6 dientes de ajos
6 ramas de perejil
2 limones
1 vaso de agua
1/2 cucharilla de pimienta negra molida
2 cucharadas de maicena
1 vaso de vino Malvasía

Se descama el pescado, se limpia de tripas y agallas, se lava, y se le hacen dos cortes a cada unidad por el mismo lado y se deja en reposo con sal un cuarto de hora. Se elige una bandeja de hornear de tamaño apropiado, donde los cuatro pescados queden colocados sin demasiada holgura. Se pone en ella el aceite y luego los besugos con los cortes hacia arriba; se pelan los ajos y se pican con el perejil. Con esta mezcla se rellenan los cortes; se bañan los pescados con el ácido de los limones, el agua, la pimienta negra y la maicena, y se mueve la bandeja para que se mezcle todo bien. A los cinco minutos de estar en el horno se agrega el vino y se deja a temperatura media unos doce o catorce minutos, retirándose cuando los besugos estén dorados. Se sirve con papas sancochadas.

Bolitas de cherne salado

(8 personas)

Ingredientes:

2 kilos de cherne salado
2 kilos de papas
1/4 de cucharada de pimienta negra molida
La ralladura de medio limón
2 cucharadas de mantequilla
3 ramas de perejil
4 huevos
1 vaso de aceite para freír
Sal

Se deja en remojo el cherne la noche anterior, cambiándole el agua varias veces. Se pone al fuego y cuando esté guisado se escurre y se desmenuza. Se coloca en una ondilla.

Las papas se pelan y se ponen a sancochar con sal. Se pinchan y cuando estén tiernas se les escurre el agua. Se ponen un poco al fuego para secarlas bien. Una vez secas se trituran y se mezclan con el pescado, añadiéndole la pimienta, la ralladura de limón, mantequilla, perejil y tres yemas batidas haciéndose bolitas como si fueran albóndigas. Con las claras y el otro huevo se rebozan y se fríen uniformemente. Una vez doradas se sacan y se colocan en una bandeja con papel absorbente. Este plato se toma con salsa de tomate caliente o almogrote.

Cabrillas con almendras

(4 personas)

Ingredientes:

1 1/2 kilo de cabrillas
1 vaso de aceite
1 cebolla grande
4 dientes de ajos
1 paquete de azafrán en rama
2 o 3 ramas de perejil
1 vaso de vino Malvasía
15 almendras tostadas y peladas
Sal

Descamadas y limpias las cabrillas, se les añade unos granos de sal y se fríen en aceite bien caliente. Una vez fritas se colocan en un caldero.

En el mismo aceite se fríen la cebolla hecha ruedas y los ajos partidos que se vertirán con el aceite sobre las cabrillas. Seguidamente se le añadirán el azafrán y el perejil majados, revueltos con el vino y el agua, y por último las almendras molidas y la sal. Se deja hervir todo durante seis minutos y se sirve en una bandeja con papas sancochadas.

Si se desea se tritura medio kilo de papas, se le añade una cucharada de mantequilla y el zumo de medio limón, se mezcla todo bien y se sirve acompañando al pescado.

Cabrillas en escabeche

(4 personas)

Ingredientes:

1 kilo de cabrillas medianas
1 cebolla pelada en rodajas
Aceite
2 rodajas de pan bizcochado
4 dientes de ajos pelados y enteros
1 cucharadita de pimentón
4 cucharadas de vinagre
1/2 taza de agua
1 hoja de laurel
Unos granos de pimienta negra

Se descama el pescado, se limpia de agallas y tripas, se lava, se salpica de sal y se deja orear. Se coloca la sartén con el aceite al fuego, se dora y se retira. Con una parte del aceite que ha quedado se refríe la cebolla.

En el mismo aceite se doran los ajos y el pan, que luego se apartan y se machacan; se vuelven a poner en la sartén, se le añade el pimentón, vinagre, agua, la hoja de laurel y la pimienta negra. Se vierte todo en una cazuela con el pescado frito, se pone al fuego y se deja hervir un minuto. Se sirve acompañado de papas sancochadas.

Calamares al estilo de la isla Graciosa, Margucha

Ingredientes:

1 1/2 kilo de calamares
4 dientes de ajos pelados
1 pedazo de pimienta picona
Sal
1 cucharada de pimentón
6 cucharadas de aceite
6 cucharadas de vinagre
1/4 cucharilla de orégano
3 ramitas de perejil picado
1 taza de agua

Limpios los calamares se cortan en tiras, se colocan en caldero bajo y se reservan. En el mortero se machacan los ajos, la pimienta y la sal; se agrega el pimentón, aceite y vinagre, se remueve bien y se echa sobre los calamares; luego se le pone el orégano y el perejil, dejándose en maceración media hora. Se le añade el agua y se dejan a fuego medio. Cuando se consuma el agua y los calamares estén tiernos, se apartan, se dejan reposar diez minutos y se sirven, acompañados de papas sancochadas.

Calamares compuestos

(Primera variante originaria del desaparecido Bar Toledo, en la Playa de las Canteras)

(4 personas)

Ingredientes:

1 kilo de calamares
1/4 kilo de tomates
1/4 kilo de cebollas
1 pimiento mediano
1 cabeza de ajos
1 hoja de laurel
2 ramitas de tomillo
1 clavo
2 granos de pimienta negra
1 cucharada de vinagre
3 cucharadas de caldo, a ser posible de pescado
1/2 sobre de azafrán
1 cucharadita de pimentón
6 ramitas de perejil
1/2 vaso de vino
Sal
1/2 cucharilla de orégano

Se limpian los calamares, se hacen ruedas de 1 o 1,5 cm.

Se lavan y se depositan en un caldero con agua suficiente para cubrirlos.

La cebolla se pela, se lava, se parte en dos y se deposita en una ondilla. Se abre el pimiento, se le quitan las semillas y las venas, se hace tiras gruesas y se agrega a la cebolla junto con la cabeza de ajos, sin la piel exterior y con un corte al centro; todo esto se une a los calamares. El resto de los

Ingredientes, menos el orégano, se ponen en una ondilla se revuelven y se echan en el caldero de los calamares, que se dejará al fuego hasta que se vea, al pincharlos con el tenedor, que están tiernos. Un poco antes de retirarlos del fuego se les añade el orégano.

Se apartan y se sirven con papas sancochadas.

Calamares compuestos

(Segunda variante originaria del desaparecido Bar Refugio. Puerto de la Luz)

Ingredientes:

1 kilo de calamares
1 cebolla
2 dientes de ajo
3 tomates pelados y sin semilla
4 ramas de perejil
1 hoja de laurel
1 ramita de tomillo
1/2 rabillo de pimienta negra molida
2 pimientos rojos
1 tacita de aceite
1 vaso de vino del monte

Se limpian y se lavan los calamares; se cortan y se ponen en una cazuela.

Se pelan las cebollas y los ajos, se pican bien, junto con los tomates y el perejil y se añaden a los calamares; se agregan el laurel, tomillo y pimienta negra con los pimientos hechos tiritas. Se le añade el aceite y el vino, se remueve todo muy bien y se pone a fuego fuerte hasta que rompa a hervir, entonces se pasa a fuego lento y se remueve de vez en cuando. En el momento en que se ponga espesa la salsa y los calamares estén tiernos, se retiran del fuego. Se sirven con papas sancochadas.

Calamares rebozados

(Agaete, Gran Canaria)

Ingredientes:

1 kilo de calamares
2 huevos
1 botellín de cerveza
1/4 kilo de harina
2 dientes de ajo
4 ramitas de perejil
1 taza de aceite
Unas gotas de limón

A los calamares se les quitan los rejos y las aletas y se limpian exterior e interiormente. Se cortan en ruedas finas y se depositan en una bandeja.

Aparte se baten los huevos, se les añade la cerveza, removiendo bien y se va agregando la harina poco a poco sin dejar de remover hasta confeccionar una pasta ligera y suave. Antes de que tome punto se le ponen los ajos y el perejil muy bien picaditos.

Cuando los calamares estén bien secos se introducen todos en la pasta, dejándolos en ella un cuarto de hora. Se pone el aceite al fuego en una sartén y cuando esté bien caliente se doran y se depositan en el colador grueso forrado con papel absorbente para que expulsen el aceite. Cuando estén secos se pasan a una bandeja y se sirven para tomar calientes con unas gotitas de limón.

Calamares rellenos

(Desaparecido Bar Toledo. Puerto de la Luz, Gran Canaria)
(4 personas)

Ingredientes:

1 kilo de calamares de 10-12 cm de largo
5 dientes de ajo pelados
1 cebolla pelada
1 tomate pequeño
1 pimiento
Sal, 4 ramitas de perejil
1 tacita de aceite
100 gramos de jamón serrano
100 gramos de aceitunas rellenas con anchoas
2 huevos duros
200 gramos de almendras peladas
1 pizca de pimienta blanca molida
2 cucharadas de pan molido
1/2 vaso de vino Malvasía seco
1/2 vaso de caldo de pescado

Se limpian los calamares, se lavan, se apartan los rejos y las aletas y se les da la vuelta.

Se ponen los ajos, cebolla, tomate, pimiento y perejil picados en la sartén con el aceite al fuego y se añaden los rejos y las aletas de los calamares hechos trocitos; se fríe todo junto hasta que estén dorados. Sin retirarlos del fuego se añaden el jamón, las aceitunas, los huevos y las almendras previamente peladas —para lo cual se ponen en agua hirviendo durante unos minutos— muy picadas. Se añaden la pimienta y la sal, se dora y se aparta. Se añade el pan y se deja reposar unos minutos. Con esta pasta se van rellenando los calamares.

No deben cerrarse con palillo pues dandoles la vuelta se cierran por sí mismos. Se reserva un poco del relleno; se pone un caldero a fuego lento con el vino y el caldo. Dentro se colocan los calamares, se les añade la pasta reservada y se dejan guisar; cuando estén tiernos, se retiran y se pasan a una bandeja con la salsa.

Se sirven con papas sancochadas.

Se tendrá en un calentador un poco de caldo de pescado, si lo hay, o un vaso de agua caliente para añadírselo a la salsa en caso de que los calamares se sequen demasiado.

Cangrejos en mojo hervido

Ingredientes:

1 kilo de cangrejos
6 dientes de ajos picados
1 cebolla grande picada
1/2 kilo de tomates pelados y picados
1 hoja de laurel
4 ramas de tomillo
1 vaso de vino blanco
3 cucharadas de vinagre
5 granos de pimienta negra
1/2 taza de aceite de oliva
Sal

En una cacerola o cazuela se sofríen los ajos y luego la cebolla y tomate. Se ponen entonces los cangrejos, el laurel, tomillo, pimienta, vinagre y el vino. Se deja cocer unos minutos tapado y se sirven en la misma cazuela.

Centollo relleno Islas Canarias Manolo Espino

(4 personas)

Ingredientes:

4 centollos pequeños
4 dientes de ajo
1 manojillo de puerros
1 cebolla
3 tomates sin piel ni semillas
El zumo de un limón
1 hoja de laurel
1/2 taza de aceite de oliva
2 copas de ron
1 taza de caldo de pescado
1/2 vaso de vino Malvasía seco
3 ramas de perejil picado
3 cucharadas de miga de pan molida
1/4 kilo de filetes de cherne o similar
Sal

En un caldero con abundante agua con sal, laurel, zumo de limón y las hojas verdes del puerro se guisan los centollos.

Una vez fríos, se escurren y se les quita la carne del interior y de las patas; se trocea y se reserva, junto con el jugo que suelta.

Aparte, en una cacerola, se rehogan el ajo, la cebolla, los puerros y los tomates, todos ellos picados finamente, poniéndose la carne del centollo y el pescado cortado en dados. Se flambea con el ron, se añade el vino y luego el caldo. Con esto se rellena el centollo y se le agrega la miga de pan molida con ajo y perejil muy picado por encima. Se mete en el horno muy fuerte hasta que se dore y entonces se sirve.

Compuesto de lapas

(Antiguo Bar Refugio. Puerto de la Luz, Gran Canaria)

Ingredientes:

2 kilos de lapas con su concha
1 manojito de perejil
200 gramos de pan molido
3 cucharaditas de pimentón
3 gramos de pimientas negras molidas
El zumo de una naranja agria
2 tacitas de aceite
Sal

Con un cepillito de alambre o cuchillo se raspa la superficie de la concha, lavándolas sólo por fuera.

En recipientes distintos se depositan el perejil picado muy finito, el pan molido y pimentón.

Se coloca en un caldero una capa de lapas con el molusco hacia arriba; sobre ellas se espolvorea una capita de pan rallado, otra de perejil y en menos proporción el pimentón, se calculan las pimientas negras de forma que a cada capa corresponda una mínima porción.

Se batirá en una ondilla pequeña el zumo de naranja con el aceite y la sal hasta que queden bien unidos y con una cuchara se procurará rociar cada capa con esta mezcla. Se coloca la otra camada de lapas de la misma forma que la anterior y se repite la operación, sucesivamente hasta colocar todas las lapas, teniendo en cuenta que la última ha de quedar también cubierta con la mezcla. Se pone al fuego y cuando se desprendan de su concha estarán guisadas.

Se apartan y se sirven en platitos individuales.

Chicharros en escabeche *(página 94)*

Compuesto de pescado a la maxorata

(8 personas)

Ingredientes:

2 kilos de sama, cherne, chopa o burro fresco
1 kilo de papas
4 rodajas de pan de matalahúva
4 dientes de ajo pelados
2 ramitas de tomillo
1 hoja de laurel
1 cucharada de pimentón
1 vaso de vino Malvasía
1 taza de agua
Sal

Se fríe el pescado, cortado en rodajas y se coloca en una bandeja.

Igual hacemos con las papas troceadas de la misma forma.

En una sartén se fríen el pan y los ajos; una vez fritos se majan en el mortero. En una cazuela o caldero plano se colocan las papas, luego el pescado, se le añade el majado, el tomillo y laurel, el pimentón y el vino. Se le pone un poco de agua, sal y se cuece. Cuando las papas estén tiernas y se haya consumido el agua está terminado el plato. Se sirve en la misma cazuela.

Congrio con arroz

(La Isleta, Gran Canaria)
(4 personas)

Ingredientes:

1 kilo de congrio
Sal
1/2 taza de aceite de oliva
1 cebolla grande
2 tomates maduros
5 dientes de ajo
4 ramitas de perejil
1 cucharadita de cominos
1 cucharadita de pimentón
1/2 vaso de vino Malvasía seco
1/2 sobre de azafrán
1 pimiento en rodajas
4 tazas de agua
2 tazas de arroz
3 ramas de cilantro atadas con la misma rama

Se limpia el pescado, se lava y se trocea en rodajas de cinco centímetros de grueso. Se salpica con sal, se deja reposar y a la media hora se lava. Se deposita en un caldero al fuego con el aceite, la cebolla y los tomates, estos últimos pelados y sin semilla, los ajos, el perejil y los cominos. Se remueve suavemente y cuando el pescado esté a medio guisar se le añade el pimentón, el vino, el azafrán y el pimiento en rodajas. Se deja hervir unos minutos.

Mientras se enjuga el arroz, se le añaden las cuatro tazas de agua al pescado. Cuando esté todo hirviendo se le pone el arroz, el cilantro y la sal. Al notarse que está a punto se retira y se deja reposar cinco minutos.

Cherne con acelgas

(Santa Cruz de Tenerife)
(4 personas)

Ingredientes:

1/2 kilo de cherne
1 kilo de acelgas
1/4 kilo de garbanzos
3 huevos
1/4 kilo de cebollas
6 dientes de ajo
3 tomates
1/4 litro de aceite

Se pone el pescado en remojo un día antes. Se lava, se corta en trozos, se guisa y se aparta. En otro caldero, se guisan las acelgas cortadas con hojas y tallos y los garbanzos, y se retiran. En una sartén se hace una fritura con aceite, ajo, cebollas (bien picadas) y tomates, sin piel ni semillas. Preparamos uno o dos moldes untados de mantequilla y ponemos una capa de cherne, otra de acelgas, otra de garbanzos, otra de fritura y finalmente los huevos batidos. Se introduce en el horno hasta que se dore y cuaje bien. Una vez terminado se saca del molde y se sirve. Se puede emplear bacalao en lugar de cherne.

Chicharros con mojo verde

(Véase Chicharro en el nº 46 de voces)
(Receta original de Los Rodeos, Tenerife)

Ingredientes:

1 kilo de chicharros
1/2 taza de aceite
2 dientes de ajo
Sal gruesa al gusto

Se le quitan agallas y tripas a los chicharros, se lavan, se salpican de sal y se dejan en reposo un cuarto de hora; luego se lavan dejándolos orear. Se pone el aceite en la sartén al fuego con los ajos pelados y partidos; cuando estén dorados se retiran y se fríen los chicharros en el aceite bien caliente, se baja el fuego dejándolos dorar según el gusto.

A medida que se van friendo se colocan en una bandeja y se llevan a la mesa acompañados de un mojo verde de cilantro, servido en salsera. Se come con papas arrugadas.

Chicharros en escabeche

(Véase Chicharro en el nº 46 de voces)
(4 personas)

Ingredientes:

1 kilo de chicharros de tamaño regular
1 taza de harina
Aceite para freír
4 dientes de ajo
1 cebolla mediana
2 zanahorias
1 puerro
3 ramitas de tomillo
1 hoja de laurel
1 copa de vinagre
1 copa de vino blanco del Monte
1/2 litro de agua
Sal
3 granos de pimienta negra

Se limpian los chicharros, se les pone sal, se espolvorean con harina y se fríen en aceite caliente. Aparte, en una cacerola, se rehogan los ajos, los puerros, las cebollas y las zanahorias, todo ello picado finamente; luego se le agrega tomillo, laurel, pimienta, vinagre, vino blanco y agua y se deja durante 15 minutos. Se vierte el escabeche sobre los chicharros, se hierve unos minutos y se sirven.

Empanadillas de sama

Ingredientes:

PARA EL RELLENO:
1 kilo de sama
Sal
Un poco de pimienta negra molida
3 ramitas de perejil
1/4 litro de bechamel
2 yemas de huevo
Aceite

PARA LA MASA:
1 kilo de harina
200 gramos de manteca
Ralladura de limón
1 cucharada colmada de levadura en polvo
Sal

Para preparar el relleno se lava el pescado, se coloca en un caldero con agua que lo cubra y se le pone sal. Se deja hervir diez minutos, se limpia de piel y espina, se desmenuza, se le pone sal, pimienta, perejil picado, yema de huevo y la bechamel (véase Salsas); se mezcla bien.

Para preparar la masa se amasa la harina con la manteca, ralladura de limón, sal y un poco de agua; se trabaja bien, se deja reposar una hora y se hacen las obleas con un cortapasta grande o una taza.

Esta pasta se puede sustituir por hojaldre.

Para preparar las empanadillas se toman porciones de relleno y se ponen dentro de las obleas de masa. Estas se doblan uniendo sus bordes con los dedos como si fuesen truchas; quedarán listas para freír en aceite abundante y bien caliente.

Encebollado de cherne fresco

(Desaparecida Fonda del Mosquito)

Ingredientes:

1 kilo de cherne fresco en rodajas
Sal gruesa
1 cebolla mediana
4 tomates
6 dientes de ajo
5 ramitas de perejil
1 pieza de pimienta negra molida
1/2 taza de aceite de oliva
3 cucharadas de vinagre
1 taza de agua

Se lava el pescado, se salpica de sal y se aparta.

En una bandeja de hornear se colocan la cebolla y los tomates, cortados en rodajas, y los ajos fileteados. Se pone en el fondo de la bandeja una capa de estos tres ingredientes y sobre ellos las rodajas de pescado. Se le espolvorea el perejil picado, la pimienta, el aceite, el vinagre y el agua.

Se introduce en el horno a temperatura media durante unos quince o veinte minutos. Se revisa antes de sacarlo.

Se lleva a la mesa acompañado de papas nuevas sancochadas.

Encebollado de pescado salado

(Originario del Puerto de la Luz)
(4 personas)

Ingredientes:

1 kilo de cherne salado o restos del sancocho
1/2 taza de aceite
6 dientes de ajo
4 cebollas medianas
1 pimiento verde
5 ramas de perejil majado
1 cucharadita de orégano

Se pone el pescado en remojo la noche anterior, se le cambia el agua varias veces, se descama y se lava bien debajo del chorro. Se pone a hervir en un caldero con agua suficiente para cubrirlo. Cuando al pincharlo con un tenedor esté tierno, se retira, se escurre bien, se le quita la piel y se desmenuza; se reserva en un recipiente que se pueda poner al fuego.

En una sartén con aceite se doran dos dientes de ajo picados, se les añade la cebolla cortada en rodajas finas, el pimiento en tiras y se hace una fritura. Con ella se riega el pescado.

Seguidamente en un mortero se majan cuatro dientes de ajo, se les añade el perejil picado y el orégano, se vierte sobre el pescado y se deja cocer 5 minutos. Se aparta, se coloca en una bandeja y se sirve con papas arrugadas.

Nota: Si se utilizan restos del sancocho, se deben adaptar las cantidades de ingredientes al peso de aquéllos.

Encebollado de viejas

Ingredientes:

1 kilo de viejas jareadas
2 cebollas grandes
1 pimiento
4 dientes de ajo
1 tacita de aceite para freír
4 ramas de perejil
1/2 cucharilla de pimienta molida

Se lavan las viejas y se ponen a hervir durante un cuarto de hora. Se escurren, se limpian de piel y se colocan en una bandeja.

Se pican la cebolla y el pimiento y se ponen en la sartén con el aceite al fuego hasta que se doren. Este refrito se vierte sobre el pescado, añadiendole los ajos y el perejil majado con la pimienta. Se come solo o con papas sancochadas.

Ensalada de cherne salado

(4 personas)

Ingredientes:

1 kilo de cherne salado (Puede sustituirse por bacalao)
Sal
2 ramitas de perejil
2 dientes de ajos
1/4 cucharadita de pimienta negra molida
1/2 kilo de papas sancochadas medianas
4 huevos duros
1 cebolla mediana
3 rábanos (tallos y hojas)
3 tomates de ensalada

Se pone en remojo el pescado un día antes, se le cambia el agua y se lava. Al día siguiente, se pone al fuego cubierto de agua. Se guisa y luego se escurre. Una vez frío se desmenuza y se coloca en una ondilla.

Se le añaden los ajos picados, la cebolla también picada, papas cocidas, rábanos en trocitos, perejil picado, sal y pimienta, aceite y zumo de limón. Se mezcla todo bien, y se decora con las hojas de los rabanos y tomates en rodajas.

Estofado de huevas de pescado

(Véase Huevas en el nº 39 de voces)
(San Cristóbal, Gran Canaria)
(4 personas)

Ingredientes:

1 kilo de huevas frescas
1 cebolla mediana picada fina
2 tomates sin piel y sin semilla picados
4 ramitas de perejil picado
1 tacita de vino blanco del Monte
1/2 tacita de caldo de pescado
2 cucharadas de mantequilla
1 huevo duro
1 hoja de laurel
1 clavillo
1 pizca de pimienta negra molida
1/2 limón
Sal

En un caldero se guisan las huevas con limón, sal, clavillo y laurel.

Una vez duras se sacan, se dejan enfriar, se cortan en rodajas no muy finas y se colocan en una cacerola. Aparte se rehoga en la mantequilla la cebolla, luego el tomate y una vez hecho, se le agrega el vino, se reduce y se le añade el caldo; esta salsa se vierte sobre las huevas, y se dejan hervir un minuto.

Se sirve con huevos duros cortados en trozos, perejil y papas arrugadas.

Gallegada de pescado

(Véase Gallegada en el nº 47 de voces)
(Como su nombre indica su origen se encuentra en Galicia, y está arraigado en Canarias desde principios de siglo)
(4 personas)

Ingredientes:

2 kilos de cherne, sama, burro o merluza, según se desee
1 kilo de papas
1 cebolla
1/2 kilo de tomates
1 pimiento dulce
6 dientes de ajo
3 ramitas de perejil
1/4 litro de aceite
1/2 sobre de azafrán
1 cucharadita de pimentón
1 cucharadita de orégano
Sal

Se descama y limpia el pescado, se hace rodajas gruesas y se coloca en una bandeja con sal.

Se pelan las papas, se lavan y se trocean en forma de ruedas semigruesas. La cebolla, los tomates y el pimiento se harán rodajas más finas; los ajos y el perejil se pican.

Se colocarán en el caldero capas por el siguiente orden: una de rodajas de pescado, otra de papas, encima las cebollas, sobre éstas los tomates y encima la de pimientos. Se repite el orden hasta colocarlo todo. Se le añade el aceite, el azafrán, el pimentón, el orégano y la sal. Se pone al fuego y a los tres cuartos de hora aproximadamente se comprobará si está muy seco, en este caso puede añadirse media tacita de caldo de pescado caliente, si se tiene, o de lo contrario, la misma cantidad de agua, también caliente.

Una vez hecho se retira y se sirve en platos hondos.

Huevas de pescado con salpicón

(Véase huevas en el n.º 39 de voces)
(Doña Chicha)

Ingredientes:

1/2 kilo de huevas de pescado fresco
1 1/2 litro de agua
1 cucharadita de sal gruesa
2 tomates grandes poco maduros
1 cebolla mediana
1 pimiento rojo
3 dientes de ajo
4 ramitas de perejil
2 ramitas de cilantro
1/2 vaso de aceite
1/4 de tacita de vinagre

Se lavan y se ponen a guisar las huevas con agua y sal entre 5 y 10 minutos, según tamaño. Una vez duras, se escurren, se cortan en dados y se ponen en un recipiente añadiéndole la cebolla, los tomates sin piel ni semillas y el pimiento, todo bien picado. En otro recipiente se mezcla el aceite, vinagre, ajos, perejil y cilantro muy picados. Se bate bien y se echa al recipiente anterior. Se sirve en la propia ondilla o en platos individuales y se decora al gusto.

Langostinos con migas Manolo Espino

(4 personas)

Ingredientes:

1 1/2 kilo de langostinos
6 dientes de ajo
1/2 kilo de pan blanco molido
1 taza de harina
4 huevos
6 ramas de perejil
Sal
El zumo de un limón
Aceite para freir

Se pelan los langostinos, dejándoles la cola; se les pone sal y zumo de limón. Aparte se le quita la corteza al pan y se pasa por un cedazo grueso (tamiz). Con este pan se mezcla el ajo y el perejil muy picado, y se pone en un recipiente. Se cogen los langostinos, se espolvorean de harina, se pasan por huevo batido y finalmente por migas de pan.

Se fríen en abundante aceite. Se sirven con salsa almogrote (véase receta).

Mejillones en salsa majorera

Ingredientes:

1 kilo de mejillones
4 cucharadas de vino Malvasía seco
3 cucharadas de caldo
1/4 pimienta picona

Se raspan cuidadosamente las valvas de los mejillones y se lavan. Se depositan en una cacerola con el vino, se ponen al fuego tapados y se dejan guisar, sacudiendo la cacerola de vez en cuando; tan pronto como se abran, se retiran del fuego, se dejan escurrir en un colador de tela, previamente mojado, y se reserva el líquido en un calentador pequeño.

Se deja sólo la parte de la concha y se depositan en una ondilla. Se calienta el líquido ya tamizado y se le añade el caldo en el que se habrá disuelto la pimienta majada y se aparta. Se ponen los mejillones en una bandeja de entremeses, y se bañan con la mezcla; la bandeja se adorna con rodajas de papas sancochadas bien calentitas.

Pastel de cherne salado

(Antigua y desaparecida fonda de doña Juanita, Agüimes, Gran Canaria)

Ingredientes:

1/2 kilo de cherne de ley salado
1 cebolla
1 tomate mediano
1 pimiento rojo
4 ramitas de perejil
1 tacita de aceite
2 cucharadas de harina
1/2 taza de leche
3 huevos
2 cucharadas de mantequilla
1 cucharada de pan bizcochado molido

Se pone a remojo el cherne la noche anterior, cambiándole el agua, y al día siguiente se le quita la piel, se parte en dos, se guisa, se retiran las espinas y se muele finito. Se pelan las cebollas y los tomates sin semillas y se pican; se machacan el pimiento y el perejil, y se mezcla todo; se pone en una cacerola al fuego junto con el aceite y se deja dorar.

Cuando esté el refrito hecho se le añade la harina y se mezcla; se le agrega la leche caliente, se deja cocer, se une al pescado y se aparta, añadiéndole los huevos batidos y moviendo bien la pasta hasta que quede bien mezclada, fina y suave. Se unta el molde con mantequilla y pan rallado, se vierte en él la mezcla y se introduce en el horno 20 minutos.

Si se le clava un pincho y sale limpio, estará listo para servir. Cuando se enfríe un poco se corta en trozos y se sirve acompañado de salsa de tomate casera y papas sancochadas.

Pastelón de pescado

Ingredientes:

1/2 kilo de sama fresca
1/2 kilo de cabrillas
50 gramos de aceitunas rellenas de anchoas
1 tomate grande
3 huevos
1 cucharadita de mantequilla
100 gramos de pan bizcochado molido

PARA LA DECORACIÓN DEL PLATO:
El cogollo de una lechuga
3 cabezas de rabanillos
50 gramos de aceitunas

Se limpia bien el pescado y se pone a hervir cubierto de agua durante diez minutos; luego se escurre, se limpia de piel y espinas, se machaca con las aceitunas, se le añade el tomate escalfado, sin semillas y molido, y un huevo batido. Se mezclan todos los ingredientes y se trabajan bien. Se depositan en un molde untado con aceite, espolvoreado con pan molido, y se coloca al baño maría durante media hora aproximadamente.

Cuando se retira se coloca en una fuente inclinada para que escurra el agua que suelte. Será más gustoso si se deja de un día para otro.

Se presentará en la mesa el pastelón en una bandeja alargada, decorada con lechuga, rabanillos y aceitunas rellenas con anchoas.

Pescado a la cazuela

(4 personas)

Ingredientes:

1 kilo de abae fresco en rodajas
Sal
4 cucharadas de harina
1/2 taza de aceite de oliva
3 dientes de ajos
1 cucharada de perejil
El zumo de un limón
1 taza de caldo de pescado
1 sobre de azafrán
2 huevos duros

Se descama y limpia el pescado, se trocea en rodajas, se salpica de sal y se espolvorea de harina. Se coloca en una bandeja de hornear, se le añade la mitad del aceite y se introduce en el horno.

Aparte, y con la otra mitad del aceite, se sofríen ligeramente los ajos pelados y picados, luego se le añade el perejil, también picado, el zumo de limón, el caldo de pescado y el azafrán. Una vez hecho se le pone al pescado por encima hasta que esté guisado. Se saca del horno y se sirve en bandeja, decorado con los huevos duros partidos en dos y papas nuevas.

Pescado al horno

Ingredientes:

2 kilos de sama
1 taza de aceite
5 dientes de ajo
5 granos de pimienta negra
4 ramas de perejil
5 tomates maduros medianos
El zumo de un limón

Se descama el pescado, extrayéndole tripas y agallas, y se lava bien, colocándolo luego en bandeja de hornear. Con la mitad del aceite se untan la bandeja y el pescado y se introduce en el horno.

Mientras, se pelan los ajos, se machacan en el mortero con la pimienta negra y el perejil y se le añaden los tomates pelados y sin semilla, y se majan con los demás ingredientes. Se remueve agregando la otra mitad del aceite, dejándolo bien unido. Cuando el pescado esté medio asado se saca del horno, se riega con dicha salsa y el zumo del limón. Se pone de nuevo al horno y cuando se note que el pescado

Salpicón de pescado *(página 105)*

está hecho se retira y se sirve con papas sancochadas.

Pescado en escabeche

(Variedades preferidas: Sama, bocinegro, chopas)

Ingredientes:

1 sama fresca de 2 kilos
1/4 litro de aceite de oliva
1 cabeza de ajos pelados
1 pan del día anterior
1/2 sobre de cominos
Sal
1 cucharada de pimentón
1 tacita de vinagre
2 ramitas de tomillo
1 cucharada de orégano
1 hoja de laurel
1/2 tacita de agua
1/2 kilo de cebollitas pequeñas

Se descama y limpia el pescado, se corta en rodajas gruesas y se salpica con un poco de sal. Se deja orear, se lava y se fríe sin dejarlo dorar demasiado. Se aparta y se coloca en una cazuela.

A medio fuego se pone la sartén con el aceite sobrante de freír el pescado y en ella se doran ligeramente los ajos y las rodajas de pan. Se apartan, se depositan en el mortero y se machacan con los cominos y la sal. Se vierte esto en el aceite del pescado, añadiéndole el pimentón, vinagre, tomillo, orégano, laurel y el agua. Se mezcla todo, se pone al fuego unos minutos removiendo despacio y se echa sobre el pescado. Se deja hervir unos minutos y se aparta.

En la sartén, con aceite bien caliente, se doran las cebollitas enteras y con ellas se decora la cazuela del pescado sirviéndolo cuando esté frío. Se acompaña con papas sancochadas.

Picadillo de pescado

(Puerto de la Luz, Gran Canaria)
(4 personas)

Ingredientes:

1 kilo de pescado fresco sin espinas (preferentemente cherne o similar)
Sal
2 cebollas medianas
4 tomates
1/2 pimiento rojo pequeño
1/2 pimiento verde pequeño
6 ramitas de perejil
2 ramitas de cilantro
4 dientes de ajo
2 huevos duros
2 cucharadas de aceite
1/2 tacita de vinagre

Se descama el pescado, se lava y se pone a hervir a fuego normal con suficiente agua y un poco de sal. A los doce minutos se retira del fuego, se deja enfriar y se limpia de piel y espinas; se hace trocitos y se pone en una bandeja.

Mientras, se trocean las cebollas, los tomates sin semilla los pimientos, el perejil, el cilantro y los ajos.

Se mezclan los huevos duros y el pescado. Se baten el aceite y el vinagre, se le añade el picadillo de pescado, se remueve todo y se decora a gusto.

Pota a lo costero

(4 personas)

Ingredientes:

1 kilo de pota fresca
1/2 taza de aceite
1 cebolla mediana
1 kilo de tomates
1 cucharada sopera de perejil picado
1 vaso de vino Malvasía seco
1 cucharada sopera de vinagre del país
4 granos de pimienta negra molida
1 pimiento de tamaño regular
1 taza de agua
Sal
1 cucharadita de orégano

Se limpia bien la pota y se hace tiritas de dos centímetros de ancho por cuatro de largo. Se colocan en un caldero plano y se le añade en crudo el aceite, la cebolla pelada y picada, los tomates pelados sin semilla, el perejil picado, el vino, el vinagre, la pimienta negra, el pimiento, el agua y la sal.

Se cuece a fuego regular hasta que se compruebe que las tiras de pota están tiernas. El orégano se añade unos minutos antes de retirarlo del fuego. Se sirve con papas sancochadas.

Pulpo compuesto

Ingredientes:

1 kilo de pulpo en piezas pequeñas
1 taza de aceite
1 tacita de vinagre
2 cabezas de ajos
4 cebollas medianas
Sal

Suavemente se apalea el pulpo, se lava y se hacen trozos de 3 o 4 cm. Se colocan en una cazuela y se le añade el aceite, el vinagre, los ajos, la cebolla troceada y la sal. Se pone al fuego, se tapa y se remueve con frecuencia.

Cuando se pinche con el tenedor y se note tierno, se retirará del fuego y se servirá con papas sancochadas.

Revuelto de tollos moganeros

(4 personas)

Ingredientes:

1 1/4 kilo de tollos
1 pimiento verde
3 ramitas de perejil
2 dientes de ajo
1/2 taza de aceite de oliva
1 pedacito de pimienta quemona
2 papas
3 huevos
1 aguacate
Sal

Se ponen en remojo los tollos un día antes, cambiándoles el agua; luego se guisan, se escurren, se les quita la piel y las espinas, y se cortan en trocitos. Aparte, en una cacerola con aceite, se doran los ajos y después el pimiento; una vez frito, se le añaden los tollos junto con la pimienta; se dora todo y posteriormente se le agregan los huevos batidos para que se cuajen, removiendolos continuamente.

Se sirven con papas cocidas con piel, luego peladas y cortadas en rodajas, aguacates, también en rodajas, y perejil picado.

Rollo de pescado

(4 personas)

Ingredientes:

1 kilo de pescado limpio de piel y espinas
1/4 kilo de tocino veteado
50 gramos de pan molido
El zumo de un limón
4 dientes de ajo
5 ramitas de perejil
2 granos de pimienta majados
2 clavos majados
1 cucharadita de orégano
1/2 cucharadita de pimentón
1 pimiento rojo
Sal
Harina
1 taza de aceite
1/4 kilo de cebolla muy picada
2 tomates maduros
1 vaso de vino Malvasía seco
1/2 litro de agua

Se muelen el pescado y el tocino y se ponen en una cazuela. Se le añaden el pan molido, el zumo de limón, los ajos y el perejil machacado, las pimientas, los clavos, el orégano, el pimentón, el pimiento troceado y la sal.

Se mezcla bien toda la masa y se hacen dos rollos, se pasan por harina y se fríen en abundante aceite. Cuando estén bien dorados se apartan.

En el mismo aceite se fríe la cebolla con los tomates hasta que tome color dorado, en ese momento se le añade el vino y el agua. Se pasa todo a la bandeja de hornear. Cuando empiece a hervir la salsa se les da vuelta cuidadosamente para que se guisen con uniformidad. Una vez alcanzado su punto de cocción se retira del horno y se corta en rodajas para servir, generalmente con papas sancochadas.

Salpicón de pescado

(Véase Salpicón en el nº 41 de voces)
(Agaete, Gran Canaria)

Ingredientes:

1 1/2 kilo de corvina, cherne o similar, fresco
2 cebollas
4 tomates
1/2 pimiento rojo pequeño
1/2 pimiento rojo pequeño
1/2 pimiento verde pequeño
2 ramitas de cilantro
6 ramitas de perejil
4 dientes de ajo
2 huevos duros
2 cucharadas de vinagre
1/2 tacita de aceite
Sal

Se descama el pescado, se lava y se pone a fuego normal con suficiente agua. A los 10-12 minutos, aproximadamente, se escurre, se deja enfriar y se limpia de piel y espinas; se trocea y se coloca en una bandeja.

Luego se pelan las cebollas, los tomates se lavan y se les quitan las semillas así como los pimientos; con todo ello se hace un picadillo.

Seguidamente se pican muy finito el cilantro, el perejil y los ajos. Los huevos duros se cortan y se mezclan con el pescado.

Por último se baten el vinagre y aceite con la sal y se mezcla con el picadillo. Por fin se mezcla todo y se revuelve con una cuchara y tenedor de madera.

Se presenta en la mesa en una bandeja larga decorada con trocitos de huevos duros y aceitunas picadas.

Sama al horno al gusto conejero

(8 personas)

Ingredientes:

1 sama de tres kilos
1 cebolla mediana
1 limón
1 naranja
1/2 vaso de vino Malvasía seco
1 tacita de aceite

Se descama y limpia el pescado de agallas y tripas, se lava, se coloca en una bandeja de hornear y se le hace unos cortes profundos y poco espaciados por ambos lados.

Se corta la cebolla en rodajas finas y se cubre con ellas todo el pescado; se baña todo con el zumo del limón primero y luego con el de la naranja; seguidamente se riega con el vaso de vino, procurando que quede bien aliñado, y lo mismo le hará con el aceite. Terminada esta operación se introduce en el horno a calor moderado y cuando se note que la cebolla y el pescado están dorados se saca y se sirve en la misma bandeja.

Sancocho canario de pescado salado

(Gran Canaria)
(6 personas)
(Véase Sancocho en el nº 48 de voces)

Ingredientes:

2 kilos de cherne salado
5 litros de agua
1/2 kilo de batatas amarillas, peladas y troceadas
2 kilos de papas medianas enteras
1/4 litro de mojo bravo (actualmente picón)
1/2 kilo de gofio
Sal

Se pone en remojo el pescado doce horas antes, cambiándole el agua dos o tres veces. Al día siguiente, se descama y se limpia. Se corta en trozos de doscientos gramos aproximadamente y se reservan.

Se pone una cacerola con agua y sal y se van añadiendo, por este orden, las batatas y luego las papas, que se ponen a guisar. A los 12 minutos se echa el pescado y se despuma bien, quitando las impurezas. Una vez las papas estén guisadas, se escurre el agua y se pone al fuego para sacar bien el agua que queda. Se sirve en una bandeja, colocando las batatas en un lado, las papas en otro y el pescado en el centro. Se pondrá una salsera u ondilla con mojo picón para que cada cual se sirva.

Es recomendable ofrecer también una bandeja con ensalada canaria, aceitunas del país y la típica pella de gofio (véase receta).

En la isla de la Palma, se amasa el gofio con el agua que sobra del sancochado. Este es un tipo de sancocho más popular. Pero hay otros, aunque difieren poco entre sí.

Santorra con aguacate horneada

(Isla Graciosa)
(4 personas)
(Véase Santorra en el nº 49 de voces)

Ingredientes:

2 santoras de un kilo
1/2 kilo de mantequilla
1 aguacate grande
1/2 taza de almogrote
2 yemas de huevos
1 cebolla mediana picada
Sal

En un caldero con abundante agua hirviendo, sal y vinagre o limón se guisan las santorras. Una vez hecho esto, se cortan por la mitad desde la cabeza a la cola, se les saca la carne, reservando el cascarón y se trocea. Aparte se rehoga la cebolla, a la que se le añaden las santorras, luego el aguacate cortado en cuadritos y finalmente se le pone la salsa almogrote (véase receta). Se le añade salsa holandesa, preparada de la siguiente forma: se baten las yemas con un poquito de agua y sal al baño maría hasta que se espesen. Fuera del baño maría, se le añade la mantequilla previamente clarificada a unos 35 grados de temperatura.

Mezclado todo se vuelve a rellenar el crustáceo. Se introduce en el horno muy fuerte, o salamandra, y se deja hornear.

Se sirve bien caliente.

Sardinas de agaete en escabeche

Ingredientes:

1 kilo de sardinas
1 taza de harina
6 dientes de ajo
1 cebolla
1 zanahoria
2 tomates grandes
4 ramitas de perejil
1 taza de vino blanco
3 cucharadas de vinagre
1 tacita de agua
6 granos de pimienta negra
4 ramas de tomillo
1 cucharada de pimentón
1 hoja de laurel
Aceite
Sa

Se limpian las sardinas quitando agallas y tripas. Se les pone sal, se espolvorean con harina y se fríen en abundante aceite. Una vez fritas, se colocan en una cazuela. Aparte en una cacerola se hace el escabeche con aceite, en el que se sofríen los ajos y cebollas, picados finamente y el pimentón. Luego, se le añade la zanahoria, pelada y cortada en rodajas finas, tomate, laurel, perejil, tomillo, vino, vinagre y agua, y se deja cocer. Este sofrito se le echará por encima a las sardinas y luego se ponen al fuego un minuto. Se sirven frías o calientes con papas sancochadas.

Sardinas empanadas

(Santa Cruz de Tenerife)
(4 personas)

Ingredientes:

1 kilo de sardinas de ley
2 huevos
2 dientes de ajo
3 ramitas de perejil
150 gramos de pan bizcochado molido
1 taza de aceite
Sal

PARA LA PAPILLA:
1/2 kilo de papas
1 cucharadita de mantequilla
3 cucharadas de leche
Sal

Se salan las sardinas y se dejan reposar durante media hora aproximadamente. Se lavan, se les extrae la cabeza y tripas, se abren y se les quita el espinazo dejándoles la cola.

Se baten los huevos. En ellos se echan los ajos y el perejil picados, se revuelve y en esta mezcla se sumerge la sardina abierta y se pasa por ambos lados en el plato del pan bizcochado.

Se ponen en aceite bien caliente, se fríen y una vez doradas se van colocando en la bandeja de servir.

Se acompañan con la siguiente papilla: se pelan y lavan las papas, se ponen a cocer en un caldero con agua que las cubra y cuando estén tiernas se retiran, se escurren y se trituran; se añaden la mantequilla y la leche, se mezclan bien y se sirven en bandeja; en sustitución de la papilla pueden acompañar a las sardinas papas sancochadas.

Sardinas en adobo Piedad Paez

(Isla Graciosa)

Ingredientes:

1 kilo de sardinas de ley
1 taza de vinagre
1/2 taza de agua
1 ramita de romero
Sal
3 dientes de ajo
4 ramitas de perejil
2 granos de pimienta negra
Sal
2 huevos
1 taza de aceite
Aceite para freír

Se les quita la cabeza y las tripas a las sardinas. Se abren al centro con el dedo pulgar extrayéndoles el espinazo, sin desprender sus costados y se colocan en una bandeja. En una ondilla se mezclan una taza de vinagre, media de agua y una ramita de romero, y en ellos se lavan las sardinas que luego se dejan orear.

Se pelan y machacan los ajos con el perejil, la pimienta negra y la sal. Se baten los huevos añadiéndoles una taza de aceite sin dejar de batir hasta que la mezcla quede bien unida. En este adobo se introducen las sardinas y se dejan en maceración 3 horas aproximadamente. Pasado dicho tiempo se fríen en bastante aceite, se pasan a una bandeja y se llevan a la mesa rociadas con aceite y vinagre y acompañadas de papas sancochadas.

Sardinas fritas

(Originario de la Isla Graciosa)
(4 personas)

Ingredientes:

1 kilo de sardinas
Sal gruesa
2 dientes de ajo
1/2 taza de aceite

Las sardinas se limpian de tripas y se lavan bien; se salpican de sal y se dejan así durante una hora, se lavan y escurren. Se pone la sartén al fuego con dos ajos partidos en cuatro pedazos y cuando el aceite esté hirviendo se empiezan a freír las sardinas.

Se comen así o también rociadas con mojo verde o colorado, acompañadas de papas arrugadas.

Sardinas prensadas en aceite Pinito Parrilla

(Puerto de la Luz)

Ingredientes:

1 kilo de sardinas de ley, tamaño mediano
1 taza de aceite de oliva
2 cucharadas de vinagre de la tierra
6 dientes de ajo
4 clavos
4 granos de pimienta negra
2 cucharadas de vinagre

Las sardinas se limpian y salpican de sal dejándolas así un cuarto de hora. Luego se abren sin desprender sus costados, quitándoles el espinazo, y se colocan una a una en una cazuela en forma de abanico, hasta formar la primera capa; se riegan con unas cucharadas de aceite y vinagre y se ponen sobre ellas dos dientes de ajo fileteados, dos clavos y un grano de pimienta negra. Se sigue el orden de colocación hasta acabar de poner todas las sardinas en la cazuela.

Las capas deben quedar perfectamente cubiertas de aceite, sin que ninguna sardina sobresalga.

Se parte la hoja de laurel y se pone un pedazo por cada lado de la cazuela. Se elegirá una tapadera más pequeña que la boca de la cazuela. Se tapa, se le pone un peso encima y se cubre con un paño; a partir de las 24 horas ya podrán consumirse.

Advertencia: Es conveniente calcular el número de capas para dividir los ingredientes proporcionalmente.

Sardinas rebozadas

(Puerto de la Luz, Gran Canaria)
(8 personas)

Ingredientes:

2 kilos de sardinas
Sal fina
1 botellín de cerveza
2 dientes de ajo
3 ramitas de perejil
2 huevos
1/2 cucharada de maicena
200 gramos de harina de flor
1 litro de aceite

Se les quita la cabeza y tripas a las sardinas, se lavan y abren por la mitad, quitándoles el espinazo. Se espolvorean con muy poquita sal y se ponen a orear en una bandeja.

En una ondilla mediana se vacía la cerveza, se le añaden los ajos, el perejil, las yemas, la maicena, luego la harina con sal y finalmente las claras a punto de nieve mezclando despacio hasta conseguir una pasta unida. Se deja reposar media hora.

Se pone el aceite al fuego y se sumerge cada sardina en esta pasta para que quede bien untada por todos sus lados. Se fríen bien dándoles la vuelta. Cuando están doradas por ambos lados se colocan en una bandeja sobre un papel absorbente. Se sirven calientes con papas sancochadas.

Sardinas rellenas

(Puerto de la Luz, Gran Canaria)
(4 personas)

Ingredientes:

1 kilo de sardinas de ley medianas
1/2 litro de aceite
1 cebolla
1/4 kilo de tomates
1 pimiento pequeño
4 dientes de ajo
4 ramas de perejil
1/2 cucharadita de cominos
1/2 cucharadita de pimentón
1 cucharadita de pimienta blanca molida
Sal
3 huevos duros
Harina

En un recipiente se colocan las sardinas, se espolvorean con sal uniformemente y se dejan así media hora; luego se les extrae la cabeza y las tripas y se lavan bien. Con el dedo pulgar se abren en dos hojas procurando quitarles el espinazo sin que se desprendan totalmente los costados ni la cola.

Se prepara el relleno con el aceite, la cebolla, los tomates, pelados y sin semillas, y el pimiento, todo picado; los ajos, el perejil y cominos machacados, el pimentón y la pimienta. Se une todo y se dora en la sartén. Se pone a fuego moderado, se le añaden los huevos duros picados y se retira del calor.

Se extiende la sardina abierta y con una cucharita se pone un poco de relleno a todo lo largo y sobre él se coloca otra formando un bocadillo. Se procurará que las colas queden una a cada lado. Se pasan ambos lados de la sardina por harina y se fríen en el aceite sobrante bien caliente. Se pasan a una bandeja y se sirven con papas sancochadas o una papilla.

La confección de este plato exige mucha paciencia y gusto para su preparación.

Sargo al horno al estilo palmero

(6 personas)

Ingredientes:

1 sargo de dos kilos
3 tomates medianos
3 cebollas medianas
1 pimiento rojo
2 hojas de laurel
4 ramas de perejil
4 dientes de ajo
1 limón
1 naranja
1 cucharada de pimentón
1/2 kilo de papas pequeñas
Sal
1 cucharilla de orégano

Se descama el pescado se limpia de agallas y tripas, se lava y se le hacen unos cortes. Se pelan las cebollas, se cortan en rodajas finas, al igual que los pimientos y se colocan en el fondo de una bandeja de hornear; los tomates se cortarán también en rodajas y se pondrán sobre lo anterior, con las hojas de laurel, y encima de ellos el pescado con el aceite; en cada corte se le pone una rodaja de limón y otra de naranja y se introduce en el horno. Aparte se pelan y se ponen a sancochar las papas, retirándolas a punto para partirlas en rodajas y colocarlas en la bandeja con el pescado. Se tendrá hecho un majado con los ajos, el perejil y el orégano con un poquito de sal, y se echa sobre el pescado.

Se sirve en la misma bandeja.

Sobrante de sancocho de pescado salado

(1ª Fórmula. Desaparecida Fonda de Efigenita. Santa Lucía de Tirajana)

Ingredientes:

1/2 kilo de cherne sancochado (sobrante)
5 dientes de ajo
1 cebolla medianita
4 ramitas de perejil
2 huevos
1 tacita de aceite
1/2 kilo de papas (sobrantes)

Se retiran las espinas del pescado, se desmenuza y se reserva. Se sofríen cuatro dientes de ajo y la cebolla, todo picado. Cuando está rehogada se le añade al pescado y se mezcla con el perejil y las yemas de huevo.

Se baten las dos claras a punto de nieve y se añaden al pescado moviéndolo despacio. Con una cuchara se van haciendo porciones en forma de croquetas o bolitas. Se pone el aceite en la sartén y se fríe un diente de ajo, se deja dorar y se retira.

Se empiezan a freír las bolitas en aceite bien caliente, se les dará la vuelta con cuidado para que queden fritas con uniformidad. Si no han sobrado papas se pelan y fríen, en otro aceite, y con éstas se guarnициona el plato.

Se sirve caliente.

Sobrante de sancocho de pescado salado

(2ª Fórmula)

Ingredientes:

1/2 kilo de cherne sancochado sobrante
1 taza de aceite de oliva
1/2 kilo de papas sancochadas sobrantes
5 dientes de ajo
3 ramitas de perejil

Se retiran las espinas del pescado y se desmenuza.

Seguidamente se fríe en una sartén con el aceite y se deposita en una bandeja. Lo mismo se hará con las papas cortadas en rodajas, que una vez fritas se pondrán decorando la bandeja. En una parte del aceite se doran los ajos y se vierte sobre el pescado, esparciendo por encima el perejil muy picadito.

Este plato es muy apreciado por los isleños y se prepara para la cena del día que se come sancochado.

Sopimpa arinagüense

(Véase Sopimpa en el nº 50 de voces)
(Gran Canaria)

Ingredientes:

1 kilo de sopimpas
El zumo de medio limón
2 tazas de zumo de naranja
4 dientes de ajo
3 ramitas de perejil
1/2 sobre de azafrán
1/2 taza de aceite
1 cucharada de maicena
Sal

Se descama y limpia el pescado. Si es una pieza grande se trocea en rodajas. Los ajos se pelan y dos de ellos se ponen partidos a la mitad en el aceite, se dejan dorar y se va friendo el pescado, cuidando que no se rompa, pues es una especie muy fina; una vez frito se retira a una cazuela.

Los dientes de ajos restantes se pican y doran con el perejil, en un poco de aceite. Esto se vierte sobre el pescado, añadiéndole la maicena disuelta en muy poquita agua.

Cuando la salsa esté hecha, se retira del fuego y se sirve en la misma cazuela.

Se acompaña con papas sancochadas.

Tamboritos de salmón

(Tacoronte, Tenerife)

Ingredientes:

400 gramos de salmón fresco
3 huevos
1 cucharada de cebolla frita
25 gramos de mantequilla
1 cucharada de zumo de limón
Sal

Se desmenuza el salmón y se deposita en una ondilla mediana. Se baten bien los huevos y se le añaden el salmón. Se revuelve. Poniéndole la cebolla frita, el limón y la sal.

Se va colocando en moldes pequeños y redondos previamente untados con mantequilla. Se ponen en baño maría hasta que se cuaje la mezcla. Se retiran y cuando estén fritos se sacan de los moldes y se sirven con salsa de tomate.

Tollos al ajillo

(Véase tollos en el nº 36 de voces)
(Risco de San Nicolás, Gran Canaria)
(4 personas)

Ingredientes:

1 kilo de tollos
2 tacitas de aceite
1 cabeza de ajos
3 rebanadas de pan del día anterior
1/2 manojo de vino
1/2 tacita de agua
Sal
1/2 sobre de azafrán

Se lavan y se parten los tollos al tamaño que se dese. Se ponen en remojo hasta el día siguiente, cambiándoles el agua varias veces. A las doce horas se escurren y se pasan a un caldero de material refractario.

En un sartén con aceite se fríen los ajos y el pan. Cuando estén dorados se apartan, se majan y se echan sobre los tollos con el aceite. Se les añade el resto de los ingredientes con el vino, el agua y la sala a gusto. Se deja hervir todo unos minutos y, sin retirarlos del fuego, se les agrega el azafrán. Se dejan otro poquito al fuego y se quitan si los tollos, al pincharlos con un tenedor, se notan blandos.

Se sirven con papas saconchadas.

Vicuda o picuda en escabeche

(Véase Vicuda en el nº 52 de voces)
(4 personas)

Ingredientes:

1 kilo de picuda
1/2 taza de aceite
1 rebanada de pan
4 dientes de ajo
1 grano de pimienta negra majado
2 ramitas de perejil
1 tacita de caldo de pescado
El zumo de un limón mediano

Se lava el pescado y se hace pedazos regulares. Se vierte el aceite en la sartén y cuando esté caliente se va poniendo el pescado, se dora y se saca a una bandeja. En el mismo aceite se fríen el pan y los ajos, se retiran y se majan con la pimienta; se le añade el perejil picado, se une de nuevo al aceite que quedó en la sartén, se revuelve bien, se le pone el caldo y el zumo de limón, se deja hervir un minuto y se echa sobre el pescado.

Se sirve con papas sancochadas.

Viejas al horno doña «Juanita»

(Famosa y desaparecida fonda de Agüimes)

Ingredientes:

2 kilos de viejas medianas de Arinaga, a ser posible
3/4 vaso de aceite de oliva
4 tomates medianos maduros
5 dientes de ajo
5 granos de pimienta negra
3 ramitas de perejil
Sal

Se limpian las viejas de agallas y escamas, se lavan, y se les hace un corte tangencial por cada lado; se salpican de sal, se colocan en una bandeja de hornear con la mitad del aceite, y se introducen en el horno. Se cortan los tomates en rodajas, se sofríen un poco y se ponen alrededor del pescado.

En el almirez se majan los ajos, perejil y pimienta; se remueve con el resto del aceite y se le echa por encima al pescado.

Cuando esté guisado se retira del horno, y se sirve con papas sancochadas.

Viejas sancochadas

(Véase Viejas en el nº 51 de voces)

(Receta majorera, Fuerteventura)

Ingredientes:

1 vieja de un kilo aproximadamente, fresca
Sal
2 litros de agua
1/2 kilo de papas medianas
1 tomate mediano
1 cebolla mediana
3 ramitas de cilantro
2 ramitas de perejil

La vieja, limpia de tripas y agallas, pero sin descamar, se pasa a una bandeja con unos granitos de sal en su interior.

Se pone el agua en un caldero y se le añaden en crudo las papas peladas y lavadas, el tomate partido en dos, con piel pero sin semillas, la cebolla partida en cuatro, el cilantro, el perejil y la sal. Se pone al fuego y cuando las papas estén a punto de guisarse se añade el pescado y se deja hervir todo junto.

Se aparta y con cuidado se pasa el pescado a una bandeja y se descama. Se ponen las papas hervidas en otra bandeja. Si se desea se toma el caldo como consomé o se escalda gofio con una papa escachada.

Se puede comer con aceite y vinagre, o con mojo verde servido en salsera.

Caldos

Caldo de pescado *(página 119)*

Arvejones a la majorera

(4 personas)

Ingredientes:

1 kilo de arvejones tiernos
1 1/2 litro de agua
Sal
8 cebolletas
1/4 cucharadilla de pimienta negra molida
2 cucharadas de mantequilla
4 huevos duros
1/2 kilo de papas lavadas y peladas
1/2 tacita de aceite

Se desvainan los arvejones, se lavan y se ponen en un caldero al fuego con el litro y medio de agua y un poco de sal; se le añaden las cebolletas limpias con sus tallos de 4 centímetros. Si al cuarto de hora de estar hirviendo se nota que los arvejones están tiernos se les pone la pimienta molida y seguidamente la mantequilla; se deja hervir un par de minutos, se retiran y se colocan en una bandeja honda. Se pelan los huevos, se cortan en rodajas y se colocan encima de los arvejones que han de estar calientes. En la orilla de la bandeja se colocarán unas rodajas de papas semicortadas, previamente fritas. Se sirven en la misma bandeja.

Caldo de gallina para el zorrocloco

(Véase Zorrocloco en el nº 55 de voces)
(Tejeda, Gran Canaria)

Ingredientes:

1 gallina de 1 1/2 kg
1/4 kilo de garbanzos
1/4 kilo de habichuelas (amarradas con un hilo)
1 cebolla
1 tomate maduro
1/2 cabeza de ajos
1/2 pimienta verde
4 litros de agua
1/2 kilo de papas nuevas
1 paquete de azafrán en rama

Se ponen los garbanzos en remojo un día antes, se mondan y se lavan.

Con agua hirviendo se ponen a cocer los garbanzos, la gallina bien limpia, la cebolla cortada en trozos, el tomate, ajos y pimiento, durante aproximadamente 2 horas, espumando las impurezas; una vez cocida la gallina, se saca, se escoge su carne, que se reserva, y se vuelven a colocar los huesos y la piel de ésta, junto con las papas, habichuelas y el azafrán majado en el caldero unos 15 minutos.

El caldo se sirve con un pimpollo de hierbahuerto en una escudilla o taza grande, con la carne de gallina desmenuzada.

Nota: Mientras la mujer se tomaba el caldo, el marido, sentado en el taburete junto a la cama de la parturienta se comía la carne, las papas y los garbanzos.

Caldo de lapas y burgados

(Antiguo y desaparecido «Bar Farol»)
(Playa de Las Canteras)

(Véase Burgado en el nº 56 de voces)

Ingredientes:

- *1/2 kilo de lapas*
- *1/2 kilo de burgados*
- *Agua*
- *1/2 taza de aceite*
- *1 cebolla mediana picada*
- *2 tomates sin piel ni semillas picados*
- *2 dientes de ajo pelados y majados*
- *10 granos de cominos majados*
- *Pimienta negra molida*
- *Sal*
- *8 hebras de azafrán*
- *1 pan duro en rodajas*

Se lavan los moluscos con sus conchas, se depositan en un caldero con agua suficiente para cubrirlos, y se ponen al fuego. Mientas, se hace un refrito con el aceite, ajos, cebolla, tomate y comino; se doran. Cuando el agua del marisco esté hirviendo se le añade el refrito, dejándolo hervir hasta comprobar que los burgados se desprenden fácilmente de su concha, pinchándolos con un alfiler y dándoles vuelta en sentido contrario de su espiral. Entonces se retiran y se cuela el caldo para otro recipiente que se pondrá sobre la plancha caliente; se le agrega la sal, pimienta y azafrán majado, y se reserva. Los moluscos se sacan de sus conchas uno a uno y se apartan. Se colocan las rodajas de pan en los platos, se les añaden cucharones de caldo caliente, dando tiempo a que se esponjen y se reparten burgados y lapas en los platos en partes iguales y se sirve.

Caldo de millo

(4 personas)

Ingredientes:

- *8 piñas de millo tiernas bien grandes*
- *3 litros de agua*
- *1 tacita de aceite*
- *1 cebolla mediana*
- *1 tomate mediano*
- *5 ramitas de perejil*
- *5 ramitas de cilantro*
- *1 cabeza de ajos*
- *1/2 sobrecito de cominos*
- *1 sobre de azafrán*
- *1/2 kilo de papas*

Después de deshojadas las piñas, se separan los granos de los carosos cortandolos con un cuchillo de sierra. Unos y otros se dejan en la misma bandeja.

En un caldero se ponen al fuego tres litros de agua, se le añade el aceite, la cebolla pelada entera, el tomate lavado abierto y sin semilla, el perejil y el cilantro, la cabeza de ajos entera con una cortada al centro, los cominos y el azafrán, todo en crudo.

Se vierten en el caldero el millo y los carosos. Cuando el millo esté casi tierno se le agregan las papas hechas cuadritos y cuando éstas estén tiernas se retiran del fuego y con espumadera se quitan los carosos. Se sirve como potaje.

Si se desea, se puede comer escaldado con un poco de gofio y queso duro.

Caldo de papas

(6 personas)

Ingredientes:

3 litros de agua
1 1/2 kilo de papas nuevas
1 cebolla mediana
1 tomate maduro
1/2 sobre de cominos
6 dientes de ajo
6 ramitas de perejil
Sal
1 cucharadita de pimentón
1/2 taza de aceite
1/2 manojo de cilantro
6 huevos (1 por persona)

Se pone el agua al fuego, se añaden las papas peladas, y partidas en dos si son grandes; la cebolla, pelada y partida en dos; el tomate, sin pelar, partido y sin semilla; y un majado hecho con los cominos, los ajos, el perejil, la sal y el pimentón, a lo que se le añade el aceite; se revuelve bien en el almirez y se vierte en el caldero.

Cuando las papas estén casi guisadas se les añade el azafrán y el cilantro hecho un manojillo; se deja hirviendo hasta que las papas estén blandas. Antes de apartarlo se dejan caer los huevos despacio, uno a uno, en el caldo.

Si se desea amasar gofio de primer plato, se aumentan las papas.

Caldo de pescado

(Véase Caldo de pescado en el nº 57 de voces)

(Receta originaria de Bajamar, Tenerife)

Ingredientes:

1 abae de dos kilos
2 kilos de papas medianas
1 taza de aceite de oliva
1 cebolla mediana
3 dientes de ajo
2 tomates grandes maduros, sin piel ni semillas, picados
1 pimiento maduro
4 ramitas de perejil
1 cucharadita de cominos sobados con las manos
1 cucharada de pimentón
5 litros de agua
4 ramitas de cilantro
1 sobre de azafrán en rama
Pimpollos de hierbahuerto
3 panes de almuerzo duros hechos rebanadas
Sal gruesa

INGREDIENTES PARA ESCALDAR GOFIO:
1 cucharada de gofio por persona
1 cucharada de mantequilla

Se descama el pescado, se limpia de tripas y agallas. Se hacen rodajas gruesas, se lava y se le echa sal gruesa; se deja reposar.

Se pelan las papas, se lavan, se depositan en un caldero, se cubren de agua y se ponen al fuego con un poco de sal.

En una sartén se hace la fritura con el aceite, los ajos, la cebolla pelada y picada y la mitad del pimiento picado. Una vez frito se vuelca en el caldero de las papas; a los quince minutos de estar hirviendo se le pone el pescado, el cilantro y el perejil, hecho un manojito, el azafrán majado, y el hierbahuerto; se revisa de sal y se deja cocer hasta que esté el pescado.

Se tendrá preparada una ondilla con gofio, la mantequilla y parte de hierbahuerto. Se sacarán unas papas, removiendo sin parar con un tenedor de madera hasta obtener una masa suave y compacta. Si se desea puede añadirse un pedacito de pimienta verde picona. Es una antigua costumbre hacer una cruz sobre el gofio al acabar de amasarlo.

Antes de retirar el caldo del fuego, se vierte una parte de éste sobre las sopas de pan, se apaga el fuego y se lleva todo a la mesa acompañado de una bandeja de ensalada canaria (véase receta) y una salsera con mojo verde. Las últimas intervenciones deben hacerse con precisión y rapidez para que el caldo, papas, pescado y gofio lleguen humeando a la mesa.

Caldo de pescado

(Véase Caldo de pescado en el nº 57 de voces)
(Puerto de la Luz, Gran Canaria)
(4 personas)

Ingredientes:

1 abae de 2 kilos fresco
1 tacita de aceite
1 cebolla mediana de Gáldar
2 tomates maduros sin piel ni semilla
6 ramitas de perejil
4 dientes de ajo pelados
1/2 sobre de cominos
1 cucharadita rasa de pimentón
2 kilos de papas peladas
3 ramitas de cilantro
1 sobre de azafrán
Sal
1 pan de matalahúva duro
1 pimpollo de hierbahuerto por plato
1 pimiento verde en rodajas finitas

Se descama el pescado, se limpia su interior, se lava, se corta en cuatro pedazos y se pone en una bandeja.

En una sartén se hace el refrito con el aceite, la cebolla, el tomate y la mitad del perejil. Cuando presenten color dorado se añaden los ajos, cominos y el pimentón; se deja freír un poco más y se aparta.

En un caldero se ponen al fuego tres litros de agua y se le añaden las papas peladas, el refrito y el cilantro. Se deja hervir y a los cinco minutos se le añade el pescado y el azafrán. Se pinchan las papas con tenedor y cuando estén tiernas se aparta.

El pescado y las papas se presentan en bandejas acompañado de una escudilla, de gofio escaldado con un pinpollo de hierbahuerta, una salsera con mojo verde una bandeja de ensalada canaria. También se llevarán a la mesa, de segundo plato escudillas con rebanadas de pan cubiertas del caldo de pescado y un pimpollo de hierbahuerto, perejil picado y unas rueditas de pimiento verde repartidas en las escudillas.

Estas sopas se comen con queso tierno de ganado.

Crema de aguacate

(Isla de La Palma)

Ingredientes:

100 gramos de garbanzos de Lanzarote
4 litros de agua
1/2 kilo de lomo de res
1 zanahoria
1 cebolla
1/2 pollo
1 tomate
1 cabeza de ajos
2 aguacates
Sal

Los garbanzos se ponen en remojo la noche anterior y se les cambia el agua dos veces. Al día siguiente se lavan, se escurren y se colocan al fuego en un caldero con agua caliente y con la carne cortada en dos trozos, la zanahoria, la cebolla pelada y partida en dos, el pollo, el tomate sin piel ni semillas, y la cabeza de ajos, con una cortada en el centro.

Cuando la carne y los garbanzos estén tiernos, se cuela su contenido para un recipiente donde estarán los aguacates bien triturados; con una varilla se bate bien y se sirve.

Con la carne, zanahoria y garbanzos se hace una Ropa Vieja para el segundo plato. (Véase receta de Ropa Vieja, Carnes).

Crema de cangrejos

(Playa de las Canteras - Las Palmas de Gran Canaria)

Ingredientes:

8 cangrejos medianos frescos
2 cucharadas de mantequilla.

Se ponen los cangrejos a hervir, bien cubiertos de agua. A los pocos minutos de entrar el agua en ebullición se retiran del fuego; se pelan y se desmenuza su carne. Se mezcla con la mantequilla batiendo hasta formar una pasta cremosa.

Se puede presentar en platitos de postre para untar a gusto las tostadas calientes, o servirlas ya untadas.

Esta crema se puede confeccionar también con recortes de langosta, langostinos, gambas, etc.

Migadas de huevo

Ingredientes:

1 3/4 litro de caldo del día
1 cucharada de harina de avena
2 huevos frescos
Pimienta negra molida
Nuez moscada

Se pone un litro y medio de caldo al fuego en una cacerola. El cuarto de litro restante se coloca en una ondilla, se le añade la harina y se remueve hasta que esté perfectamente desleída. Se le agregan los huevos, la pimienta y la nuez moscada, se baten hasta que haga mucha espuma y se deja caer a bastante altura sobre el caldo, que ha de estar hirviendo en la cazuela. Se mueve durante algunos minutos hasta que las migas queden formadas.

Se deja hervir durante cinco o seis minutos más a fuego lento y se sirve caliente.

Potaje conejero de chícharos blancos

(4 personas)

Ingredientes:

1 kilo de chícharos blancos
1/4 kilo de oreja de cochino salada
3 costillas de cochino saladas
4 litros de agua
6 manojos de serrajas tiernas picadas
1/2 kilo de papas
2 buangos en trozos
1/2 kilo de calabaza en trozos
1/2 kilo de papas peladas y partidas, si son grandes
4 dientes de ajo pelados y picados
1 pimiento picado
1 cebolla picada
1 tomate pelado, sin semilla y picado
3 ramitas de perejil
1/2 cucharilla de cominos
1 pimpollo de hierbahuerto
2 ramitas de tomillo
Sal

Se ponen a remojo la noche anterior los chícharos y en otro recipiente la oreja y la carne, cambiándoles el agua varias veces.

Al día siguiente se escurre y lava todo. Se pone un caldero al fuego con cuatro litros de agua; cuando rompa a hervir se le incorporan la oreja partida en dos, las costillas y las serrajas picadas y lavadas. Seguidamente se agregan los chícharos, y se deja hervir. Al cuatro de hora se añaden los buangos, la calabaza, las papas, el pimiento, la cebolla, los ajos y los tomates, todo picado finito, así como el perejil, los cominos y la sal majados. A los pocos minutos se pone el hierbahuerto y el tomillo partidos; se deja hervir hasta que esté perfectamente hecho.

Comprobado esto, se retira del fuego, dejándose reposar. Se sirve en sopera.

Potaje de acelgas

(Véase Potaje en el nº 58 de voces)

Ingredientes:

300 gramos de garbanzos de Lanzarote, en remojo un día antes
4 litros de agua
300 gramos de costilla de cerdo
1/2 tacita de aceite
1 cebolla grande picada
2 dientes de ajo pelados y majados
3 tomates pelados y picados sin semilla
1 cucharadita de pimentón
1 kilo de papas peladas y cortadas a cuadros
1 kilo de calabaza pelada entera
3/4 kilo de acelgas cortadas en trozos y blanqueadas
1 cucharadita de cominos majados
Sal

Potaje de berros *(página 125)*

Los garbanzos se dejan en remojo la noche anterior, se lavan y se reservan. Se ponen en un caldero cuatro litros de agua y cuando esté hirviendo se vierten los garbanzos y las costillas de cerdo.

Aparte se hace un sofrito con media tacita de aceite, la cebolla, los ajos, los tomates y el pimentón, y se vuelca dentro del caldero de los garbanzos. Cuando éstos estén guisados se le añaden las papas, la calabaza y las acelgas. Se deja cocer a fuego lento. Cuando las papas, pinchándolas con tenedor, se noten tiernas, se saca la calabaza, se tritura y se deposita de nuevo en el caldero. Finalmente se agregan los cominos y a los pocos minutos se retira, se deja reposar diez minutos y se lleva a la mesa en platos soperos.

Potaje de arvejas

(Véase Potaje en el nº 58 de voces)
(6 personas)

Ingredientes:

2 kilos de arvejas
2 litros de agua
Sal
1 kilo de papas nuevas
1 kilo de buangos pequeños (calabacines)
6 huevos duros
1/2 sobre de cominos
3 ramas de perejil
2 ramitas de cilantro
1/2 taza de aceite
1 cabeza de ajos
1 cebolla mediana picada
2 tomates

Se desprenden de sus vainas los granos de arvejas, se depositan en un recipiente con el agua y se pone al fuego.

Se prepara el refrito vertiendo en la sartén el aceite; cuando esté bien caliente se le añaden los ajos y la cebolla; una vez fritos , se le agrega el tomate pelado, sin semilla y bien picado. Luego se vuelca dentro del caldero de las arvejas, se añade sal y se deja hervir hasta que los granos estén tiernos, momento en que se añaden las papas hechas cuadritos y los calabacines enteros. Si al pinchar con el tenedor las papas se notan tiernas, será el momento de reducir el fuego para ir cascando los huevos uno a uno, dejándolos caer con cuidado y a poca altura sobre el potaje. Terminada esta operación se le añaden los cominos majados, el perejil y el cilantro picado. Se deja reposar unos minutos.

Se sirve en platos hondos y según el gusto puede añadirse una cucharada de gofio, bien espolvoreado o en la orilla del mismo para ir mezclándolo con el potaje poco a poco.

Potaje de arvejas

(Santa Lucía de Tirajana)
(Gran Canaria)
(Véase Potaje en el nº 58 de voces)
(4 personas)

Ingredientes:

1 kilo de arvejas con vainas
1 cebolla mediana
4 litros de agua
1 tomate mediano
1 tacita de aceite
5 dientes de ajo
1/2 cucharadita de cominos
5 ramitas de perejil
1 cucharadita de sal
1/2 kilo de buangos
1/2 kilo de papas
4 huevos

Se desvainan las arvejas depositandolas en una taza y se reservan. Se pone el agua al fuego en un caldero. Se pelan y pican la cebolla y el tomate, sin semillas; se ponen al fuego en la sartén junto con el aceite y cuando estén dorados se retiran. Se majan los ajos, el perejil y la sal. Antes de que comience a hervir el agua se añaden el refrito y las arvejas; mientras hierve se pican los buangos sin pezón ni ombligo, se pelan y se trocean las papas, se añaden ambas verduras a las arvejas, se agrega el majado y se dejan cocer a fuego lento hasta que se apotaje. Se van partiendo los huevos y uno a uno se dejan caer suavemente en el potaje procurando no se estallen. Se deja 5 minutos más al fuego retirandolo y dejándolo reposar durante un cuarto de hora. Se sirve caliente en sopera.

Potaje de berros

(Véase Potaje, en el nº 58 de voces)
(Originario de Valleseco)
(6 personas)

Ingredientes:

1/2 kilo de berros
4 costillas de cochino saladas o frescas
4 litros de agua
200 gramos de judías tiernas
100 gramos de tocino veteado
2 piñas tiernas
150 gramos de ñame
200 gramos de batata amarilla
1 kilo de papas
1 cebolla pequeña
4 dientes de ajo
La punta de una cucharilla de cominos
La punta de una cucharilla de pimentón
1/2 tacita de aceite
Sal

Se limpian bien los berros, quitándoles los tallos muy gruesos, se lavan y pican. Las costillas, si son saladas, se lavan en agua caliente y se dejan en remojo unas horas; si son frescas se lavan solamente.

Se ponen en un caldero cuatro litros de agua, se le añaden las judías, las costillas, el tocino, las piñas partidas y el ñame. Cuando estén a medio guisar se le añaden los berros y seguidamente la batata partida en pedazos medianos, cominos, pimentón, aceite y sal . Se remueve todo con cuchara de madera y se deja hervir una hora aproximadamente. Cuando las papas se noten tiernas al pincharlas con un tenedor, se aparta y se deja reposar durante un cuarto de hora.

Se lleva a la mesa en sopera, acompañado de una ondilla con gofio para amasarlo aparte con unas cucharadas de potaje o bien poner una cucharada de gofio en la orilla del plato y acompañarla con potaje y queso tierno.

Potaje de berros con garbanzos

(Véase Potaje en el nº 58 de voces)
(Utilizado para días de Vigilia, Santa Cruz de Tenerife)
(4 personas)

Ingredientes:

1/4 kilo de garbanzos
1/2 kilo de papas
1 kilo de berros
3 dientes de ajo
1 cebolla picada
4 ramas de perejil
2 tomates picados sin piel ni semilla
1 paquete de azafrán en rama
Sal
1/2 tacita de aceite

Se ponen en remojo los garbanzos un día antes. Se lavan, se ponen en un caldero con agua caliente y sal. Una vez guisados, se le añaden los berros, las papas, las cebollas, los tomates, las ramas de perejil y aceite. Se deja guisar muy despacio y se le agrega el azafrán majado con los ajos. Se deja reposar unos minutos y se sirve.

Potaje de buangos

(Islas Occidentales)
(Véase Buango en el nº 59 de voces)

Ingredientes:

4 buangos grandes
1 papa grande
1 cebolla pequeña
2 dientes de ajo
1/2 tacita de aceite
1 tacita de leche de cabra
Sal gruesa

Los buangos se raspan ligeramente y se depositan en el caldero donde han de guisarse con 4 litros de agua.

Se les añade la papa, cebolla y los ajos, pelados y bien picados, el aceite y la sal. Se pone todo a fuego lento y cuando se note que las papas están guisadas, se les agrega la leche, se retira del fuego, se remueve despacio, se deja reposar y se sirve en platos hondos.

Potaje de cardos con hinojo

(Ingenio, Gran Canaria)
(Véase Potaje en el nº 58 de voces)

Ingredientes:

1 kilo de cardos
1/4 kilo de judías tiernas
1/2 kilo de costillas de cochino
1/2 tobezno de tocino (50 gramos)
1 kilo de papas pequeñas
1/2 manojo de hinojo

Es esencial quitarle todas las fibras posibles a los cardos; para ello deben partirse con los dedos y tirar hacia abajo haciendo trozos de tres o cuatro centímetros, retirando las fibras. Se lavan en varias aguas. Se ponen al fuego en un caldero con tres litros de agua y las judías. Se le añade la carne y el medio tobezno de tocino, las papas y el hinojo.

Se deja hervir todo hasta que se compruebe que los cardos están tiernos, bien probándolos o pinchando las papas.

Se sirven en platos con su propio caldo o solos en una bandeja, mientras que con el caldo se amasa o escalda gofio.

Los cardos de la bandeja se pasan a platitos pequeños, se pinchan con tenedor y se les pone por encima una cucharadita de mojo picón y un polvito de gofio, según el gusto.

Potaje de colinos

(Véase Potaje y Boango en los nº 58 y 59 de voces)

(Receta tirajanera, Gran Canaria)

(6 personas)

Ingredientes:

300 gramos de judías del país (pintadas mantecosas)
4 costillas de cochino saladas
5 hojas de colinos tiernas y medianas
4 litros de agua
2 piñas de millo
1 kilo de papas medianas
300 gramos de calabaza
2 zanahorias medianas
250 gramos de batata amarilla
1 cebolla pequeña
1 tomate
1/2 pimiento colorado fresco
3 buangos medianos
3 dientes de ajo
Sal

Se ponen las judías en remojo la noche anterior y las costillas también, pero en otro recipiente. Se lavan los colinos y se cortan semigruesos.

En un caldero con cuatro litros de agua se ponen al fuego las judías y las costillas bien lavadas junto con las piñas; se dejan guisar una vez guisadas las judías se le añaden las papas, la calabaza, las zanahorias, las batatas, la cebolla, el tomate y el pimiento, todo bien picado, los buangos partidos en dos, si son grandes, los ajos majados y el aceite.

Se deja guisar y cuando se compruebe que las papas están tiernas, pinchándolas con un tenedor, se apartan y se deja reposar.

Se sirve con gofio y se acompaña con queso tierno.

Potaje de convento

(Betancuria, Fuerteventura)
(4 personas)
(Véase Potaje en el nº 58 de voces)

Ingredientes:

1 taza de garbanzas
3 dientes de ajo
1 tomate mediano
4 rebanadas de pan
4 yemas de huevo
1/2 tacita de aceite
Sal

Se ponen las garbanzas en remojo la noche anterior con agua y sal. Al día siguiente se pone un caldero al fuego con cuatro litros de agua y antes de que rompa el hervor se añaden las garbanzas, previamente escurridos y lavados. Se hace una fritura con los ajos; un a vez dorados se le pone el tomate sin semilla y picado. Cuando esté todo frito se vierte en el caldero de las garbanzas. Se tiene preparado en otro recipiente el pan frito y majado con las yemas de huevo también fritas y mezcladas en el mortero. Cuando las garbanzas estén bien guisadas se les agrega el majado, se deja al fuego un minuto y se aparta. Se sirve en sopera.

Potaje de jaramagos

(Véase Potaje en el nº 58 de voces)
(Tejeda, Gran Canaria)
(4 personas)

Ingredientes:

1 kilo de jaramagos
250 gramos de judías pintas
250 gramos de carne de cochino fresca
100 gramos de tocino veteado
150 gramos de papas
150 gramos de batata amarilla
100 gramos de batata blanca
1/2 pimiento verde
4 dientes de ajo
1/2 sobre de cominos
1/2 cucharadita de pimentón
1/2 tacita de aceite
Sal

Se limpian y lavan los jaramagos, se separan las hojas de los tallos y se colocan en recipientes distintos. Se ponen las judías en remojo la noche anterior.

En un caldero se vierten las judías con la carne de cochino y el tocino limpio. A medio guisar se echan los tallos de los jaramagos hechos trozos y se añaden las papas, las batatas y el pimiento, todo picado. Se hace un majado con los ajos y los cominos. Se añade el pimentón y todo en crudo se vierte en el caldero con el aceite. Las hojas de los jaramagos, previamente hervidas en un caldero con agua para quitarles el amargor, se apartan, se escurren y se añaden al guiso.

Cuando las papas y batatas estén tiernas se apartan se dejan reposar y se sirve a la mesa con un lebrillo de gofio amasado con caldo, papas y un pedazo de batata.

Potaje de colinos *(página 127)*

Una bandeja de ensalada, aceitunas y queso tierno acompañan al potaje.

Potaje de leche

(Véase Potaje en el nº 58 de voces)
(Originario de la isla del Hierro)

Ingredientes:

1 kilo de calabaza blanca (llamada pantana)
1/2 kilo de batata blanca
1/2 kilo de batata amarilla
750 gramos de papas medianas
100 gramos de calabaza amarilla
2 buangos
2 piñas de millo
200 gramos de arroz
1 litro de leche hervida
1 cucharada de azúcar
Sal

Se lava y se parte toda la verdura, colocandola en un caldero. Se separan los granos de millo de la piña, cortándolos con un cuchillo de sierra y se unen a la verdura, añadiendole agua suficiente para guisarla con la sal. Una vez guisado se retira. En un caldero se pone a cocer el arroz con el doble de agua de su contenido y medio vaso de leche; se le añade el azúcar removiendo despacio y cuando el arroz esté guisado se vacía en el caldero de la verdura, se hierve todo 3 minutos, se deja reposar 10 minutos y se sirve.

Potaje de lechugas

(Véase Potaje en el nº 58 de voces)
(Gran Canaria)

Ingredientes:

4 costillas de cochino saladas
1/4 kilo de garbanzas de Lanzarote
4 lechugas grandes
4 litros de agua
2 piñas de millo
3 zanahorias medianas
4 buangos medianos
1/4 kilo de calabaza
1/2 kilo de papas medianas
1/4 kilo de batata
1 tomate
1/2 cebolla pequeña
2 dientes de ajo
1 trozo de pimiento verde
1 tacita de aceite
Sal

Se ponen las costillas en remojo la noche anterior, cambiándoles el agua; igual haremos con las garbanzas en recipiente aparte. Al día siguiente se deshojan las lechugas, se tiran las hojas de fuera y las que quedan se lavan una a una; se trocean y se reservan.

Se pone al fuego un caldero con cuatro litros de agua y se vierten los garbanzos y las costillas con las piñas y zanahorias cortadas en trozos. Cuando los garbanzos estén tiernos se añaden los buangos enteros, quitándoles el ombligo y el pezón; luego la calabaza, pelada y entera; las lechugas picadas; las papas y las batatas, peladas y partidas a gusto; el tomate, pelado y sin semillas, con la cebolla, ajos y pimiento, todo picado. Se le añade el aceite y la sal. Se pone a fuego fuerte hasta que rompa el hervor; a los pocos segundos se baja la llama a lento y cuando se compruebe que las papas están tiernas, pinchándolas con un tenedor, se apartan, se dejan reposar un cuarto de hora y se lleva a la mesa en sopera.

Potaje de lentejas

(Véase Potaje en el nº 58 de voces)
(Agüimes, Gran Canaria)
(4 personas)

Ingredientes:

1/2 kilo de lentejas
4 litros de agua
4 costillas frescas de cochino
4 piñas de millo tiernas
1 kilo de papas
1/2 kilo de calabaza
1/2 tacita de aceite
1 cebolla mediana
4 dientes de ajo
1 tomate grande
3 ramitas de perejil picado
3 ramitas de cilantro hecho un manojito
1/2 cucharadita de cominos
Sal

Se limpian las lentejas y se ponen en remojo, como mínimo 4 horas antes de empezar a cocinarlas. Pasado este tiempo, se lavan, se mondan y se ponen a cocer con cuatro litros de agua y sal, añadiéndoles las costillas de cerdo. Una vez guisadas las lentejas, se le agregan las papas, la calabaza, el aceite, la cebolla, los ajos, y los tomates picados; se dejan guisar a fuego lento. Cinco minutos antes de que estén hechas las papas, se añaden los cominos majados, el perejil y cilantro. Se remueve todo de vez en cuando hasta que esté todo bien guisado. Se sirve en sopera o en platos individuales. Se acompaña con queso.

Potaje de lentejas

(Véase Potaje en el nº 58 de voces)
(4 personas)

Ingredientes:

1/2 kilo de lentejas del país
4 piñas pequeñas enteras
300 gramos de calabaza
2 buangos medianos partidos, sin pezón ni ombligo
1/2 kilo de papas medianas peladas
400 gramos de batata amarilla en trozos
1 tacita de aceite
4 dientes de ajo pelados y picados
1 cebolla mediana picada
1 tomate grande pelado sin semilla picado
1 cucharadita de pimentón
1/2 sobre de azafrán
Sal

Se mondan las lentejas, se lavan y se ponen en remojo dos horas; se lavan de nuevo y se ponen a cocer en un caldero con 4 litros y medio de agua y las piñas. A medio cocer las lentejas se añaden la calabaza, los buangos (calabacines), las papas y las batatas, dejándolo hervir. Mientras se prepara una fritura con el aceite, los ajos, la cebolla, los tomates y el pimentón; se remueve con espumadera. Cuando esté rehogado se vuelca en el potaje, se le agrega el azafrán y se prueba de sal, dejándolo a fuego lento.

Cuando las papas estén tiernas se retira. Se deja reposar diez minutos y se sirve en sopera.

Potaje de lentejas con garbanzas

(Véase Potaje en el nº 58 de voces)
(4 personas)

(Plato de origen majorero)

Ingredientes:

- *1/4 kilo de garbanzas*
- *1/4 kilo de lentejas*
- *4 piñas de millo*
- *1 cebolla mediana*
- *2 tomates medianos*
- *2 dientes de ajo*
- *2 ramitas de perejil*
- *Sal*
- *1/2 sobre de azafrán*
- *1 tacita de aceite*
- *1/2 kilo de papas peladas y lavadas*
- *2 ramitas de cilantro*

Se ponen en remojo las garbanzas la noche anterior, mondados y lavados.Al día siguiente se mondan y lavan las lentejas. Se ponen a hervir por separado con medio litro de agua en cada caldero. Las garbanzas se echan cuando el agua esté caliente, las lentejas con agua fría. Se añadirán a cada caldero dos piñas partidas en cuatro pedazos. Cuando las legumbres y piñas estén guisadas se juntan en un mismo caldero y se ponen de nuevo al fuego.

Se les añaden la cebolla pelada y partida en cuatro trozos y los tomates, sin semillas y troceados, en crudo.

Los ajos, el perejil y la sal machacados se mezclan en el almirez con el azafrán y el aceite y se echan en el caldero. Se le ponen las papas y el cilantro. Se deja hervir hasta que las papas estén tiernas. Se aparta y se deja reposar diez minutos. Se ponen en una escudilla dos cucharones de este caldo con dos papas y se amasa bien el gofio.

Se sirve el potaje en platos hondos y el gofio en una ondilla. Se come con queso tierno y aceitunas del país.

Potaje de millo graciosero

(Véase Potaje en el nº 58 de voces)
(4 personas)

Ingredientes:

- *1 kilo de millo del país*
- *2 costillas de cochino saladas*
- *1/2 oreja de cochino salada*
- *4 litros de agua*
- *1 tacita de aceite de oliva*
- *4 dientes de ajo*
- *2 cebollas medianas*
- *2 tomates medianos*
- *1/4 kilo de batata amarilla pelada y partida*
- *1/2 kilo de papas*
- *1/4 kilo de buangos*

El millo se pone en remojo la noche anterior; en otro recipiente se dejan también a remojo la oreja y las costillas saladas, cambián dole el agua varias veces. Al día siguiente se pone un caldero al fuego con 4 litros de agua. Se escurre el millo, se lava y se pone en el caldero junto con las costillas lavadas y la oreja también lavada y cortada en dos trozos. Se hace la fritura con el aceite, los ajos y la cebolla pelados y picados, así como los tomates sin semillas; cuando todo está dorado se vierten en el caldero, añadiéndole la batata pelada y partida, las papas peladas y lavadas, los buangos enteros, sin pezón ni ombligo, y la sal. Se deja hervir hasta que se compruebe con un tenedor que las papas están tiernas. Se apartan y se deja reposar un cuarto de hora. Se sirve escaldando gofio con el caldo. Si sobra caldo del mediodía, se cuela y con él se hace una sopa de arroz para tomar la cena.

Potaje de rábanos

(Véase Potaje en el nº 58 de voces)
(Muy popular en las medianías de Gran Canaria)
(6 personas)

Ingredientes:

1 kilo de rábanos
1 kilo de judías (mantecosas del país, pintas)
4 litros de agua
4 piñas de millo tiernas y partidas
3 costillas de cochino saladas
1/4 de carne veteada y salada de cochino
1 kilo de papas medianas partidas en dos
Aceite
1 cebolla del país blanca
4 dientes de ajo
La punta de una cucharilla de cominos
Sal

Se ponen en remojo, la noche anterior, las judías, las costillas y la carne.

Los rábanos se lavan en varias aguas hasta que ésta salga clara. Las judías se lavan y se ponen en un caldero con cuatro litros de agua al fuego.

Se añaden los rábanos muy picados con las piñas, las costillas y la carne de cochino bien lavadas.

Cuando se compruebe que los rábanos están tiernos se les añaden las papas, seguidamente la fritura confeccionada con el aceite, la cebolla picada, los ajos, cominos y sal majados. Se remueve todo de vez en cuando. Se comprueba que el potaje está a punto cuando pinchando las papas con un tenedor están tiernas.

Se aparta del fuego y se sirve en una sopera acompañado de una ondilla con gofio para amasar a gusto y comerlo con queso de ganado curado y aceitunas del país.

Potaje de verduras

(Véase Potaje en el nº 58 de voces)
(Vegueta, Las Palmas de Gran Canaria)
(6 personas)

Ingredientes:

1/2 kilo de col
1/2 kilo de habichuelas
1/2 kilo de calabaza
1/2 kilo de buangos
4 litros de agua
250 gramos de judías tiernas
4 costillas de cerdo
4 piñas de millo tiernas
1 cebolla mediana
1 tomate grande
1/2 kilo de batatas
1 kilo de papas
4 dientes de ajo
1/4 de cucharilla de cominos
3 ramitas de perejil
3 ramitas de cilantro enteras
Sal

Se lavan las verduras, se pican todas y se ponen en un caldero con cuatro litros de agua al fuego. Se añaden las judías, las cuatro costillas y las piñas lavadas y partidas a la mitad. La cebolla entera con un corte al centro y el tomate pelado y sin semilla. A los quince minutos se le pone las batatas picadas y las papas partidas en dos, si son medianas, o en cuatro, si son grandes; los ajos majados con los cominos y las ramas de perejil y cilantro. Cuando las papas estén bien blandas se retiran del fuego, se deja reposar durante 10 o 12 minutos a y se sirve en sopera.

Potaje majorero de chícharos blancos doña Mima

(Véase Potaje en el n.º 58 de voces)

Ingredientes:

1/4 kilo de costillas de cochino
1/2 kilo de chícharos blancos
1/2 kilo de papas
200 gramos de calabaza pelada
1 ramita de cilantro
1 paquete de cominos
Sal
Azafrán en rama

Se ponen en remojo los chícharos un día antes. En un caldero se cuecen los chícharos con tres litros de agua, sal y las costillas de cochino; cuando los chícharos estén guisados se les añade la calabaza y las papas peladas y partidas. Cuando le falten 5 minutos se les añaden los cominos, el azafrán majado y la ramita de cilantro.

Se sirve en plato sopero.

Potaje de jaramagos *(página 128)*

Potaje santo de habas tiernas

(Véase Potaje en el n.º 58 de voces)
(Originaria de la Isla del Hierro)

(8 personas)

Ingredientes:

- *1 kilo de habas tiernas*
- *3 litros de agua*
- *1/2 kilo de calabaza*
- *1/2 kilo de buangos*
- *1 tacita de aceite de oliva*
- *3 dientes de ajo*
- *1 cebolla mediana*
- *1 tomate mediano*
- *La punta de una cucharilla de cominos*
- *1 kilo de papas*
- *1 cucharadita de pimentón*
- *3 ramitas de cilantro*
- *Sal*

Se desvainan las habas y se les quitan las uñas, se lavan y se ponen en una bandeja. Se pone al fuego un caldero con tres litros de agua, cuando rompa el hervor, y no antes, se vierten las habas. A la hora se comprueba si empiezan a estar tiernas y se les añade la calabaza y los buangos cortados en trozos medianos.

Se pone en otro fuego la sartén con el aceite, los ajos machacados, la cebolla y el tomate pelado, picado y sin semilla, los cominos majados y el pimentón. Se vuelca esta fritura sobre las habas añadiendo seguidamente las papas peladas, lavadas y troceadas, y el cilantro; se deja hervir todo hasta que las habas estén completamente tiernas.

Si este plato se quiere confeccionar en otras fechas que no sea el Jueves Santo, se le añaden cuatro costillas de cochino saladas. En este caso se ponen en remojo la noche anterior, se lavan al día siguiente y se depositan dentro del caldero en el momento de poner las habas.

Como el guiso tardará más de una hora en alcanzar su punto ha de tenerse un calentador con agua caliente para añadirle un poco en caso de que el potaje espese demasiado.

El mismo sistema se emplea en el potaje santo de calabaza, para los jueves y viernes de pasión.

Puchero de bodas del siglo XIX

(Oriundo de Agaete, Gran Canaria)
(Véase puchero en el nº 60 de voces)

Ingredientes:

- *1/2 gallina de buen tamaño*
- *1/2 kilo de costillas de cerdo*
- *1 paloma*
- *1 perdiz*
- *1/2 conejo*
- *1/2 kilo de carne de aguja*
- *1/2 kilo de carne de carnero*
- *1/4 kilo de morcillas de sangre*
- *1 kilo de papas*
- *1/4 kilo de garbanzas de Lanzarote*
- *2 cebollinos con rama*
- *2 tomates maduros*
- *1/2 cabeza de ajos*
- *5 litros de agua*
- *1 paquete de azafrán en rama*
- *1 pimiento verde*
- *Pimpollos de hierbahuerto*

Siguiendo las instrucciones del puchero anterior, se ponen en remojo los garbanzos un día antes, se lavan, se mondan y se ponen a guisar en un caldero alto con todas las carnes y verduras, quitando la espuma que sueltan las carnes. A medio guisar éstos, se les añaden las papas. Una vez terminado se sirve el caldo en taza con un pimpollo de hierbahuerto. Las carnes se colocan en la bandeja con las papas y garbanzos.

Aclaración: A este puchero se le llama, incorrectamente, de las siete carnes. En la receta original se le denomina de BODAS.

Puchero gallina aldeano

(Véase Puchero en el nº 60 de voces)
(San Nicolás de Tolentino, Gran Canaria)

Ingredientes:

1 gallina
3 litros de agua
4 buangos, sin pezones ni ombligo
1/2 cebolla
3 dientes de ajo
3 zanahorias partidas
1/2 kilo de judías tiernas pintadas
1 kilo de papas peladas, lavadas y partidas
Un sobre de azafrán en rama
1/2 pimienta quemona
1 rama de cilantro
1 aguacate grande pelado y picado.

Se limpia la gallina y trocea, se coloca en el caldero con el agua y se pone al fuego; se le añaden las zanahorias y las cebollas. A medio guisar la gallina, se le agregan las judías, papas y buangos. Cuando le falten 5 minutos, se añaden los ajos majados con la pimienta y azafrán. Se sirve la sopa en tazas con el aguacate troceado. La carne, con verduras y papas, se toma como segundo plato, con aceite y vinagre si se desea.

Puchero Toñita María

(Santa Lucía de Tirajana, Gran Canaria)
(Véase Puchero en el nº 60 de voces)

Ingredientes:

1 kilo de carne de vaca (aguja)
1/2 kilo de gallina
1 costilla de cerdo fresca
1/2 kilo de garbanzos de Lanzarote
1 cebolla entera
1 tomate con piel, sin semilla
1 pimiento partido en dos, sin semilla
1/2 cucharadita de cominos
Sal
1 sobre de azafrán
1 pimpollo de hierbahuerto
1 col partida en dos
1/2 kilo de zanahorias
1/2 kilo de habichuelas
3 piñas partidas a la mitad
1/2 kilo de batata amarilla, pelada
1kg de papas medianas peladas
1/2 kilo de buangos sin pezón ni ombligo
1/2 kilo de calabaza
1/2 kilo de peras de agosto

MOJO PARA EL PUCHERO:
1 cabeza de ajos pelados y machacados
15 ramas de perejil machacadas
1/2 cucharilla de sal machacada
2 papas del puchero, trituradas
Un trocito de batata del puchero
1/2 vaso de vinagre del país
Un cucharón de caldo del puchero

Se ponen en remojo los garbanzos la noche anterior, cambiándoles el agua dos veces. Al día siguiente se ponen al fuego cinco litros de agua en una olla abierta y se le añaden la cebolla con una cortada en el centro, el tomate, el pimiento, los cominos sobados con la palma de la mano, el azafrán y el hierbahuerto. Seguidamente se agregan las carnes de vaca y cerdo, y los garbanzos; se dejan hervir tres cuartos de hora, se espuma y se le añade la carne de gallina, col, zanahorias cortadas transversalmente, las habichuelas en manojitos y las piñas; se espuma de nuevo. A la media hora se le ponen las batatas partidas en dos, papas, buangos partidos a la mitad y calabaza.

A los 25 minutos se comprueba si la calabaza está tierna; si no está se deja un poco más; si está, se retira del fuego y con una espumadera se sacan las verduras y se colocan en una bandeja, en otra irán las papas, batatas y piñas, y en otra las carnes con los garbanzos. Se llevarán humeantes a la mesa, acompañadas de una salsera con el mojo. Se acostumbra tener en la misma mesa, un lebrillo con gofio y un pimpollo de «hierbahuerto», para que el ama de casa ponga en él tres papas, un pedazo de batata y un cucharón de caldo; se lo pasará al marido para que amase el gofio y ella, con precisión y rapidez, repartirá el puchero calentito en los platos. También el gofio puede amasarse en la cocina y llevar el lebrillo a la mesa.

Advertencia: Para obtener un puchero perfecto ha de seguirse el orden de colocación en el caldero de los productos y hortalizas enumerados en esta receta.

Se vierten en una ondilla todos los ingredientes, se remueven muy bien, se pasa el mojo a una salsera y se reserva para llevarse a la mesa con el puchero.

Rancho canario popular

(4 personas)

Ingredientes:

300 gramos de garbanzas de Lanzarote
5 litros de agua
125 gramos de carne de res (aguja)
125 gramos de carne de gallina
100 gramos de tocino veteado
150 gramos de chorizo del país
Sal
1 tacita de aceite
4 dientes de ajo
1 cebolla mediana
1 cucharada de pimentón
2 tomates pelados y sin semillas
4 ramitas de perejil picado
1/2 cucharadita de cominos sobados con la mano
1/2 tacita de vino del monte
1 sobre de azafrán
1 kilo de papas peladas y partidas
100 gramos de fideos gordos

Se ponen en remojo las garbanzas la noche anterior. Al día siguiente se escurren y se lavan. Se pone al fuego un caldero con cinco litros de agua y cuando esté caliente se añaden las garbanzas, las carnes, el tocino, el chorizo y la sal.

Cuando la carne esté tierna se saca con la espumadera, se limpia de huesos y se desmenuza, depositándola de nuevo en el caldero al fuego. Seguidamente se prepara una fritura con aceite, ajos, cebolla, pimentón, tomates, perejil y cominos. Cuando esté frito se le añade el vino y se echa dentro del caldero con el azafrán y las papas. Cuando las papas estén casi guisadas se agregan los fideos, se remueven y se dejan hervir unos minutos. Cuando se observe que están guisados, se aparta el rancho y se deja reposar un cuarto de hora. Se debe tener un calentador con caldo a fuego lento para ir añadiéndole al guiso en caso de que se espese demasiado.

Rancho canario selecto

(6 personas)

Ingredientes:

325 gramos de garbanzos de Lanzarote
5 litros de agua
125 gramos de aguja (carne de res)
1/4 kilo de costilla de cerdo
1/4 kilo de carne de gallina
100 gramos de chorizo curado del país
3 ramitas de tomillo
1/2 sobre de azafrán
4 dientes de ajo
1 cebolla pequeña
Sal
200 gramos de fideos gordos

Se ponen los garbanzos mondados a remojo el día anterior. En un caldero con cinco litros de agua caliente, se introducen la carne y los garbanzos previamente escurridos y lavados, el chorizo, el tomillo, el azafrán, los ajos pelados y majados, la cebolla, pelada y troceada, y la sal.

Se retira la carne, se le quitan los huesos y se desmenuza, introduciéndose de nuevo en el caldero con las papas, raspadas y partidas a gusto, y se dejan cocinar cinco minutos.

Antes de apartar el guiso se le añaden los fideos dejándolos hervir cinco minutos, al cabo de los cuales se apartan y se deja reposar durante quince minutos.

Rehogado de lentejas majorero doña Deogracia

Ingredientes:

3 litros de agua
1 kilo de lentejas
1/4 kilo de costilla de cerdo fresca
200 gramos de beicon
1 oreja de cochino fresca
1/4 litro de aceite
1 kilo de papas peladas
1 cebolla pelada
4 dientes de ajo
2 tomates maduros
2 cucharadas de pimentón
Sal

Se ponen en remojo las lentejas, se limpian y se ponen a cocer. Se añaden las carnes troceadas y se dejan hervir hasta que las len tejas se pongan tiernas.

Se doran las papas cortadas en cuadritos en el aceite y se le agregan. Se hace un refrito con el aceite sobrante y con la cebolla, los ajos y tomates todo pelado y troceado; cuando estén dorados se vuelcan en las lentejas, se le añade el pimentón y la sal. Se deja hervir 5 minutos, se retira y deja reposar.

Se sirve caliente en platos hondos.

Sancochado de rábanos

(Véase Sancocho en el nº 48 de voces)
(Plato típico de medianías)
(4 personas)

Ingredientes:

2 litros de agua
1 kilo de costillas frescas de cochino
200 gramos de tocino veteado
4 manojos de rábanos
2 kilos de papas pequeñas peladas
3 naranjas agrias
Sal

Se pone al fuego un caldero con dos litros de agua, junto con la carne partida, y se lleva a ebullición; a medio cocer la carne se le agregan los rábanos lavados y cortados, junto con las papas. Cuando éstas estén tiernas se apartan, se cuela el caldo que quede y se deja para amasar gofio en la cena.

Los rábanos se llevan solos en una bandeja a la mesa y las papas, carne y tocino se sirven en otra bandeja, además se ofrecen ondillitas de gofio acompañado de naranjas agrias partidas a la mitad, para que cada cual añada el zumo que desee a cada cucharada con un pizquito de gofio en polvo por encima, intercalado con cucharadas de carne y pedacitos de tocino.

Potaje de lentejas *(página 131)*

Sancocho de mixturas de hierbas, conocido por taco

(Véase Sancocho en el nº 48 de voces)
(Plato típico cumbrero)
(4 personas)

Ingredientes:

1/2 kilo de costillas de cerdo frescas
1/4 kilo de tocino
1/2 kilo de jaramagos
1/2 kilo de amapolas rojas
1/2 kilo de cerrajas
1/2 kilo de almirones
2 litros de agua
Sal
2 naranjas agrias partidas en cuatro trozos
2 ondillas con gofio

Las hierbas se lavan, se trocean y se ponen al fuego en un caldero junto con la carne y el tocino; se deja guisar y cuando todo esté tierno se retira y se sirve en una fuente. Una vez en los platos se extraen cucharadas de hierbas guisadas y se exprimen con un tenedor dejando caer el líquido en el plato, se le añade a la cuchara unas gotas de zumo de naranja, y con una cucharilla un poco de gofio y se come.

En la mesa se ponen las ondillas con gofio y una bandeja con la carne y el tocino para servirse, según el gusto, rociado con zumo de naranja agria.

Sopa a la reina, Conchita Parrilla

(Especial para invitados)
(6 personas)

Ingredientes:

150 gramos de garbanzos de Lanzarote
1/4 kilo de carne de res del país fresca
1/4 kilo de gallina del país
1/4 kilo de perdiz
1/4 kilo de pichón
1/4 kilo de baifo
1 cebolla pelada y partida en dos
Sal
3 rebanadas de pan de molde
2 huevos duros
1/2 taza de aceite
2 dientes de ajo picados
El hígado de la gallina, la perdiz y el pichón.
200 gramos de jamón serrano en cuadritos
1 pimpollo de hierbahuerto por cada plato

Los garbanzos se dejan en remojo el día anterior. Al día siguiente se mondan y se lavan. Se pone al fuego un caldero con cuatro litros de agua. Cuando esté caliente se introducen los garbanzos, la sal, todas las carnes y la cebolla; cuando las carnes estén tiernas se apartan.

Mientras se confecciona el guiso anterior, se prepara un picadillo de la siguiente manera; se rehogan los ajos y se frien los higadillos y también el pan y el jamón serrano.

Se mezcla todo con el huevo duro y se pone en una ondilla, esta es la guarnición de la sopa.

'El caldo se lleva a la mesa bien caliente, poniéndose en cada plato un pimpollo de hierbahuerto, sirviéndose en cada comensal parte de la guarnición según se desee.

Con las carnes y garbanzos sobrantes se puede confeccionar una sustanciosa Ropa Vieja, (véase receta).

Sopa de aguacates

(Gran Canaria)

Ingredientes:

2 aguacates medianos
3 cucharadas de mantequilla
1 cebolla
4 cucharadas de hojas de berros
2 cucharadas de harina
1 taza de leche
1 hoja de laurel
1/4 cucharilla de pimienta negra molida
Sal
2 tazas de agua

En una cacerola mediana se pone la mantequilla, y se rehoga la cebolla pelada y cortada en rodajas finas, luego los berros, se añade la harina, la leche, el laurel, la pimienta, la sal y agua. Se deja cocer quince minutos. Cuando los berros estén tiernos, se agregan los aguacates triturados previamente pelados. Se dejan al fuego unos minutos y se lleva a la mesa en sopera.

Sopa de almendras

(Valsequillo, Gran Canaria)
(4 personas)

Ingredientes:

300 gramos de almendras
1 tacita de aceite
1 cebolla pequeña
3 dientes de ajo
1/2 kilo de papas
2 tomates medianos
1/2 hoja de laurel
2 ramitas de tomillo
1/4 cucharilla de pimienta negra molida
1 tacita de aceite
3 litros de agua caliente
1 cucharadita de sal
1/4 sobre de azafrán
1 clavo

Se ponen en agua hirviendo las almendras y al minuto se escurren, se pelan, se muelen fino y se reservan.

En un caldero se pone el aceite y cuando esté bien caliente se introduce la cebolla pelada y picada con los ajos también troceados; cuando estén ligeramente dorados se añaden los tomates pelados sin semillas y picados, el laurel, el tomillo y la pimienta.

Obtenida la fritura se le añaden las papas, peladas y troceadas, y luego las almendras, moviendo hacia los lados el caldero para que unan los ingredientes. Se agregan los tres litros de agua caliente con la sal y se deja hervir a fuego medio; a los quince minutos se añade el azafrán y, cuando picando las papas con un tenedor se noten blandas, se aparta dejándolo reposar un cuarto sobre la plancha. Se lleva calentito a la mesa en sopera.

Sopa de aves silvestres doña Chicha

(Santa Lucía de Tirajana)

Ingredientes:

1 perdiz
2 codornices
1 paloma
1 tacita de las de café de garbanzos de Lanzarote
3 litros de agua
1 tomate sin piel ni semillas
1 cebolla pequeña pelada entera con una cortada
1/2 pimiento sin semillas
3 dientes de ajo pelados
2 zanahorias medianas
Sal
Unos pimpollos de hierbahuerto

Se ponen en remojo los garbanzos un día antes. Se les cambia el agua dos veces. Se despluman, flamean, limpian y lavan las aves. Se escurren los garbanzos, se lavan se depositan en un caldero con el agua caliente y se ponen al fuego; se agregan las aves con todos los ingredientes y se dejan hervir.

Se tendrá un calentador con agua hirviendo para que a medida que la sopa se reduzca añadirle la conveniente. Cuando las carnes estén tiernas se retiran del fuego y se pasa la sopa por un colador grueso. Lo que queda en el colador se deposita en una bandeja, se eliminan los huesos y la carne se reserva en un plato.

Se trocean las zanahorias y se mezclan de nuevo la carne y garbanzos, se echan en el caldero de la sopa y se pone al calor de la plancha.

Se pasa a una sopera y se lleva a la mesa. En cada plato se depositará un pimpollo de hierbahuerto y se vertirá la sopa, cuidando de repartir la carne y los garbanzos con equidad.

Sopa de buangos

(Véase Boango en el nº 59 de voces)

Ingredientes:

5 buangos grandes picados
4 litros de agua
1/2 tacita de aceite
1/2 cucharadita de sal gruesa
2 dientes de ajo picados
1 cebolla picada
3 huevos
3 ramas de cilantro
1 pan de matalahúva del día anterior

Se lavan y limpian los buangos, depositándolos en un caldero con cuatro litros de agua; se les añade el aceite, la sal y los dientes de ajo con la cebolla, todo crudo, pelado y picado y se pone al fuego durante cuarenta minutos. Se baten los huevos ligeramente añadiéndolos a la sopa, luego se pone el cilantro picado, se remueve, se retira y se deja reposar durante diez minutos.

Se coloca el pan hecho rodajas en los platos y se vierten sobre él uno o dos cucharones de sopa, según se desee, y se lleva a la mesa.

Sopa de fideos para abuelitos

Ingredientes:

4 litros de agua
1 pollo de 1 kilo
1/2 pichón
1 cebolla picada
4 dientes de ajo picados finitos
250 gramos de fideos
2 pimpollos de hierbahuerto
Sal
1 sobre de azafrán

Se pone el agua al fuego, se introducen las carnes, la cebolla, los ajos y la sal, y se deja hervir; cuando la carne esté tierna se le añaden los fideos, hierbahuerto y azafrán, se deja hervir 5 minutos, se retira y sacan las carnes, eliminando los huesos, se desmenuza, se agrega de nuevo a la sopa y se sirve calentita en platos hondos.

Se procurará repartir la carne en los platos por igual.

Sopa de lapas

(Agaete, Gran Canaria)
(8 personas)

Ingredientes:

1 kilo de lapas recién cogidas
4 litros de agua
1 cebolla mediana
2 dientes de ajo
3 tomates maduros medianos
1 ramita de tomillo
1/4 cucharilla de pimienta negra molida
Sal
4 ramitas de perejil
1 tacita de arroz
1/4 papelillo de azafrán

Se lavan las lapas y se ponen en un caldero al fuego con cuatro litros de agua; se deja guisar hasta que el molusco se desprenda de la concha. Entonces se retiran, se cuela el agua para otro caldero, se quitan las conchas, los moluscos se depositan en el agua y de nuevo se pone al fuego.

Se pone al fuego el aceite y cuando esté hirviendo se vierten la cebolla y los ajos muy picados. Se doran y se añaden los tomates, sin piel ni semillas, bien triturados. Se le da punto de fritura y se echa en el caldero de las lapas. Se agregan el tomillo, la pimienta y la sal. A los pocos minutos el perejil y el pimentón; se deja hervir unos minutos más, añadiendo el arroz y el azafrán. Se deja cocer y cuando el arroz esté blando se retira y se deja reposar un cuarto de hora. Se sirve en sopera.

Sopa de lechuga

(Del antiguo Hotel «Los Frailes»)

Ingredientes:

10 hojas exteriores de lechugas
6 papas nuevas de medio tamaño
3 litros de agua
1/2 taza de aceite
1 cucharadita de sal
1 cucharadita de azúcar
2 yemas de huevo
2 cucharadas de nata de leche
2 dientes de ajo
5 hebras de azafrán
6 rebanadas de pan bizcochado

Se lavan las hojas de lechuga, se trocean y se reservan. En un caldero se ponen a cocer las papas enteras con el agua, aceite, sal, azúcar, durante quince minutos. Se le agrega la lechuga picada y pasando un cuarto de hora se revisan las papas con una cuchara de madera; si están tiernas, se retiran y se trituran con espumadera; se echan de nuevo en el caldero, añadiendo el azafrán, y se dejan hervir despacio cinco minutos más. Se retiran del fuego, y se le ponen las yemas y la nata; se remueve bien y se sirve en sopera con rebanadas de pan tostado untado con ajo.

Sopa de marisco Toñita María

(Puerto de la Luz)

(Véase Burgado en el nº 56 de voces)

Ingredientes:

4 litros de agua
1 cebolla grande
1 tomate
1 pimiento verde
3 ramas de cilantro
1 cucharada de sal
1 cabeza y ventrecha de mero o cherne
12 lapas
1/4 kilo de burgados
500 gramos de almejas
500 gramos de mejillones
300 gramos de gambas
2 calamares pequeños
1 sobre de azafrán
2 pimpollos de hierbahuerto

Se ponen en una olla el agua, la cebolla entera pelada, el tomate sin piel ni semilla, el pimiento lavado entero, el cilantro, la sal, el pescado entero y los calamares cortados en ruedas. Se pone al fuego y cuando los calamares estén tiernos se retira la olla y se cuela el contenido recogiendo el caldo en un caldero. Se apartan los calamares, se quitan las espinas del pescado y éste se agrega al caldo. Todo el marisco, previamente lavado, se le añade también al caldo junto con el azafrán y el hierbahuerto. Se coloca de nuevo al fuego y se deja hervir hasta que los mejillones se abran. Se retira, se sacan los moluscos, se eliminan las conchas o caracoles y se vierten en la sopera junto con el caldo.

Se sirve en platos hondos con los tropezones repartidos.

Sopa navideña canaria

(Siglo XIX)
(4 personas)

Ingredientes:

1/2 gallina
2 pichones de 15 días
2 tórtolas
1 cebolla mediana
2 dientes de ajo
2 tomates medianos
2 pimpollos de hierbahuerto
Sal
2 panes de desayuno del día anterior

Se limpian las aves de plumas y tripas, se flamean, se colocan en un caldero con agua suficiente para cubrirlos y se ponen a hervir con todos los ingredientes en crudo —incluido el hierbahuerto y la sal— excepto el pan. Cuando con un tenedor se pinche la carne y se encuentre tierna, se retira del fuego, se aparta ésta y se cuela el caldo, pasandolo de nuevo al caldero. El pan se hace pedacitos y se reparte en cuatro escudillas. Se pone el caldo de nuevo al fuego y antes que rompa el hervor, se vierte en las escudillas y en ellas se desmenuza y comparte la carne sobrante.

Se lleva a la mesa acompañada de pedazos de queso tierno de cabra.

Este plato se acostumbra servir las mañanas del día de Navidad y puede confeccionarse con gallina solamente.

Tumbo de puchero

(Véase Tumbo en el nº 61 de voces)

Ingredientes:

3 rodajas de pan duro por persona
3 cucharadas de aceite
3 dientes de ajo

Se cuela lo sobrante del puchero en colador grueso y se pone al calor de la plancha. Lo que queda en el colador se libera de huesos y se reserva. Se pone la sartén al fuego con el aceite y los ajos, hasta que se doren; se añaden los garbanzos y la carne y se deja dorar todo, sirviéndose caliente. Se ponen 3 rodajas de pan en cada plato, se les añade un cucharón de caldo caliente a cada uno, se deja esponjar el pan y se sirve como primer plato; de segundo, lo frito. También con el tumbo puede confeccionarse una magnífica Ropa Vieja (véase receta), siguiendo el sistema indicado para colar lo sobrante.

Carnes

Conejo en salsa Carmita Sánchez *(página 162)*

Arroz a lo Grancanario

(Del antiguo y desaparecido Hotel Santa Brígida)
(5 personas)

Ingredientes:

125 gramos de burgados
1/2 taza de aceite de oliva
3 dientes de ajo
1/2 cebolla mediana picada
1 pimiento rojo hecho tiras
1/4 kilo de tomates maduros, sin piel ni semilla
125 gramos de carne de res limpia, en trocitos
250 gramos de carne de cerdo limpia, en trocitos
250 gramos de conejo en trozos
125 gramos de carne de perdiz
125 gramos de carne de paloma en trozos
100 gramos de jamón serrano picado
Buquet con laurel y tomillo
1 litro de caldo del día
1/2 taza de aceite
1/2 kilo de arroz
125 gramos de habichuelas, partidas en dos
1 sobre de azafrán en rama, machacado
1/2 cucharilla de pimentón
1 clavo molido
3 ramas de perejil picado

Se hierven los burgados y a la hora se sacan del caracol con un alfiler, dándoles la vuelta en sentido inverso a su espiral. Si salen con facilidad, se extraerán uno a uno y se reservan en un plato.

En una cazuela plana, se pone el aceite y se van rehogando un ajo, cebollas, pimientos y tomates. En una sartén se sofríen todas las carnes y se vierten en la cacerola con el jamón y el laurel; una vez bien rehogado, se le añade el caldo, dejándose hervir hasta que las carnes estén a medio cocer.

Aparte, en una sartén se sofríen los otros dos dientes de ajo con aceite, y se saltea el arroz, se vierte en la cazuela con las habichuelas que se pone primero a fuego fuerte, luego despacio; se le agregan los burgados, el azafrán, perejil, clavo y pimentón. Se cuece durante 12 minutos, dejándolo reposar durante otros cinco.

Se lleva a la mesa en el mismo recipiente.

Arroz con pollo a lo canario

(Procedente de la antigua y desaparecida Fonda de Efigenita, Santa Lucía de Tirajana)
(6 personas)

Ingredientes:

3 cucharadas de mantequilla
2 dientes de ajo pelados y picados
1 cebolla blanca pelada y picada
1 pollo de 1 kg, en trozos
200 gramos de costilla de cochino, en trozos
200 gramos de arvejas tiernas (guisantes)
1/2 kilo de tomates pelados sin semilla
3 tazas de arroz
6 tazas de agua
300 gramos de almejas
300 gramos de mejillones
1 sobre de azafrán en rama
1 pimiento rojo, asado y pelado
1 pimiento amarillo, asado y pelado
Sal

En una cazuela grande se rehoga con mantequilla el ajo, la cebolla, las carnes y los tomates; después se sofríe el arroz, previamente lavado, y se vierte todo en la cazuela, se le añade el agua hirviendo y las arvejas; se deja cocer diez minutos; se le agregan luego las almejas, mejillones y azafrán majado y se deja cinco minutos más. Finalmente se decora con los pimientos asados y cortados en tiras, dejándolo 3 minutos en reposo, tapado con papel graso.

Se lleva a la mesa en la misma cazuela.

Asado de carne

(8 personas)

Ingredientes:

2 kilos de carne limpia de res (vena o contra)
100 gramos de tocino
5 granos de pimienta negra
1 cabeza de ajo
1 pedacito de canela en rama
2 cebollas medianas en trozos
2 tomates en trozos
El zumo de un limón
1 vaso de aceite de oliva
1 vaso de vino generoso
2 tazas de caldo de carne
Sal

Se limpia la carne de posibles telillas, se depositan en un recipiente y se prepara una salmuera, según el gusto. Se deja en ella una hora. El tocino se corta en tiras finas y se introducen en la carne con un cuchillo de punta fina. Lo mismo se hará con la mitad de los dientes de ajo y la canela. Se ata bien con un hilo a fin de que no expulse los ingredientes. Se coloca en una placa de hornear, añadiéndole el resto de los ajos majados, el zumo de limón, el aceite, la cebolla y los tomates. Se introduce en el horno a fuego medio para que se rehogue, luego se le añade el vino y se deja reducir un poco; entonces se le agrega el caldo. De vez en cuando se riega con la propia salsa. Se le da la vuelta. Cuando le falte poco a la carne se ponen al horno las papas peladas y cortadas en trocitos. Cuando estén guisadas se retiran, se le quitan los hilos a la carne y se presenta en una bandeja o cazuela de barro, cortada en rodajas, junto con las papas y la salsa colada sobre aquéllas.

Baifo compuesto

(Véase Baifo en el nº 62 de voces)

Ingredientes:

3 kilos de baifo
1 vaso de aceite
1/2 pan de matalahúva en rebanadas
1/2 manojito de perejil
1/2 taza de caldo de puchero
1/2 vaso de vino blanco
El zumo de medio limón
Sal
4 dientes de ajo

Se trocea el baifo y se pone en una cacerola, añadiéndole un majado de ajos, las rebanadas de pan frito, perejil, vino y zumo de limón; se deja rehogar, luego se pone el caldo y se revisa de sal, se deja guisar.

Se presenta en bandeja honda con la salsa, acompañado de papas sancochadas.

Baifo en adobo

(Véase Baifo en el nº 62 de voces)
(8 personas)
(Antigua fonda de Rubén, Aldea de San Nicolás)

Ingredientes:

2 kilos de carne de baifo de 20 días
1 pimienta colorada sin semilla
2 cabezas de ajos peladas y machacadas
1 cucharada colmada de orégano machacado
1 cucharada de sal gruesa machacada
1 taza de aceite de oliva
1 taza de vinagre
1 manojo de tomillo
2 hojas de laurel
1 taza de aceite
1 vaso de vino blanco

Se trocea la carne y se pone en una cacerola. Aparte se majan los ajos con la sal, añadiéndoles orégano, pimienta, tomillo, laurel, aceite, vino y vinagre. En este adobo se deja el baifo en maceración durante 24 horas. Se sacan los trozos de carne y se fríen. El adobo se hierve y se añade a la carne.

Se sirve con papas arrugadas o sancochadas.

Esta fórmula se puede emplear también para carne de cochino o machorra.

Baifo frito a la canaria

(10 personas)
(Véase Baifo en el nº 62 de voces)

Ingredientes:

1 bafio de 4 a 5 kilos
2 tazas de aceite de oliva
1 cabeza de ajos
2 pimientos rojos
1 hoja de laurel
1 poquito de tomillo
2 clavos
1 taza de vino blanco
1 litro de agua
Sal

Se corta en trozos el baifo, y, después de lavarlo bien, se fríe ligeramente, reservando un trozo de hígado que ha de quedar más frito. Se coloca la carne en una cacerola. Aparte en una sartén se fríen los ajos. Se echan en la cacerola de la carne el aceite y los ajos, luego los pimientos y se rehoga junto con el laurel, tomillo, clavos y vino; una vez rehogada se le agrega el agua, dejándolo cocer hasta que la carne esté tierna.

En ese momento se retira del fuego y se le añade el hígado majado. Se sirve con papas sancochadas.

CARNES

Carne a la reina Conchita Parrilla

(Para invitados de honor)

Ingredientes:

700 gramos de centro cuadril de ternera en lonchas
3 dientes de ajo pelados y picados
1 cebolla pelada y picada
Sal
1/2 vasito de aceite
1 corteza de limón
1/4 tacita de agua
2 tomates maduros sin piel ni semillas, picados
1 vaso de vino Malvasía seco
1 hoja de laurel
La punta de una cucharilla de pimienta negra
1/2 kilo de papas
200 gramos de melocotones pasas
200 gramos de champiñones
1 manojo de berros picados

Se colocan las lonchas de carne en una cazuela y se le añaden la cebolla, ajo, sal, la pimienta y laurel; se deja en maceración 4 horas. Se pone la sartén al fuego con el aceite y se le agrega la corteza del limón, y cuando ésta empiece a quemarse se retira. Se saca la carne del adobo y se pone en la sartén. Cuando comience a dorarse se le añade el agua y se deja guisar. Cuando el agua se reduzca, se le agregan los tomates y se doran, añadiéndoles el vino y media tacita del adobo. Se deja a fuego hasta que la carne esté a punto y, sin dejarla pasar, se retira.

Se sirve guarnicionada con rodajas de papas sancochadas, melocotones pasas, hervidos y hechos trocitos, con los champiñones también troceados y los berros.

Carne compuesta al estilo conejero

(4 personas)

Ingredientes:

1 kilo de carne de res limpia
4 dientes de ajo
1/2 cucharilla de sal
4 ramitas de perejil
2 cucharadas de vinagre
1 cucharilla de pimentón
1 rabillo de pimienta negra molida
1/2 cucharadilla de orégano
1 taza de caldo
1/2 vaso de aceite
1 cucharada de pan bizcochado molido
Sal

Se trocea la carne y se deposita en un caldero bajo. Se pelan los ajos y se majan con la sal y el perejil. Se enjuaga el almirez con el vinagre y se vierte todo sobre la carne; se le pone el pimentón, la pimienta negra, el orégano y la tacita de caldo; se revuelve todo muy bien y se deja reposar media hora.

Se deja la sartén al fuego con el aceite y cuando esté hirviendo se pone la carne a freír. Una vez dorada, se escurre y se pone de nuevo en el caldero. Al adobo que quedó se le añade el pan molido, se revuelve, se le pone el caldo, se prueba de sal, se echa sobre la carne y se coloca al fuego. Cuando al pinchar con el tenedor la carne, se encuentre tierna, se aparta y se deposita en una fuente ; se sirve con papas sancochadas.

Carne compuesta al estilo isleño

(4 personas)

Ingredientes:

1 kilo de carne de res
1/2 taza de aceite de oliva
2 cebollas medianas
6 dientes de ajo
1 vaso de vino blanco
1/2 litro de caldo
1 hoja de laurel
2 ramas de tomillo
6 tomates pequeños
10 aceitunas sin hueso
3 granos de pimienta negra
1 cucharada de harina

Se trocea la carne en dados grandes, se saltea con aceite y reserva. Con el aceite sobrante se rehogan los ajos y cebollas pelados y fileteados. Una vez rehogados, se unen a la carne, añadiendo el vino; se deja reducir a la mitad y luego se le pone el caldo, la harina, laurel, tomillo y pimienta; se cuece durante 60 minutos. Seguidamente se le ponen los tomates, sin piel ni semillas, enteros, y las aceitunas sin hueso, hervidas previamente. Se deja cocer lentamente para que no se deshagan los tomates. Se sirve con papas sancochadas.

Carne compuesta de cabra

(Fuerteventura)

Ingredientes:

3 kilos de carne de cabra (costilla y pata)
1 cabeza de ajos
2 cebollas medianas picadas finas
3 tomates sin semillas y pelados
1 litro de vino blanco
1 kilo de papas para arrugar
2 litros de agua
Sal
1/2 litro de aceite
1 sobre de azafrán

Se corta la carne en trozos regulares, se dora en una sartén con un poco de aceite y se coloca en una cacerola.

Se hace una fritura con media cabeza de ajos, cebolla y tomate; se vierte en la cacerola añadiéndole el vino y la sal; se deja rehogar. Luego, se le pone el agua y se deja cocer a fuego lento. Finalmente, se hace un majado con el resto de los ajos, el sobre de azafrán y tres cucharadas de aceite, y se agrega a la carne. Se sirve con papas arrugadas.

CARNES

Carne de cochino a la cazuela de Taburiente

(La Palma)
(4 personas)

Ingredientes:

800 gramos de lomo de cochino fileteado
400 gramos de tomates pelados sin semilla
15 aceitunas del país partidas a la mitad, sin huesos
6 cucharadas de ron madre
6 cucharadas de mantequilla
3 tacitas de vino blanco palmero
3 dientes de ajo
1/4 cucharilla de pimienta negra molida
3 cucharadas de harina
Sal

La carne, cortada en filetes, se sala, se espolvorea de harina y se dora en una sartén con mantequilla. Aparte, en una cacerola con mantequilla, se hace la salsa con ajo y tomate, añadiéndole luego la carne, las aceitunas, pimienta, ron y vino; se deja hervir durante 15 minutos.

Se sirve en su propia salsa con papas nuevas sancochadas.

Carne de cordero en salsa

(4 personas)

Ingredientes:

1 kilo de carne de cordero
1/2 vaso de aceite
1/2 kilo de cebollas
4 dientes de ajo
1 vaso de vino blanco del monte
3 zanahorias medianas
1/2 kilo de papas
Sal
1 cucharilla de perejil picado

Se trocea la carne en pedazos medianos, se pone al fuego la sartén con el aceite y, cuando esté caliente, se añade la carne; se deja dorar y se aparta. En una cacerola se rehoga la cebolla y el ajo picado, se pone en ella la carne y se le añade el vino. Se reduce a la mitad y se le echa agua hasta que cubra la carne. A los 30 minutos se le coloca la zanahoria y por último se le ponen las papas peladas y la sal; se deja cocer. Al cuarto de hora se apartan, se les pone perejil picado y se sirve.

Carne en adobo con mojo

(Plato cumbrero para el día de la muerte del cochino. Gran Canaria)

Ingredientes:

PARA EL ADOBO:

1/2 asadura de cochino
300 gramos de carne limpia de cochino
200 gramos de tocino veteado
1 cabeza de ajos
Sal
4 ramitas de tomillo
1 hoja de laurel
1 cucharadita de orégano
La punta de la cucharilla de pimienta negra molida
1 cucharada de pimentón
1 tacita de vinagre

PARA EL REFRITO:

1/2 tacita de aceite de oliva
1 cebollas medianas picadas finas
4 tomates pelados y sin semillas
8 dientes de ajo picados
1 cucharadita rasa de pimentón
3 especias
2 clavos
4 pimientas negras
1/2 pimienta colorada
1/2 tacita de vino blanco

Se corta la carne en trozos regulares. Se deposita en una ondilla grande de cristal y se añade la cabeza de ajos machacada, sal, tomillo, laurel, orégano, la pimienta, el pimentón y el vinagre. Se revuelve bien y se deja hasta el día siguiente.

Para el refrito, se utilizan todos los ingredientes, excepto el vino y la pimienta. Se pasa la carne a una cazuela, se le añade el refrito con media tacita de adobo, se mezcla todo y se pone al fuego. Cuando rompa a hervir se le añade el vino y se deja guisar. Antes de retirarlo del fuego se añade la pimienta y se aparta.

Se sirve en la propia cazuela, acompañado de papas y batatas sancochadas. De las papas y batatas se tomarán las necesarias para amasar el gofio.

Cazuela canaria

(Original de Tafira. Gran Canaria)

Ingredientes:

1/2 kilo de carne sobrante del puchero
1/2 kilo de garbanzos sobrantes
3 ramitas de perejil
1/2 kilo de papas nuevas
1 pan de matalahúva del día anterior
1 tacita de aceite de oliva
3 dientes de ajo fileteados
1 pimiento verde
2 pimpollos de hierbahuerto
2 tazas de caldo sobrante
Sal

La carne y los garbanzos sobrantes de una sopa se extraen del caldo y se ponen en dos platos por separado.

Se desmenuza la carne y se coloca en una ondilla, se mezclan el perejil y el ajo fileteado con los garbanzos, y se apartan.

Se pelan, lavan y hacen rodajas de tres centímetros las papas, que se dorarán suavemente en la sartén con el aceite y el ajo, reservándose en un plato con el ajo picado.

Se corta el pan en rodajas y se deja en una bandeja. En una cazuela se pone una capa de papas doradas y encima otra de pan, sobre la cual se extiende otra de carne y garbanzos; se sigue el orden hasta colocar todo en la cazuela bien distribuido. El pimiento se lava y se limpia de semillas, haciendolo tiritas que se pondrán encima de la última capa junto con los pimpollos de hierbahuerto.

Se le añade despacio una taza de caldo caliente, se sazona de sal y se riega bien el contenido de la cazuela. Se pone al fuego y cuando rompa a hervir se baja la llama; si se nota que la sustancia se endurece se le añade más caldo caliente hasta conseguir unas sopas algo claras. Se sirve en platos hondos.

Cazuela de gallina don Mateo

(Por su antigüedad, este plato está considerado genuinamente canario)

Ingredientes:

1 gallina joven de 2 kilos
1/2 taza de aceite
2 rodajas de pan duro
El hígado de la gallina
3 dientes de ajo majados
2 cebollas peladas y picadas
2 tomates sin piel ni semilla
1 rabillo de canela molida
1/2 vaso de vino Malvasía seco
1 vaso de caldo
Sal
2 ramitas de tomillo
2 yemas de huevo
El zumo de medio limón.
2 pimientas negras
2 clavos majados

Se limpia la gallina, se trocea y coloca en una cazuela. En una sartén se pone el aceite, se fríen el pan y el hígado, se majan y depositan en un plato. En el mismo aceite se hace un refrito con ajos, cebollas y tomates.

Cuando esté todo hecho, se vierte en la cazuela con el majado, clavos, canela y vino; se deja reducir, luego se le agrega el caldo y el tomillo, se tapa y se deja cocer despacio.

Cuando pinchando la carne con un tenedor se encuentre tierna, se retira. Las yemas se baten con el zumo del limón y se vierten sobre la carne, moviendo la cazuela hacia los lados. Se deja reposar en la plancha caliente y se sirve acompañado de papas sancochadas.

Cochinillo al horno a la «moda» de Alfonsito el panadero

(Santa Lucía de Tirajana)

Ingredientes:

1 cochinillo de 5 kilos
200 gramos de sal gorda
3/4 litro de vino Malvasía seco
1/4 kilo de manteca de cerdo
200 gramos de ajos pelados
4 sobres de cominos
1 manojo de perejil picado
3 sobres de pimienta negra
1 1/2 pimienta quemona con semillas y venas
200 gramos de pimentón
1 vaso de aceite
Zumo de 1 1/2 limones

Limpio el cochinillo se coloca en una bandeja de hornear, se soba por fuera y dentro con la sal y un cuarto de litro de vino; se reparte la manteca en la bandeja y se mete en el horno. A las dos horas se saca y se baña por dentro y fuera con un majado hecho con los ajos, cominos, perejil, pimienta, pimentón, aceite, el resto del vino y el zumo de limón. Se mete de nuevo en el horno, rociándolo de vez en cuando con su propia salsa. A las dos horas se comprueba con tenedor; si no suelta sangre, se retira, se le coloca un lacito encarnado al cuello y se presenta en la mesa acompañado de papas sancochadas.

Es costumbre muy antigua, antes de sacarlo del horno, ponerle cerca del hocico varias manzanas del país, para, una vez asadas, servir a cada comensal una si lo desea.

Compuesto de riñones de la casa del pastor

(4 personas)
(Tejina de Guía de Isora, Tenerife)

Ingredientes:

1 kilo de riñones de ternera
1/2 taza de vinagre del país
1/2 taza de agua
1 vaso de vino blanco de Taganana
1 hoja de laurel
1 cabeza de ajo medio machacada
1 cebolla en cuatro pedazos
3 ramas de perejil picado
2 granos de pimienta negra
1/2 cucharadita de pimentón
2 cucharadas de manteca de cerdo
Sal

Se limpian los riñones y se cortan en cuadritos; se dejan en una ondilla con agua y vinagre unas dos horas; luego se escurren. Se ponen en una cacerola con el vino, ajos, cebolla, pimienta, pimentón y media taza de agua, a fuego lento, dejándolo reducir a la mitad . Se sacan los riñones y se doran en manteca. El jugo donde ha cocido se pasa por un colador y se hierven dos minutos.

Se sirven con papas sancochadas, espolvoreadas con perejil picado.

CARNES

Conejo con almedras

(Plato gomero)

(4 personas)

Ingredientes:

1 conejo de aproximadamente 2 kilos
1 taza de almendras peladas, tostadas y molidas
100 gramos de manteca de cerdo
2 cebollas de tamaño regular
4 tomates grandes
4 rodajas de pan frito
4 dientes de ajo
4 ramitas de perejil
8 granos de pimienta negra
2 vasos de vino Malvasía seco
1 taza de caldo del día
2 capullitos de orégano
Sal

Se limpia el conejo, reservando el hígado y se parte en ocho trozos regulares, se dora suavemente en la manteca y se coloca en una cazuela.

Se ponen las almendras en agua hirviendo un minuto, se pelan, muelen y se apartan.

En la manteca que quede, se doran las cebollas picadas y los tomates, pelados y sin semilla, que también se dejan en un plato.

Se hace un majado con el pan frito, los ajos, el perejil, la pimienta negra y el hígado. Se une esto con el vino, el caldo, las cebollas y los tomates; se vierte en la cazuela bañando la carne y se pone al fuego. A los diez minutos de estar hirviendo se le añaden las almendras molidas y cuando se compruebe que la carne está tierna se retira del fuego y se pone el orégano. Debe tenerse un poco de caldo caliente para añadírselo en caso de que la sala se espese demasiado.

Se sirve con rodajas de papas fritas en la misma cazuela.

Nota: La manteca de cerdo puede sustituirse por un vaso de aceite de oliva.

Conejo en adobo

Ingredientes:

1 conejo de 1 1/2 kilo
5 dientes de ajo
1 vaso de aceite
1 pimienta picona
Sal
1 cucharadita de pimentón
1 cucharada de orégano
1 vaso de vino blanco

Se limpia el conejo, se hacen trozos pequeños y se depositan en una cazuela. Se pelan y majan los ajos con la sal y la pimienta picona sin semilla. Se revuelven bien con un poco de vinagre en el almirez y se vierte sobre la carne. En el mismo almirez se pone el pimentón y el vino. Se añade el orégano, se revuelve todo y se echa en la cazuela. Se deja en maceración 12 horas, y al día siguiente se fríen los trozos con abundante aceite para que se guise la carne. Se pone a hervir el adobo y se añade a la carne.

Se sirve con papas arrugadas.

Guiso de pollos *(página 167)*

Conejo en salsa Carmita Sánchez

Ingredientes:

1 conejo de 1 kilo
1/2 taza de vinagre
1/2 taza de agua
1 cucharada de orégano
Sal
6 ramas de perejil picado
1/2 cabeza de ajos
1 taza de aceite de oliva
2 cucharadas de harina
1 cucharada de mantequilla
1 copa de vino Malvasía seco
1 rabillo de pimienta negra molida
El zumo de medio limón

Se limpia el conejo, se trocea y coloca en un lebrillo, agregándole el vinagre, agua, orégano, sal, perejil y los ajos majados. Se deja en maceración hora y media, se retira y se pone en una cacerola con el aceite a fuego vivo y se cuece ligeramente. Se retira del fuego, se espolvorea con harina y se aparta. En la misma cacerola y aceite donde se rehogó la carne, se ponen la mantequilla, el vino, sal, pimienta y limón; se remueve todo, se une a la carne y se pone de nuevo a fuego lento durante media hora, revolviendo para que se guise uniformemente.

Se retira y se sirve con papas sancochadas.

Conejo en salsa de cazador

(Artenara, Gran Canaria)

Ingredientes:

1 conejo de 1 1/2 kilo
1 cabeza de ajos
1 cebolla grande
1 tomate mediano
1 ramita de tomillo
3 ramitas de perejil
2 hojas de laurel
1 copita de coñac
1 taza de vino blanco del monte
1 taza de aceite de oliva
1/2 cucharadita de orégano
Sal

Se trocea la carne, se lava en una salmuera suave y se coloca en un caldero de material refractario, se le quita la piel a la cabeza de ajo y se escacha ligeramente; se pela la cebolla y se le hacen unos cortes; se depositan ambas cosas en el caldero de la carne con el tomate partido en dos, el tomillo, el perejil y el laurel enteros; por último se le añade el vino y el coñac, se revuelve con cuchara de madera y se cuece por espacio de 10 minutos. Se aparta la carne y se reserva la salsa. Se pone el aceite en una sartén a fuego medio, se dora la carne suavemente y se coloca en una cazuela.

La salsa que sobró se pasa por el pasapuré y se añade a la carne agregándole el orégano. Se prueba de sal, se deja cocer y, cuando está guisado, se sirve en la misma cazuela con papas arrugadas.

Conejo en salsa majorera

Ingredientes:

1 conejo de 1 1/2 kilo
1 cabeza de ajos
Sal
1 cucharadita de pimentón
1/2 cucharilla de orégano
1 tacita de aceite
1/2 taza de vinagre
1 tacita de mojo picón
1 vaso de vino Malvasía seco
1 hoja de laurel
3 ramitas de tomillo
1/4 sobre de azafrán
1 taza de caldo de papas o de carne

Se pelan y majan bien los ajos en un mortero, junto con la sal; se le añade el pimentón, orégano y el aceite. Se remueve todo añadiéndole el vinagre y tendremos el adobo que se dejará en un lebrillo. Se trocea la carne, se deposita en el lebrillo del adobo y se deja en maceración hasta el día siguiente cuando se dora la carne ligeramente y se pone en una cazuela.

Se le agregan el mojo picón, el vino, laurel, tomillo, azafrán y el caldo, de modo que la carne quede cubierta por la salsa. Se pone al fuego y a los 20 o 25 minutos se comprueba si está tierna. Se sirve en la propia cazuela con papas nuevas sancochadas.

Costillas de cochino con millo

(Origen conejero, Lanzarote)
(4 personas)

Ingredientes:

1 kilo de costillas frescas
4 piñas de millo tiernas en rodajas
1/4 litro de aceite
1 vaso de vino Malvasía seco
1 cebolla mediana
1/4 kilo de zanahorias
Unos granos de pimienta negra
Una pizca de albahaca
Una pizca de nuez moscada
2 cucharadas de harina
Sal

En una sartén con un poco de aceite se doran ligeramente las costillas, saladas y espolvoreadas de harina; se sacan y se reservan. En un caldero, se hierven durante diez minutos las piñas y se dejan pendientes. En una cacerola se rehoga la cebolla cortada en tiras, con las zanahorias, en rodajas finas. Una vez rehogado se añaden las costillas, las piñas y el vino, dejándose reducir; luego se le agrega parte del agua de las piñas, granos de pimienta, albahaca y nuez moscada. Cuando la carne esté tierna se retira y se coloca en el centro de una bandeja en cuyo borde se pondrán las rodajas de piña.

Costillas de ternera a la naranja agria

(Para 6 personas)

Ingredientes:

1 1/2 kilo de costilla de ternera
Sal
Pimienta negra molida
1 cebolla picada
2 dientes de ajo machacados
4 ramitas de perejil picadas
1/2 tacita de aceite de oliva
El zumo de 2 naranjas agrias

Se le hace unos cortes a la costilla, se coloca en una placa de hornear con sal y pimienta y se introduce en el horno. Aparte, en una ondilla se mezcla cebolla, ajo, perejil, aceite y zumo de naranja agria; con esto se riega la ternera, dejando que se dore en el horno, regándola de vez en cuando con su propio jugo con una cuchara.

Se sirve con papas doradas.

Estacas

(Muy antiguo)

Ingredientes:

1 kilo de carne cuadril cortada en tiras gruesas
1 tacita de vino blanco del Monte
1 taza de aceite de oliva
1 pizca de pimienta negra molida
2 cebollas cortadas en rodajas
1 tacita de caldo del día
4 dientes de ajo
2 rebanadas de pan
4 ramas de perejil picado
2 cucharadas de mantequilla

En una cazuela con aceite se rehogan los ajos y la cebolla; aparte se dora en mantequilla la carne. Se junta todo en la cazuela, aña diéndole sal, pimienta y vino; se deja reducir tapado y luego se le agrega el caldo. Cuando está casi guisada la carne, se le ponen unas papas pequeñas doradas y se le agregan las rebanadas de pan frito majado junto con el perejil picado. Cuando esté a punto se retira.

Se sirve en la misma cazuela.

Gallina rellena

(8 personas)

Ingredientes:

1 gallina de 1 1/2 kilo
1/2 kilo de ternera
6 ramitas de perejil
1 1/2 cebolla mediana
4 granos de pimienta negra
100 gramos de tocino
1 pizca de nuez moscada
2 huevos duros
1 copita de coñac
1 zanahoria
2 tomates
1 hoja de laurel
1 ramita de tomillo
1 1/2 cabeza de ajo
1 vaso de vino Malvasía seco

Una vez limpia de plumas la gallina y flameada, se abre por el lomo desde la cabeza hasta la cola y se deshuesa.

Aparte se muele la carne de ternera con media cabeza de ajos y el perejil; la media cebolla, rehogada previamente con aceite, y el tocino bien molido.

Se sazona de sal y pimienta, añadiéndole la nuez moscada y el coñac. Se comienza a rellenar la gallina. Los huevos duros cortados en cuartos, se colocan en el centro del relleno. La envolvemos en un paño dándole forma de cilindro. Con los huesos de la gallina y una cebolla cortada, zanahoria, tomates, laurel, tomillo, ramitas de perejil, la cabeza de ajo y el vino, se hace un caldo con agua abundante y se deja hervir durante media hora. Se deja enfriar un poco, se introduce en él la gallina y se pone a guisar durante dos horas, se saca y se prensa. Cuando se enfríe estará lista para servir fría o caliente con guarnición.

Gandinga de caldo

(Plato especial para el día de la muerte del cochino)
(Véase Gandinga en el nº 63 de voces)

Ingredientes:

6 litros de agua
2 kilos de pecho de cochino del día
2 kilos de costilla de cochino del día
1 kilo de espinazo
Los pulmones
1 cebolla entera con un corte al centro
1 tomate entero sin semilla
3 dientes de ajo aplastados
1/4 cucharilla de cominos (sobados con la palma de la mano)
1/2 pimiento colorado partido en dos, sin semilla
1 sobre de azafrán
1 vaso de vino Malvasía seco
Sal
Pimienta.

PARA MOJO:
1/4 kilo de ajos
1 pimiento rojo
1 sobre de cominos, machacados
1/2 botella de aceite
1 vaso de vinagre del país
Sal
2 panes duros para las sopas hechos rodajas
1 pimpollo de hierbahuerto para cada plato

En un caldero se pone el agua al fuego y cuando rompa a hervir, se vierten las carnes y huesos; a los diez minutos de estar hirviendo se le añaden los ingredientes y se deja cocer. Mientras, se prepara el mojo machacando todos los ingredientes en el almirez, se les agrega el aceite y vinagre, removiéndose todo y pasándose a una ondilla.

Cuando la carne esté cocida, se retira y en el mismo caldero se lleva a la mesa, donde los convidados que intervienen en la degustación de las carnes del cochino estarán esperando. La dueña de la casa, en solemne ritual, retirará las carnes del caldero, y con tenedor y cucharada de madera irá distribuyéndolas entre los invitados. Al marido le corresponde poner el gofio en el lebrillo, con un pimpollo de hierbahuerto y un pedazo de pimienta quemona; ella verterá cucharones de caldo, que él parsimoniosamente irá removiendo sin parar, con cuchara de madera, hasta obtener una masa suave, en cuya superficie hará, al terminar, una cruz, clavando la cuchara en su centro.

El mojo se dejará en la mesa para que cada cual vierta sobre la carne la cantidad que desee.

Terminada la primera vianda, el marido irá colocando rodajas de pan en cada plato y la señora dejando caer en ellos cucharones de caldo.

Terminado este condumio, se pasa al tercer plato, denominado GANDINGA EN SALSA. (Véase la receta siguiente).

Gandiga en salsa

(Véase Gandinga en el nº 63 de voces)

Ingredientes:

2 kilos de costillas frescas de cochino
El hígado del animal picado
2 cebollas finamente picadas
4 tomates sin piel ni semilla, picados
1 vaso de vino Malvasía seco
3 granos de pimienta negra majada
3 clavos majados
1 hoja de laurel
1 ramita de tomillo
2 cucharadas de pimentón
Sal
200 gramos de almendras tostadas peladas
150 gramos de pasas

Se pican la carne y el hígado por separado; se pone la carne en una cacerola, agregándole todos los ingredientes excepto las almendras y las pasas; se colocan al fuego, removiendo con cuchara de madera. Cuando la carne esté a medio hacer, se añaden el hígado y las almendras; se sigue removiendo hasta que la carne esté tierna; entonces se le añaden las pasas, se aparta, se deja reposar y se lleva a la mesa acompañada de papas sancochadas.

Es costumbre que el marido sirva la carne y la mujer las papas.

Guiso de pollo doña Luisa

Ingredientes:

1 pollo fresco de 1 kilo
2 cucharadas de harina
1 taza de aceite
2 cebollas medianas picaditas
1 tacita de caldo del día
1 cabeza de ajos con un corte lateral
1 hoja de laurel
1 taza de vino Malvasía seco
3 granos de pimienta negra
Sal
6 hebras de azafrán

Se trocea el pollo, se sazona, se espolvorea de harina, se fríe un poco y se coloca en la cacerola. Aparte se sofríe la cebolla y se añade a la carne, se le agrega el vino y reduce; luego se le incorpora el caldo y la cabeza de ajo, se tapa y se deja a fuego moderado para que hierva despacio junto con el laurel, sal, pimienta y azafrán previamente majado; se deja a fuego lento y con un tenedor se pincha la carne; si está tierna se retira y se lleva a la mesa en cazuela o bandeja, con papas nuevas sancochadas.

Guiso de pollos

Ingredientes:

2 pollos de 1 kilo cada uno
1/4 litro de aceite de oliva
1 rebanada de pan
1 cebolla mediana picada
1 tomate hecho rodajas sin semilla
2 dientes de ajo
Sal
2 clavos
4 granos de pimienta negra
1 vaso de vino Malvasía seco
1 taza de caldo
1 sobre de azafrán

Se limpian los pollos, se separan los menudillos y se trocea cada cuarto en dos. Se pone la sartén al fuego con aceite, se dora la carne y se pasa a un caldero plano; en el mismo aceite se doran los menudillos y el pan, y se reservan. Se fríen la cebolla y el tomate y se agregan al pollo. Aparte se majan los ajos en el mortero con sal, los menudillos, el pan, pimienta, clavos y se vuelca en el caldero del pollo dejándolo rehogar y añadiéndole vino. Se deja cocer durante cinco minutos, luego se le pone el caldo y el azafrán , y se deja hacer 15 minutos más.

Se retira y se sirve con papas sancochadas.

Guiso majorero de carne de cabra

Ingredientes:

2 kilos de carne de cabra
1 taza de aceite de oliva
1 cebolla
1 cabeza de ajos
1/4 kilo de zanahorias
4 tomates medianos
2 vasos de vino blanco
1 hoja de laurel
La punta de una cucharilla de orégano
1 ramita de tomillo
Papas pequeñas

Se trocea la carne y se coloca en un recipiente con el aceite, la cebolla cortada a cuadros, los ajos picados, zanahorias en trozos grandes, y los tomates pelados sin semilla; se deja cocer suavemente. Se le añade el vino, laurel, orégano y tomillo hasta que reduzca. Se le pone un poco de agua y se deja hervir durante una hora. Por último, cuando esté casi cocida, se le añaden las papas peladas enteras. Cuando éstas estén guisadas, se retira y se sirve.

Lambreado de carne

(Muy antigua)

Ingredientes:

1/2 taza de aceite
1 kilo de carne de res (aguja) en trozos
La miga de un pan del día anterior
1 tacita de vino generoso
4 dientes de ajo
4 granos de pimienta negra
Sal
1 tacita de caldo del día
3 ramitas de tomillo
1 hoja de laurel
Azafrán en rama

En una cacerola se rehoga la carne en trozos con el aceite. Aparte se majan los ajos en el mortero con sal y pimienta y se añaden a aquélla, junto con el pan previamente esponjado en vino; se añade luego el caldo, el laurel, el tomillo y el azafrán majado.

Cuando la carne esté tierna se sirve en su salsa con papas sancochadas o doradas.

Lascas de convento

(4 personas)

Ingredientes:

1 kilo de carne limpia de res
3 gramos de pimienta negra
Sal
4 cucharadas de manteca de cerdo
2 cucharadas de harina
1 cucharada de mantequilla
3 ramitas de perejil picado
1 cucharadita de vinagre
1 taza de caldo

La carne se corta en lascas semifinas; se machacan la pimienta y la sal y se espolvorean sobre la carne.

Se pone en la sartén la manteca al fuego, las lascas de carne se espolvorean con harina, se doran y se apartan. Se deposita la mantequilla en un caldero bajo, se coloca la carne y se le añade el perejil, el vinagre y el caldo; se calienta unos minutos a fuego lento y se aparta.

Se sirve en una bandeja con papas nuevas sancochadas.

Nota: La manteca de cerdo puede sustituirse por una tacita de aceite de oliva.

Mojo de cochino al estilo de la familia Naranjo Rivero

(La Calzada, Tafira, Gran Canaria)

Ingredientes:

PARA EL ADOBO:

650 gramos de carne de cochino
200 gramos de tocino veteado
1 kilo de asadura (hígado de cochino)
6 dientes de ajo pelados y majados
2 pimpollos de tomillo
1 hoja de laurel
1 cucharadita de orégano
1 tacita de vinagre
1/2 cucharadita de pimienta negra molida
1 cucharada de pimentón
1 pimienta quemona
Sal

PARA EL MOJO

1/2 tacita de aceite de oliva
1 cebolla grande colorada de Lanzarote
6 tomates medianos
6 dientes de ajo pelados y majados
1 cucharadita de pimentón
1/2 cucharadita de nuez moscada rallada
2 clavos
4 pimientas negras molidas
1 pimienta quemona sin venas, corazón ni semillas (si se quiere el mojo más fuerte se añade entera)
1 tacita de agua
1/2 tacita del adobo anterior
1/2 vaso de vino Malvasía seco

Se trocea la carne, el tocino y la asadura. Se introducen en un caldero de material refractario, se agregan los ajos, tomillo, laurel, orégano, vinagre, pimienta negra molida, pimentón, pimienta quemona y la sal. Se deja en maceración durante doce horas. Pasado este tiempo se saca del caldero y se pasa a otro del mismo material y se añade el mojo.

El mojo, se vierte todo en la cazuela donde está la carne y se pone al fuego hasta que se compruebe que la carne está guisada.

Se sirve con papas sancochadas y una pella de gofio grande, para tomar de ella la cantidad que se desee.

Orejas de cochino frescas rebozadas

(3 personas)

Ingredientes:

4 orejas de cochino
2 huevos
8 cucharadas de leche
4 cucharadas de harina
2 ajos picados
2 cucharaditas de perejil picado
Sal

Se lavan las orejas y después de limpias se guisan. Cuando se observe que están tiernas, se retiran del fuego, se hacen trocitos de tres centímetros y se rebozan de la forma siguiente: se baten bien claras y yemas, se añaden la leche, la harina, los ajos, el perejil y la sal. Se remueve de nuevo y en ello se van mojando los cuadritos de oreja, que se fríen en aceite bien caliente.

Pan de conejo

Ingredientes:

1 conejo de 1 kilo
1 cebolla pelada en rodajas
3 dientes de ajo pelados y picados
1/2 taza de aceite
1/2 taza de vino
2 cucharadas de vinagre
1/4 cucharada de pimienta negra molida
1 hoja de laurel
50 gramos de tocino picado
100 gramos de miga de pan desmenuzado
2 huevos
Sal
2 cucharadas de mantequilla
1 clavo

Se deshuesa el conejo y se pone a macerar con la cebolla picada, los ajos, el aceite, el vino, el vinagre, el clavo, la pimienta negra, el laurel, el tocino y la pimienta. Al día siguiente se saca la carne del macerado y se reserva éste. Se muele la carne con el tocino, se le agrega la miga de pan, los huevos batidos y sal; se mezcla bien y se pone al baño maría en un molde rectangular o redondo, previamente untado de mantequilla, durante una hora y media a horno moderado. Se pincha con un tenedor para observar que la sangre ha desaparecido y que el jugo es blanco. De esta forma estará listo para servir.

Se hierve la maceración que se reservó, añadiéndole un poco de caldo y el jugo que suelta el molde; se sirve en salsera.

Ropavieja *(página 178)*

Pastel de aves

(Antiguo hotel Santa Catalina)

Ingredientes:

1 gallina de 2 kilos
Aceite
Cebollas picadas, hechas rodajas
Tomates, sin piel ni semilla
Perejil
Pimienta negra molida
Clavo
Canela
Caldo del día
Sal

Se limpia la gallina y se parte en cuartos. Se pone al fuego un caldero con el aceite, se doran las cebollas, tomates, perejil, pimienta y clavo. Se fríe todo muy bien, se pone la carne y se guisa con el caldo. Se retira y cuando esté fría se hace pedazos pequeños y quitan los huesos. Se tendrá preparado un hojaldre (véase receta) y se coloca en un molde, previamente untado de mantequilla. Se introduce la carne, se cubre con el hojaldre, se pone al horno y cuando esté dorado se retira y se sirve.

Pasteles del alcalde

(Receta del siglo XIX. Barrio de Vegueta, Las Palmas de Gran Canaria)

Ingredientes:

2 manzanas francesas medianas
250 gramos de carne magra de res
2 clavos
1/2 cucharadita de canela molida
230 gramos de manteca de cerdo
La ralladura de un limón pequeño
460 gramos de pasas de Corinto
2 tacitas de las de café de azúcar
1 copa de ron de Arucas
150 gramos de dulce de sidra
Azúcar glas
Hojaldre (Véase receta)

Se pelan las manzanas, se les quita el corazón, se pican finito y se ponen en una ondilla. Se cuece la carne, se pica y se une a las manzanas; se les añaden los clavos majados, la canela, la manteca de cerdo, el limón, las pasas, el azúcar y el ron. Se amasa todo y se deja reposar una hora. En el momento de poner esta mezcla en el hojaldre, se le añade el dulce de sidra picado muy finito.

Con esta mezcla se rellena el hojaldre. Se preparan los moldes de lata o barro, se untan con manteca de cochino y en su interior se coloca el hojaldre procurando que quede bien adherido para que tome su forma. En el hueco que queda en la parte superior del molde se cubre con una tapaderita de hojaldre y se pinta con huevo batido. Se ponen al horno y cuando estén dorados se retiran y espolvorean con un poco de azúcar glas.

Pata de cordero mechada

Ingredientes:

1 pata de cordero
1 cabezas de ajo pelada
1 lata de anchoas en aceite
Sal
Unos granos de pimienta negra
Pimienta negra molida
1 cucharada de harina
1 cucharada de mantequilla
1 tacita de caldo de papas

Se filetean los ajos de una de las cabezas y se depositan en un plato. Cada anchoa se parte en dos y se colocan en otro plato. Se limpia la pata de cordero y se golpea por los dos lados. Se le hacen unas incisiones profundas con la punta de un cuchillo y se van introduciendo en ellas, con puntero de madera, la mitad de cada anchoa, con un pedazo de ajo, una chispita de sal y pimienta negra. Terminada esta operación se guarda en la nevera durante doce horas envuelta en un paño. Al día siguiente se pelan el resto de los ajos y se depositan en un calentador con agua al fuego; cuando rompa a hervir, se tira el agua y se vuelven a poner al fuego con otra agua que estará hirviendo; a los pocos minutos se retiran los ajos, se machacan y se dejan pendientes.

En una sartén se rehoga una cucharada de harina en mantequilla a fuego lento, se le añade el caldo, sal, los ajos machacados y la pimienta. Esta salsa se reserva. Se coloca la pata en bandeja de hornear y se pone al horno durante una hora a temperatura media regándola de vez en cuando con su propia grasa. Se pincha con tenedor y cuando no salga sangre y esté tierna, se saca del horno, se riega con la salsa y se pone de nuevo al horno, dejándose unos minutos hasta que tome color dorado por fuera; luego se retira. Se sirve fría o caliente, cortada en lascas con papas sancochadas o fritas.

Esta fórmula vale también para pata de cerdo al horno, sin mechar.

Perdices compuestas

(Desaparecida Fonda de Tajeda)

Ingredientes:

3 perdices
1 taza de aceite
6 lonchas de tocino finas
6 lonchas de jamón
2 cebollas pequeñas
2 zanahoria
1 vaso de Malvasía seco
La punta de una cucharadilla de pimienta negra majada
La punta de una cucharadilla de sal
5 ramas de perejil picado

Se limpian las perdices, se ponen en una sartén con el aceite al fuego, se doran y se apartan; se colocan en una cazuela, se cubren con las lonchas de tocino y jamón, las cebollas y las zanahorias en rodajas y el vino. Se ponen a fuego lento tapadas. Se les agregan la pimienta, la sal y el perejil picado y cuando las perdices estén tiernas se apartan y se dejan al calor para servirlas calientes en la propia cazuela.

CARNES

Picadillo de cordero o baifo

(Véase Baifo en el n.º 62 de voces)

Ingredientes:

1 menudillo de baifo o cordero (corazón, hígado, riñones y pulmones). Si el menudillo resultara muy deslucido se aumenta con carne de costillas del mismo animal
2 cebollas medianas picadas finas
4 tomates, sin piel ni semillas, picados
1 pimiento picado
6 dientes de ajo
6 ramas de perejil
1 pimienta colorada
Sal
1/2 vaso de vino blanco
1/2 taza de aceite
1/2 cucharadita de pimentón
2 ramitas de tomillo
2 clavos
3 granos de pimienta negra
1 cucharadita de orégano

Se limpia el menudillo y la carne. Se corta en trozos pequeños y se deposita en un caldero. Se le añaden las cebollas primero y luego los tomates y el pimiento.

Se majan los ajos, el perejil, la pimienta colorada, y la sal. Se vierte sobre la carne.

En el almirez donde se ha hecho el anterior majado, se ponen el vino y el aceite; se revuelve bien con el pimentón y se vacía en el caldero con el tomillo. Todo en crudo se pone al fuego y se revuelve con cierta frecuencia con una cuchara de madera. A los quince minutos se le añaden los clavos y la pimienta negra. Si a la media hora se comprueba que la carne está tierna, se le añade el orégano y se retira del fuego. Se sirve en cazuela, acompañado de papas arrugadas.

Nota: Si se desea más picante puede añadirse un trocito de pimienta quemona.

Pichones en leche de almendras

(Isla del Hierro)

Ingredientes:

3 pichones
3 cucharadas de mantequilla
3 zanahorias en rodajas finas
50 gramos de beicon veteado
2 granos de pimienta negra
1/2 taza de leche de almendras dulces

En un cacerola se rehogan con mantequilla el beicon, las zanahorias y los pichones con sal, dándoles vuelta tapados. Una vez termina da esta operación, se agrega la pimienta y la leche de almendras, y se deja reducir la salsa a la mitad.

Se sirve con papas nuevas.

Pichones en salsa para recién paridas

(4 personas)

Ingredientes:

4 pichones
1/2 vaso de aceite
1/2 litro de caldo de puchero
Sal
2 clavos
2 granos de pimienta negra
1 pedacito de canela en rama
1/2 pan de matalahúva migado

Los pichones, limpios y flameados, se doran en la sartén cuando el aceite esté caliente, dándoles la vuelta despacio. Se colocan en un caldero, se les añade el caldo y se sazonan de sal. Se les ponen el resto de los ingredientes y se vierte la salsa para espesarla.

Se sirven con papas troceadas en cuadritos pequeños, dorados y enjugados en la misma salsa.

Pollitos a la canaria

(8 personas)

Ingredientes:

2 pollitos de 1 kilo cada uno
2 cucharadas de mantequilla
1 cabeza de ajos
1 cebolla mediana
1 ramita de tomillo
1 hoja de laurel
Un poquito de nuez moscada rallada
2 granos de pimienta negra
2 cucharadas de harina

Se ponen los pollos enteros al fuego, con agua suficiente para cubrirlos. Cuando estén cocidos se apartan y se reserva el agua donde se hirvieron.

En una sartén con mantequilla se refríen los ajos enteros, la cebolla picada, el tomillo, el laurel, la nuez moscada y la pimienta negra entera; se añaden los pollos y se les dará la vuelta; cuando estén dorados se retiran. Con la espumadera se extraen los ingredientes del refrito, se trituran en el mortero y se mezclan bien.

Se pone la carne en un caldero, se vierte el majado, encima de la carne y sobre ella se deja caer la mantequilla que quedó en la sartén, se espolvorea harina y se le añade un litro del caldo de hervir los pollos. Se deja cocer unos minutos y se aparta. Se presentan partidos en cuartos o medios, acompañados de arroz blanco.

Este mismo compuesto puede emplearse para pichones.

Pollo al romero Concha Ramírez

(Santa Lucía de Tirajana)

Ingredientes:

1 pollo de 1 kg
1/2 vaso de aceite
1 vaso de vino Malvasía seco
1 cabeza de ajo entera con un corte lateral
1 limón en rodajas
1 taza de caldo del día
5 pimpollos muy tiernos de romero
1/2 kilo de papas pequeñas peladas
Sal

En una placa de hornear se coloca el pollo cortado en cuartos, con sal, aceite y la cabeza de ajo. Se introduce en el horno durante diez minutos para que se dore, se le añaden las papas, el romero y limón; a los cinco minutos se le agrega el vino y se deja reducir en el horno a temperatura media; se le pone el caldo y se revisan el pollo y las papas. Cuando esté todo guisado se sirve con su jugo.

Pollo conejero doña Piedad

(Isla de Lanzarote)

Ingredientes:

1 pollo de 1200 gramos
1 tacita de aceite
3 cebollas de Lanzarote, muy picaditas
2 dientes de ajo, pelados y picados
5 tomates pelados y sin semilla
1/4 cucharilla de pimienta negra molida
3/4 litro de vino Malvasía seco
100 gramos de almendras fileteadas y tostadas
50 gramos de pasas
1 cucharada de piñones
Sal

Se limpia el pollo, se trocea y se pone en una cacerola con el aceite, la cebolla, los ajos y los tomates; se doran y se le añade la sal, la pimienta y el vino. Se tapa y se deja guisar a fuego lento. Un poquito antes de ponerse tierna la carne se le añaden las almendras, los piñones y las pasas. Se retira del fuego y se sirve caliente, con papas sancochadas o doradas.

CARNES

Pollos al limón

(Antiguo Hotel Los Frailes)

Ingredientes:

2 pollos del país frescos de 1 kilo cada uno
Sal
3 cucharadas de harina
1 taza de aceite
2 cebollas peladas
200 gramos de jamón serrano
1 taza de vino Malvasía seco
3 cucharadas de caldo del día
2 limones pequeños pelados en rodajas
1/2 taza de coscorrones (pedacitos de pan frito)
5 ramitas de perejil picado

Se limpian los pollos, se trocean, y se espolvorean con harina. En una sartén se doran un poco con todo el aceite, se pasan al colador grueso para que escurran y se depositan en una cacerola. En el mismo aceite se preparará un refrito con la cebolla y el jamón picados. Una vez rehogados se les añade el vino y luego el caldo; se agregan las rodajas de limón y se vierte en la cacerola sobre la carne. Se hierve y se introduce posteriormente en el horno. Se revisa y, cuando le falten dos minutos, se le ponen los coscorrones y el perejil.

Se sirve en cazuela.

Rollos de carne Conchita Parrilla

Ingredientes:

1 kilo de carne de res
100 gramos de almendras
50 gramos de pasas de Corinto
2 huevos
1 cucharada de mantequilla
4 granos de pimienta negra
Sal
1 taza de caldo
Aceite
1/2 taza de harina
2 cebolletas picadas finas

Se hierven las almendras, se pelan, se tuestan y luego se muelen. Se ponen en una ondilla y se mezclan con las pasas, huevos, pimienta negra molida y mantequilla, removiendo con cuchara de madera. La carne se corta en filetes pequeños y bien aplastados. Sobre cada uno de ellos se coloca una porción de la mezcla anterior. Una vez colocado el relleno, se enrollan y se atan con un hilo. Se espolvorean con un poco de harina y se doran en aceite caliente. Aparte, en una cacerola, se rehogan las cebolletas con un poco de aceite, luego se coloca la carne, se le añade el caldo y se pone a fuego lento.

Una vez guisada, se le quitan los hilos y se sirve con papas sancochadas o doradas.

Ropa vieja

(4 personas)

Ingredientes:

1/4 kilo de carne sobrante del cocido
2 zanahorias cocidas sobrantes del cocido
1/2 kilo de garbanzos sobrantes del cocido
1 kilo de papas
Aceite de oliva
6 dientes de ajo
1 pimiento pequeño
1 cebolla mediana
3 tomates maduros
1/2 cucharadita de pimentón
Unas ramitas de perejil picado
Tomillo y laurel
Sal

La carne y las zanahorias se trocean en cuadritos y se reservan, junto con los garbanzos.

Se pelan las papas, se lavan, se cortan en la misma forma y se dejan pendientes. Se prepara una fritura en una cacerola baja con el aceite.

Cuando esté caliente, se le ponen dos ajos, el pimiento y la cebolla, todo pelado y picado. Cuando estén sofritos se añaden los tomates pelados, sin semilla y picados, el pimentón y el perejil. Un poco antes de dorarse se pone el tomillo y el laurel. Por último, las papas, que se dejarán freír un poco. Mientras, en una sartén con poca aceite se fríen dos ajos y cuando estén dorados se vierten los garbanzos, se doran un poco y se vuelcan en la cacerola. Aparte se fríen la carne y las zanahorias con un poquito de sal; se mezclan con el resto y todo junto se deja al fuego unos segundos y se retira. Se lleva a la mesa.

Ropa vieja

(Segunda variante. Original de Agüimes)

Ingredientes:

PARA UN KILOGRAMO SOBRANTE:
1/2 kilo de papas en cuadraditos
1 taza de aceite
6 dientes de ajo pelados y picados
2 cebollas medianas peladas y picada
1/2 pimiento rojo picado
4 tomates grandes, sin piel ni semillas
1 cucharadita de pimentón
1/2 vasito de vino Malvasía seco
1 ramita de tomillo muy picadito
Sal

Las carnes sobrantes del puchero se limpian de piel y de huesos. Se desmenuzan y se ponen en un caldero con los garbanzos y las papas previamente fritas.

Se rehogan cuatro ajos en un caldero con media taza de aceite; se añade la cebolla y el pimiento, y cuando se doren se agregan los tomates, pimentón, vino y tomillo. Una vez refrito todo se retira. Se pone al fuego el resto del aceite con los dos ajos sobrantes y cuando estén dorados se van friendo a fuego lento la carne, papas y garbanzos. Se les pone un poquito de sal y se espolvorea el tomillo.

Se mezcla bien y se lleva a la mesa en cazuela.

Salmorejo de carne de cabra

(Isla de Fuerteventura)
(8 personas)

Ingredientes:

3 kilos de carne de cabra
1 litro de vino blanco
1 cabeza de ajos
1 sobre de cominos
2 cucharadas de pimentón
1/2 cucharada de orégano
5 ramas de perejil picado
1/4 litro de aceite
1 decilitro de vinagre
1/2 taza de agua
Sal
5 rodajas de pan

En un mortero se trituran los cominos, ajos, orégano, perejil, aceite, vinagre, pimentón y agua. La carne troceada se pone en este a dobo y se deja asi durante veinticuatro horas. Se escurre y se fríe en aceite reservando un trozo de hígado.

La carne frita se coloca en una cacerola y se le añade el vino, dejándolo reducir. Se le añade el adobo y se deja a fuego lento hast a que la carne esté cocida.

Se fríen el hígado y las rodajas de pan; se machacan en el mortero y se agregan a la carne. Se sirve en cazuela o platos, en su jugo .

Solomillo de ternera relleno

(Puerto de la Cruz, Tenerife)

(8 personas)

Ingredientes:

1 solomillo de res
150 gramos de carne de cerdo molida
150 gramos de jamón serrano en tiras finas
150 gramos de almendras molidas
2 huevos duros picados
Manteca para untar
El zumo de un limón
Sal
1 cebolla picada
1 vaso de vino Malvasía
1 vaso de caldo del día

Se mezclan la carne molida, el jamón, las almendras y los huevos duros; con esto se rellena el solomillo.

La carne se estira y se abre desde la cabeza a la punta para ponerle el relleno, se cierra y se ata con un hilo. Se coloca en una placa untada con manteca, se rocia con zumo de limón y se le pone sal y la cebolla.

Se mete al horno normal durante diez minutos, dándole la vuelta. Cuando esté un poco dorado se le pone el vino y cinco minutos más tarde el caldo. Se deja en el horno quince o veinte minutos más. Se comprueba con un pincho de acero o aguja larga, si está, según el gusto, muy hecho o poco hecho. Se sirve en rodajas, procurando que no pierda su forma.

La salsa se presenta colada en una salsera y se acompaña con papas nuevas sancochadas aparte.

Guarniciones

Papas arrugadas a lo tradicional *(página 188)*

Arroz con millo tierno

Ingredientes:

4 piñas grandes de millo
4 dientes de ajo pelados
1 cebolla pelada
1/2 tacita de aceite
4 tomates maduros, sin piel ni semillas
1 pedacito de pimienta quemona
2 sobres de azafrán
Sal
400 gramos de arroz
3 ramitas de perejil picadas

Con cuchillo de sierra se desprenden los granos de las piñas y se apartan.

Los carozos se hierven en un litro de agua, se cuela y se deja en la plancha para mojar el arroz. Se coloca la cacerola en el fuego con el aceite, se rehogan dos ajos picados, la cebolla también picada y los tomates triturados; una vez hecho, se le agrega el millo, el caldo de los carozos, la pimienta, el azafrán majado y la sal. A medio cocer el millo, se le añade al arroz, dejándolo al fuego 15 minutos más. Se majan los dos dientes de ajo sobrantes junto con el perejil y se agregan al arroz; pasados unos segundos se aparta, se deja reposar cinco minutos y se sirve.

Arroz con verduras

Ingredientes:

1/2 kilo de arroz
1 zanahoria
100 gramos de habichuelas
1/2 lechuga
Sal
1/2 taza de aceite de oliva
4 dientes de ajo
1 cebolla mediana
1 pimiento
2 tomates sin piel ni semilla

Se pican las verduras en dados pequeños y se ponen a hervir en agua y sal durante 12 minutos, procurando que queden algo duras; se reserva el agua.

En una cacerola se vierte el aceite y, a fuego lento, se rehogan los ajos, la cebolla, el pimiento y los tomates, todo bien picado. Cuando está todo frito se pone el arroz, previamente lavado, las verduras cocidas y el agua que sobró de la cocción anterior; se deja hervir durante un cuarto de hora y cinco minutos de reposo.

Boangos con carne de puchero al horno

(Gran Canaria)
(4 personas)
(Véase Boango en el nº 53 de voces)

Ingredientes:

- *1 kilo de papas medianas*
- *2 cebolletas tamaño regular*
- *4 tomates medianos*
- *1 kilo de boangos*
- *4 dientes de ajo*
- *1 tacita de aceite*
- *3 ramitas de perejil*
- *Sal*
- *Sobrantes de carne de puchero molida*
- *4 huevos*
- *2 tazas de caldo del puchero*

Se pelan las papas, se lavan y se cortan en rodajas; igual se hace con las cebollas, tomates y boangos (sin pelar).

Se pelan los ajos, se doran en aceite y se majan en el almirez con el perejil y la sal. Se coloca en una cazuela una capa de papas y sobre ellas otra de boangos mezclados con rodajas de tomates y cebollas. Se sigue el orden de capas hasta colocar todas las rodajas , se le añade el aceite que sobró de dorar los ajos y se le agrega el caldo del puchero.

Se pone la sartén al fuego con otro aceite y se sofríe la carne. Se retira y se vierte junto con el majado en la cazuela sobre las papas. Se introduce la cazuela en el horno a calor regular y antes de estar blandas las papas se baja la temperatura, se saca y se colocan en la superficie los huevos uno a uno, procurando que no se estalle la yema. Se dejan unos minutos en el horno para que se cuajen y se sirve en la misma cazuela.

Bolitas de papas

Ingredientes:

- *1 kilo de papas*
- *3 huevos*
- *1/2 cebolla*
- *3 ramitas de perejil*
- *2 granos de pimienta negra*
- *1/2 cucharadita de pimienta blanca*
- *1 cucharada de manteca de cerdo o mantequilla*
- *Sal*
- *200 gramos de pan rallado*
- *1 taza de aceite*

Se sancochan las papas con la sal, se trituran en una bandeja honda y se les añaden dos yemas batidas, la cebolla molida, el perejil majado, las pimientas y la manteca. Se revuelve bien hasta formar una masa uniforme. Se le pone sal, manteca y se hacen bolitas en forma de huevos pequeños.

Se baten las claras que sobraron y un huevo; en ese batido se introducen una a una las bolitas, luego se envuelven en el pan rallado y se fríen en la sartén con el aceite bien caliente. Se sacan, se ponen sobre un papel absorbente y se colocan en una bandeja; con ellas se decoran los platos de carne o pescado.

Budín de papas

Ingredientes:

1 kilo de papas peladas
1/2 cucharada de sal gruesa
125 gramos de mantequilla
250 gramos de azúcar
1 vaso de Malvasía seco o generoso
8 yemas de huevos
La ralladura de un limón
1 cucharadita de canela

Se colocan las papas en un caldero, se cubren con suficiente agua y media cucharada de sal gruesa y se ponen al fuego. Se retiran cuando pinchándolas con un tenedor se noten tiernas. Se escurren y se trituran en una bandeja honda; se les añade la mantequilla, el azúcar, el vino, las yemas una a una, limón y canela, y se mezcla todo bien.

Aparte, se baten las claras a punto de nieve y se le mezcla con lo anterior, se pasa a una bandeja de hornear, se pone en el horno a calor moderado y cuando esté dorado se retira y se sirve en trozos como guarnición de carne o pescado.

Compuesto de papas

(Receta obtenida en Santa Cruz de Tenerife)

Ingredientes:

1 kilo de papas
1/2 vaso de aceite
4 dientes de ajo
1 ramita de tomillo
1 hoja de laurel
4 ramitas de perejil
1/2 vaso de vino Malvasía seco
1/2 vaso de azafrán
1 taza de caldo
1/2 cucharilla de orégano
1/2 cucharilla de azúcar
4 huevos duros

Se pelan y se lavan las papas; si son grandes, se parten en dos o cuatro pedazos. Se pone la sartén al fuego con el aceite y se doran. Cuando alcancen este punto se sacarán del aceite con una espumadera y se depositan en un caldero mediano.

Tomando parte del aceite se ponen a freír los ajos pelados y majados, el tomillo, el laurel, el perejil picado y la sal. Cuando el refrito esté a punto, se le añade el vino, se revuelve, se le pone el azafrán, mezclándolo bien y se vuelca sobre las papas; luego se le añadirá el caldo y el azúcar, moviéndose el caldero de derecha a izquierda. Se pone al fuego, se agrega el orégano y, cuando las papas estén tiernas, se retiran, y se colocan en una bandeja con su salsa. Se sirve con rodajas de huevos duros por encima.

Croquetas casino

Ingredientes:

150 gramos de mantequilla
1/2 cebolla picada fina
150 gramos de harina
Sal
Pimienta
Nuez moscada
1 litro de leche
1 kilo de pescado, preferible cabrillas
2 yemas de huevo
Aceite para untar
Pan bizcochado molido

En un caldero se funde la mantequilla y se fríe la cebolla. Se añade la harina, removiendo con cuchara de madera, y se sazona con las especias (muy poca cantidad); se agrega la leche hirviendo y se pone sobre la plancha hasta que se despegue de las paredes del caldero. Se añade el pescado, cocido y desmenuzado, y finalmente se le ponen las yemas; se vuelca en una placa previamente untada de aceite. Cuando la masa esté fría se irán extrayendo pequeñas porciones y con la mano se forman las croquetas que se van pasando por claras de huevo y luego por el pan bizcochado molido.

En una sartén con abundante aceite se doran dos dientes de ajo que se retiran cuando estén fritos; se fríen las croquetas, dándoles la vuelta hasta que estén bien doradas. Se retiran y se sirven calientes.

Con igual proporción de ingredientes y forma de hacerlo se pueden confeccionar croquetas de carne, jamón, huevos, etc., muy prácticas para servirlas en reuniones, invitaciones, etc.

Croquetas de cherne salado a lo don Mateo

Ingredientes:

1/2 kilo de pescado salado guisado
3 papas medianas
1/2 vaso de leche
2 huevos
6 ramas de perejil picado
1 pizca de pimienta negra molida
3 cucharadas de pan bizcochado molido
Aceite
Sal

Se pelan las papas, se lavan y se colocan en una calentador con agua suficiente para cubrirlas y un poquito de sal; se ponen al fuego y cuando estén sancochadas se retiran, se escurren, y se trituran en una ondilla. Se desmenuza el pescado y se añade a las papas, se le une la leche y una yema; se amasa y se le agregan el perejil y la pimienta. Se mezcla todo removiendo bien, se se toman porciones con una cuchara y se van formando las croquetas. A la clara sobrante se le añade un huevo y se bate todo junto; en ello se introducen las croquetas una a una y luego se envuelven en pan bizcochado, se ponen en la sartén con aceite caliente, se les da vuelta y cuando estén doradas se colocan en una bandeja con papel absorbente.

Esta fórmula es aplicable a cualquier otra variedad de pescado, aunque no sea sobrante.

Habichuelas compuestas

Ingredientes:

1/2 kilo de habichuelas
1 cabeza de ajos picados
100 gramos de mantequilla
1 cucharada de pimentón
2 cucharadas de vinagre
2 huevos

Se le quitan las hebras a las habichuelas, se lavan, se colocan en un caldero y se guisan. Se retiran del fuego cuando pinchándolas con un tenedor se notan tiernas, y se escurren.

Aparte, en una sartén con mantequilla, se fríen los ajos, se le añade el pimentón y el vinagre, se le ponen las habichuelas, se saltean y finalmente se le añaden los huevos batidos dejándolas al fuego unos minutos.

Se sirven en cazuelas o platos individuales.

Papas arrugadas a la marinera

(Puerto de la Luz, Gran Canaria)

Ingredientes:

Callao de playa
1 kilo de papas pequeñas
1/2 taza de sal

En Gran Canaria las papas comunmente utilizadas para arrugar son las llamadas «bonitas» por su forma redondeada y tamaño uniforme; o tras similares son las del «ojito» rosado del país, todas uniformemente pequeñas y fáciles de adquirir en el mercado; otra es la conocida papa negra de Tenerife, llamada también de crema por su color amarillento en el interior.

En una playa de callao se eligen unas cuantas piedras planas de tamaño mediano, llamadas en nuestras islas «callao de playa», y se lavan con agua de mar.

En un caldero de hierro o de otro material grueso, se coloca una capa de papas sin pelar, se cubre con una capa de sal no muy espesa y sobre ella se coloca otra de callao. Se seguirá este orden hasta colocar y cubrir todas las papas procurando que la última camada sea de callao. Se dejan sobre el fuego a media llama hasta que estén secas y blandas. Se comprobará este último extremo pinchándolas con un tenedor para ver cómo están.

Se retiran del fuego y se van sacando según se vayan necesitando.

Típicamente se consumen con mojo picón.

Si la recolección del callao es dificultosa pueden cocerse con tres centímetros de agua de mar poniéndolas al fuego sin añadirles sal. En lo demás se siguen las mismas instrucciones que en la receta anterior.

Papas arrugadas a lo tradicional

(Plato regional originario de Tenerife)

Ingredientes:

2 kilos de papas de yema (vulgarmente conocidas por papas negras de Tenerife)
1 taza de sal común
Agua

Se eligen las papas de tamaño pequeño. Se lavan muy bien y se depositan, sin pelar, en un caldero. Se le pone agua hasta que alcance solamente dos o tres centímetros de altura, partiendo del fondo del caldero, y se añade la sal. Se pone a fuego vivo y cuando rompa el hervor se baja la llama, se cubre con un paño grueso y sobre él se coloca la tapa del caldero.

Cuando se haya evaporado el agua, y para obtener un arrugado perfecto, se agita el caldero con las dos manos de arriba abajo. Se retira y se dejan unos minutos las papas tapadas con el paño. A esto se le llama dejarlas sudar. Se van sacando del caldero según se necesitan para que no se enfríen.

Se comen calientes con mojo picón o mojo verde.

Papas panaderas

(8 personas)

Ingredientes:

2 kilos de papas peladas y cortadas a 1/2 cm de grueso
1 cebolla grande pelada hecha rodajas
1 cabeza de ajos pelados y filetados
1 taza de aceite
1 cucharadita de pimentón
La punta de una cucharadita de pimienta blanca molida
1 hoja de laurel
1 ramita de tomillo
Sal
1 taza de agua
1 cucharadita de perejil picado

Se colocan las papas, la cebolla y los ajos de la forma descrita, en una bandeja de horno y se rehogan con el aceite sazonada con el pimentón y pimienta; se le agrega el laurel, el tomillo, sal y agua.

Se mete en el horno hasta que las papas estén doradas. Al sacarlas se les espolvorea el perejil y se sirven para acompañar, preferentemente, carnes y pescados.

Papas rellenas

(8 personas)
(Este gustoso plato requiere mucha atención, tiempo y habilidad)

Ingredientes:

2 kilos de papas medianas, todas del mismo tamaño
Sal
1 taza de aceite de oliva
6 dientes de ajos picados
2 cebollas medianas picadas
1/2 pimiento pequeño picado
4 tomates grandes picados
1/2 kilo de carne de restos de cocido (molida)
200 gramos de almendras peladas y molidas
2 huevos
6 ramitas de perejil picado
1 rabillo de cucharilla de pimienta blanca
2 cucharadas de maicena
Mantequilla
1/2 vaso de vino blanco
1 taza de caldo

Se pelan las papas y se les quitan una lasca por debajo al objeto de que se asienten en el fondo del recipiente; se vacia su interior por la parte de arriba con una cucharilla para colocarle el relleno. Se dejan al fuego cubiertas de agua y sal durante dos minutos, se sacan, se pone a escurrir boca abajo y sin dejarlas enfriar, se rellenan con la pasta siguiente:

Se hace una fritura con el aceite, el ajo, cebolla, pimiento y finalmente el tomate sin piel ni semilla; cuando esté hecha se le pone la carne del cocido molida, las almendras, las dos yemas (las claras se reservan), el perejil y la pimienta. Se amasa la mezcla y se rellenan las papas.

Se rebozan las papas en la maicena por la parte del relleno, se pasan por las claras batidas y se fríen por ese lado. Se colocan en una placa untada de mantequilla, se le pone el vino y el caldo y se meten al horno a temperatura media, durante quince minutos aproximadamente, y se sirven.

Pastel de millo a la canaria Conchita Parrilla

Ingredientes:

10 piñas tiernas
1 vaso de agua
1 cucharada de harina de flor
1 pollo mediano
100 gramos de jamón serrano
2 lonchas de beicon
1 cebolla mediana
2 huevos duros
50 gramos de aceitunas verdes
La punta de una cucharilla de pimienta negra molida
1 cucharada de mantequilla

Se rallan las piñas dentro de una ondilla, se pasan por el prensapuré dejando caer el zumo dentro de un calentador; se saca la pulpa del prensapuré y en otra ondilla se remueve con medio vaso de agua y se exprime de nuevo.

Se repite la operación, se le añade la cucharada de harina y remueve, agregándole la sal a gusto; se coloca a fuego lento sin dejar de remover hasta que se endurezca.

El pollo se guisa y se le quitan los huesos; la carne se desmenuza y se deposita en una ondilla grande junto con el jamón, el beicon, la cebolla, los huevos y las aceitunas todo picado muy fino, y la pimienta y sal. Se mezcla todo bien. Con la mantequilla se untará un molde de hornear; se pondrá en él una parte de la masa de millo y encima la mezcla anterior, cubriéndola con el resto de la masa; se deja en el horno a temperatura moderada entre 15 y 20 minutos.

Verduras adobadas

(4 personas)

Ingredientes:

1/2 kilo de habichuelas
1/4 kilo de zanahorias
1 kilo de papas medianas
3 litros de agua
1 cucharadita de sal
1/2 taza de aceite
8 dientes de ajo pelados y picado
1 cucharadita de pimentón
1 cucharada sopera de vinagre del país
1 cucharadita de orégano

Se cuecen las verduras y las papas con tres litros de agua y una cucharadita de sal. Cuando estén hechas se escurren y se dejan en el caldero.

En una sartén se vierte el aceite y se ponen a freír los ajos con el pimiento. Cuando estén dorados se les agrega el vinagre, se vuelcan sobre las verduras y se rehogan un poco, espolvoreándolas con orégano. Se retiran y se pueden consumir solas o como guarnición acompañando carne, huevos o pescado.

Esta misma preparación puede servir para adobar judías o habas tiernas.

Huevos, masa de hojaldre y puntos de azúcar

Tortilla de aguacate *(página 194)*

Huevos rellenos

(4 personas)

Ingredientes:

8 huevos duros
1 pechuga de pollo
200 gramos de almendras horneadas
1/4 litro de salsa mayonesa

Se sancochan durante diez minutos los huevos. Se limpian de cáscara y se cortan en dos horizontalmente, se extraen las yemas y se colocan en una ondilla.

Se hierve la pechuga y se reserva el caldo para sopa. Se ponen las almendras en agua hirviendo, se retiran al minuto, se pelan y se muelen con la pechuga hervida y se le añaden las yemas bien trituradas. Con todo ello se hace una pasta muy fina y se van rellenando las claras.

Se prepara la salsa mayonesa y con una cucharilla se le añadirá un poco de relleno.

Antes de servirlos pueden decorarse cada uno con una aceituna y una anchoa, o una rodajita de tomate y unas hojitas de lechuga.

Se presentan fríos.

Masa de hojaldre

Ingredientes:

1 kilo de harina
2 cucharaditas de sal
150 gramos de manteca
1/2 litro de agua
750 gramos de margarina

Se coloca la harina encima de una mesa de mármol y se forma un volcán. En el centro se pone la sal, la manteca de cerdo y el agua; se amasa hasta hacer una pasta compacta, que no esté muy dura, y se deja reposar quince minutos.

Pasado ese tiempo, con un cuchillo se hace una cruz y se estira con el rodillo, formando una estrella de cuatro puntas. En el centro se le pone la margarina, se cierran las cuatro puntas y se va estirando poco a poco con el rodillo, sin presionar demasiado. En ningún momento debe salir la margarina. Se deja reposar quince minutos.

Se dobla y se sigue estirando, así hasta seis vueltas sencillas o dos vueltas dobles y dos sencillas. De esta manera se consiguen las láminas de hojaldre.

Estirar hasta alcanzar un grosor de tres o cuatro milímetros para poderlo emplear.

Tortilla a las finas hierbas

(Receta del antiguo hotel Santa Brígida)

Ingredientes:

3 dientes de ajo machacados
8 huevos
1 cebolleta
4 ramas de perejil picado
3 ramas de perifollo picado
Sal
1 rabillo de pimienta negra molida
1/2 taza de aceite

Con los ajos bien triturados, frotamos la ondilla por todos los lados, luego se cascan los huevos y se depositan en ella. Aparte se pica la cebolleta, se rehoga con el aceite y se reserva. Se baten los huevos, añadiéndoles las hierbas picadas, la cebolleta rehogada, la sal y la pimienta. Con el mismo aceite se confecciona la tortilla, tipo francesa, y se lleva a la mesa decorada con rodajas de tomates.

Tortilla de aguacate

(Telde, Gran Canaria)
(4 personas)

Ingredientes:

2 dientes de ajo
1 pieza de aguacate
3 ramas de perejil
8 huevos
Sal
Aceite de oliva

En una sartén se fríen los ajos fileteados, se saltean los aguacates en trozos y se le pone el perejil picado. Se reserva. Luego se baten los huevos con un poquito de sal y se hace la tortilla tipo francesa. Cuando está algo cuajado el huevo se le pone el relleno con una cuchara y se enrolla procurando que no se salga.

Se decora con tomatitos al horno.

Tortilla de cangrejo

(Receta obtenida en el barrio de San Cristóbal)
(Gran Canaria)

Ingredientes:

24 cangrejos de tamaño regular
1 cucharada de mantequilla
1/2 taza de leche
6 huevos
Sal
Aceite de oliva

Se cuecen los cangrejos cubiertos de agua con sal; una vez cocidos, se les saca toda la carne; los restos se ponen en un mortero, se machacan y se colocan en un caldero, con la leche a fuego lento unos minutos para que se reduzca. Se pasa por un cedazo (tamiz) exprimiéndolo. Una vez sacado este poquito líquido se mezcla con la carne de los cangrejos extraída anteriormente; se baten los huevos, se une todo y se confecciona la tortilla doblada, tipo francesa.

Tortilla de plátanos

(Gáldar, Gran Canaria)

Ingredientes:

200 gramos de papas
100 gramos de plátanos semiduros, pelados y hechos rodajas finas
4 huevos
1/2 taza de aceite de oliva
Sal

Se pelan las papas, se lavan y se trocean en cuadritos; se pone la sartén al fuego y cuando esté caliente, se vierten las papas, se fríen suavemente y se apartan. Se doran luego los plátanos en el mismo aceite y se retiran.

Se tendrán los huevos batidos en una ondilla, se les añaden los plátanos dorados y las papas, se remueven y se vuelcan en la sartén con un poco de aceite del que sobró anteriormente. Se le da forma de tortilla española y se decora según el gusto de cada uno.

Tortillas de cherne salado

(4 personas)

Ingredientes:

1/2 kilo de cherne salado
2 papas medianas
4 huevos
1 tacita de leche
1/2 cucharadita de perejil
1 cucharadita de canela
Sal

El pescado se pone en remojo el día anterior, se le cambia el agua dos veces se guisa y se desmenuza finamente.

Las papas, previamente peladas, se cortan en cuadritos, se fríen y después se trituran hasta convertirlas en una pasta fina.

Se baten los huevos se les añaden las papas trituradas, la leche, el perejil picado, el pescado, la canela y la sal. Se revuelven bien y se hace la tortilla, formándola como tortilla de papas redonda. Se coloca en una bandeja y se decora según el gusto.

Tortitas de buangos

(Véase Boango en el nº 59 de voces)

Ingredientes:

1/2 kilo de buangos
5 huevos
3 cucharadas de harina
1 tacita de leche
1 cebolla
3 ramitas de perejil
Aceite
Sal

En una cacerola con poca agua, se guisan los buangos junto con la cebolla picada; una vez guisados se escurren, se trituran, y se ponen en una ondilla. Se baten los huevos con el perejil picado, harina, leche, sal, y se mezclan todos los ingredientes. Debe quedar una masa blanda. Aparte se pone una sartén al fuego con abundante aceite y, tomando porciones de masa con una cuchara, se fríen. Una vez fritas y sin grasa, se sirven espolvoreadas con azúcar o miel.

Puntos de azúcar y sus aplicaciones

Ingredientes:

1 kilo de azúcar
1/4 litro de agua

En un recipiente de bordes altos se pone el azúcar con el agua fría y unas gotas de zumo de limón, procurando no manchar los bordes del recipiente con el azúcar; si esto sucede, se limpiará con un pincel húmedo. Se sigue cociendo hasta conseguir el punto deseado.

Los puntos son los siguientes:

- **Punto de Hebra Floja:** 30-32 grados; sirve para jarabe, cremas, mantequillas, etc. Para comprobar si se ha alcanzado este punto, se pone un poco entre los dedos índice y pulgar; éstos se separan y el hilillo resultante debe romperse a un centímetro de distancia.

- **Punto de Hebra Fuerte:** 34-38 grados; sirve para ciertos helados, para abrillantar, etc. Se conoce mojando los dedos en el almíbar i gual que en el punto anterior; el hilo se rompe a los dos centímetros.

- **Punto de Globo**: Sirve para hacer fondán. Se conoce el punto al meter una espumadera seca en el almíbar; después se sopla a través de sus orificios y si se desprenden globitos, parecidos a las pompas de jabón, estará a punto.

- **Baño Lustre**: Sirve para lustrar pasteles. Se conoce el punto cuando el azúcar alcanza el punto de bola flojo. Se comprueba tomando una pequeña porción del almíbar con la punta de una cuchara seca: ésta se sumerge en agua fría y ha de formarse una pequeña bolita. Una vez alcanzado este punto se bate con una espátula de madera hasta que blanquee un poco, se retira y con ello se bañan los pasteles.

• **Punto de Bola**: Sirve para hacer merengues, mazapanes y mermeladas. Se comprueba como en el anterior, tomando una pequeña porción con la punta de la cuchara, sumergiendo ésta en agua fría y formando una pequeña bolita.

• **Quebrado:** Se utiliza para glasear frutas y turrones. Se conoce su punto enfriando una pequeña porción como en el caso anterior y comprobando que después se quiebra.

• **Punto de caramelo:** Se usa para flanes, pudínes, etc. Se alcanza cuando empieza a tomar color, primero rubio y luego quemado.

MEDIDAS

1 taza de azúcar	200 gramos
1 taza de harina	100 gramos
1 cucharada sopera colmada de azúcar	20 gramos
1 cucharada sopera rasa	10 gramos
1 cucharada sopera colmada de harina	15 gramos
1 cucharada sopera rasa de harina	7 1/2 gramos
1 cucharada de sal fina colmada..........................	5 gramos
8 cucharadas sopera de aceite	1 decilitro
4 cucharadas soperas de aceite	1/2 decilitro

Postres

Queso de higos pasados *(página 249)*

Alamohabanas

(Fórmula antecesora de las quesadillas)
(Véase Quesadillas en el nº 73 de voces)

Ingredientes:

600 gramos de queso de cabra del día anterior
4 cucharadas de harina
2 huevos
1 yema
1/4 de cucharilla de canela
1/2 cucharadilla de matalahúva
2 cucharadas de harina
1 taza de aceite de oliva
La corteza de medio limón
1 tacita de miel de abejas
1 tacita de almíbar

Se lava y se raspa el queso; se tritura hasta convertirlo en pasta, se añaden dos cucharadas de harina y se amasa bien, agregándole las claras y yemas de los dos huevos. La otra yema se une a la canela y a la matalahúva, se mezcla todo y se trabaja hasta convertir lo en una masa compacta. Se tiende un paño sobre la tabla de cocina y se espolvorean en él las dos cucharadas de harina o algo más, si fuera necesario, para formar los bollitos modelados con las manos untadas de harina. Se pone al fuego una sartén con aceite, se le añade la cáscara del limón y cuando el aceite esté bien caliente se empiezan a freír las almohábanas. Se retirarán cuando estén doradas por ambos lados. Si la cáscara de limón se quema demasiado se saca de la sartén. Se colocan en una bandeja forrada previamente con papel absorbente para que expulsen el aceite.

En cazuelitas se ofrecen miel de abejas o almíbar en forma de melaza; las almóhabanas se sirven en una bandeja grande.

La melaza o miel se pondrá por encima con una cucharilla, según el gusto.

Alegrías tirajaneras

(Gran Canaria)

Ingredientes:

1/4 kilo de millo hecho roscas (palomitas)
150 gramos de miel de caña
50 gramos de azúcar

Se ponen en un calentador la miel y el azúcar, se funden a punto de caramelo, se ponen las roscas de millo, se remueven, se retiran del fuego y se vierten en una bandeja. Cuando estén frías se cortan en pedazos.

Alférez

(Isla de la Gomera, siglo XIX)
(Véase Alférez en el nº 64 de voces)

Ingredientes:

150 gramos de almendras
250 gramos de miel de abeja o preferentemente de palma

En un calentador se dejan hervir las almendras durante unos minutos. Se retiran, se pelan y se filetean. En otro calentador se pone a hervir la miel y, cuando rompa a hervir, se añaden las almendras y se remueve; una vez cuajada la mezcla, se vuelca en moldes pequeños rectangulares y se cubren las dos caras con finas láminas de hojaldre o un simple papel blanco. Con el cortapastas se partirá el hojaldre en rosales de 4 centímetros de diámetro.

Arroz con leche de arucas

(Véase Arroz con leche en el nº 76 de voces)

Ingredientes:

100 gramos de arroz
1 1/2 litro de leche
100 gramos de azúcar
La cáscara de medio limón pequeño
1 pedazo de canela en rama

Se lava el arroz y se escurre bien. Se mezcla con la leche y se deja esponjar en frío durante tres horas. En el mismo caldero se pone a fuego lento y se remueve despacio hasta que empiece a espesarse; en ese momento, y sin dejar de remover, se le añade el azúcar, la cáscara de limón y la canela. Se deja unos minutos más y cuando termine de espesarse se retira del fuego y se pasa a una bandeja honda. Se deja enfriar y se presenta en la mesa.

Se sirve en platos de postre la cantidad que se desee. Se tiene el azucarero a mano para añadir azúcar según el gusto.

Arroz con leche de paridas

(Véase Arroz con leche en el nº 76 de voces)

Ingredientes:

1 1/4 litro de leche de oveja
1 litro de leche de vaca
3/4 litro de leche de cabra
300 gramos de arroz
La corteza de un limón
La corteza de una naranja
Sal
300 gramos de azúcar
1 sobre de canela en polvo

Se mezclan las diferentes clases de leche. Se lava muy bien el arroz y se deja escurrir.

En un recipiente se vierte un litro y medio de leche, ya mezclada, y se le añade las cortezas de limón, de naranja y la sal. Se pone al fuego y cuando empiece a hervir se le echa el arroz y se remueve con frecuencia con una cuchara de madera durante cinco minutos. Se reduce a fuego lento y se sigue revolviendo. A medida que el arroz se va secando se le va añadiendo el resto de la leche que ha de tenerse hervida y caliente en otro caldero.

Se le incorpora el azúcar y se sigue removiendo hasta que se note espeso y cremoso. Entonces se aparta, se retiran las cáscaras de limón y naranja y se vierte en platos hondos. Se espolvorea la canela sobre el arroz, añadiendo azúcar según el gusto.

Arroz con leche majorero

(Véase Arroz con leche en el n.º 76 de voces)

Ingredientes:

100 gramos de arroz
1 1/4 litro de leche de cabra
La corteza de medio limón
100 gramos de azúcar
1 yema de huevo por plato

Se lava el arroz, se escurre bien y se pone en un caldero bajo; se le añade un litro de leche cruda y se deja esponjar durante dos horas. En otro caldero se hierve el cuarto de litro de leche restante y se mantiene tibia. Se pone a fuego lento el arroz, se le añade el limón y se deja hervir, removiendo con cuchara de madera. A medida que se va espesando se le va añadiendo leche del otro caldero sin dejar de remover. Cuando esté casi espeso se le añade el azúcar, se deja hervir unos minutos, se aparta y se pasa a platos individuales; sobre cada uno se coloca una yema de huevo, procurando que no se estalle, y se ponen al horno a temperatura suave hasta que la yema se cuaje ligeramente. Se retira y, según el gusto, se espolvorea azúcar glas o no.

Besitos de guía

Ingredientes:

3 claras de huevo
200 gramos de azúcar
1 tacita de agua
La ralladura de medio limón
5 gotitas de zumo de limón
1/2 cucharadita de canela molida
Mermelada de fresa o albaricoque

Se hace el merengue como la receta «Suspiros de Teror» y se le añade la ralladura de limón, el zumo y la canela molida, batiendo sin parar pero despacio. Mezclado todo se pasa a la bandeja de hornear, se forma la base del suspiro y se le hace un huequito poniéndole media cucharadita de mermelada. Se cubre con otra cucharada de merengue y se introduce en el horno a temperatura suave. Cuando presenten matices dorados se retiran del horno.

Son propios para meriendas.

Bienmesabe

Ingredientes:

500 gramos de almendras
750 gramos de azúcar
1/2 litro de agua
8 yemas de huevo
1 limón rallado
1 rabillo de canela molida

Las almendras se pelan y se muelen; se prepara un almíbar poniendo el agua y el azúcar. Cuando está listo, se le agregan las almendras con la ralladura de limón y la canela. Se deja a fuego lento hasta que espese, sin olvidar moverlo.

Una vez frío, se baten las yemas, que se agregan a la pasta, y se pone de nuevo al fuego hasta que hierva. Se sirve frío. En algunos lugares suelen poner las almendras peladas y tostadas.

Bizcocho con salsa de vino cremosa

Ingredientes:

PARA "CALAR EL BIZCOCHO":

1 taza de vino tinto del Monte
50 gramos de azúcar
1 luquete de limón
1 corteza de canela

PARA LA SALSA:

3 yemas de huevo
100 gramos de azúcar
1 taza de vino tinto del Monte
1 ralladura de limón

Se hierven todos los ingredientes unos minutos, se cuela y se echa sobre los bizcochos para emborracharlos; éstos se colocan en los platos y luego se les pone la salsa.

Para hacer la salsa, se baten al baño maría las yemas, el azúcar y el vino hasta que se forme una crema, similar a una natilla, y se vierte sobre los bizcochos.

Bizcochón de Agaete

(Propio para desayunos y meriendas)
(Gran Canaria)

Ingredientes:

230 gramos de mantequilla
230 gramos de azúcar
4 yemas
1/2 tacita de café de Agaete
1 bizcochón sin lustrar

Se pone en una fuente honda la mantequilla y se bate, añadiéndole poco a poco el azúcar. Cuando la mezcla se haga crema, se le añaden las yemas y el café sin dejar de batir. Con dicha crema se guarnece el fondo y los laterales del molde. Se parte en tres láminas el bizcochón; se unta la cara superior de la primera lámina con la crema, se coloca dentro del molde y se repite la operación con las dos láminas restantes, procurando que la última presente la crema hacia arriba. Se pone en sitio fresco, no frío, y al día siguiente, para sacarlo sin estropearlo, se pone el molde en agua caliente unos minutos y saldrá fácilmente.

Bizochón de naranja

Ingredientes:

3 huevos

1/4 cucharadita de cremor tártaro (una pizca)

200 gramos de azúcar

La ralladura de una naranja del país y el zumo

250 gramos de harina

1/2 cucharadita de levadura en polvo

Se baten las claras en una ondilla a punto de nieve; las yemas se baten aparte con el cremor, añadiéndoles gradualmente el azúcar; se unen a las claras y sin dejar de batir se le agrega la ralladura de naranja y el zumo, luego la harina poco a poco, y la levadura. Cuando la mezcla esté bien unida, se vuelca en un molde untado con mantequilla y se pone al horno a temperatura media, durante aproximadamente 30 minutos.

Es apropiado para desayunos y meriendas.

Bizcochón siglo XX, 1903

Ingredientes:

230 gramos de pan bizcochado molido

230 gramos de azúcar

250 gramos de almendras

8 huevos

1/4 cucharilla de canela molida

1 ralladura de limón

Se deposita en una ondilla el pan molido con el azúcar.

Se hierven las almendras, se pelan y se muelen. Se unen a la mezcla anterior, luego se baten los huevos y se les añaden la canela y el limón, volviéndose a batir; se vuelcan sobre el pan y se amasa todo hasta que este muy bien unido. Se unta un molde con mantequilla, se deposita en él la mezcla y se pone al horno a temperatura media. Se retira cuando esté cocido. Una vez hecho esto, se saca del molde.

Se sirve como bienmesabe o dulce de leche.

Bizcochos de Moya lustrados

(Receta tradicional, Gran Canaria)

Ingredientes:

12 claras de huevo

3 yemas de huevo

400 gramos de azúcar

500 gramos de harina de flor

La ralladura de un limón grande

El zumo de medio limón

1/4 kilo de azúcar glas

En una ondilla se montan nueve claras a punto de nieve. Aparte se baten las yemas con el azúcar y se une todo. Se le añade la harina y la ralladura de limón. Se remueve muy despacio hasta obtener una masa correosa y suave.

Se pone en los moldes, previamente untados de mantequilla y forrados con papel graso. Se meten en el horno a calor moderado. Cuando el bizcocho esté hecho, se deja enfriar y se corta en trozos rectangulares.

Se confecciona el lustre con tres claras batidas a punto de nieve, el zumo de medio limón y el azúcar glas. Con un pincel se pintan los bizcochos y se hornean de nuevo.

Bizcochos de tamaraceite

(Gran Canaria)

Ingredientes:

15 huevos
400 gramos de azúcar
La ralladura de un limón
400 gramos de harina
Mantequilla para untar el molde

Se baten los huevos con el azúcar y la ralladura de limón hasta conseguir una masa espumosa algo sólida. En este punto se le añade la harina poco a poco. Se coloca en un molde, untado con mantequilla y forrado de papel graso, procurando no llenarlo mucho. Se pone al horno a temperatura moderada durante 20 minutos y se retira cuando esté dorado.

Se deja enfriar y se corta en trozos rectangulares.

Bolitas de pasas

Ingredientes:

160 gramos de azúcar
160 gramos de mantequilla
250 gramos de harina
1/2 cucharadita de levadura en polvo
4 huevos
230 gramos de pasas sin rabo ni semilla
La ralladura de medio limón
Mantequilla para untar el molde

Se mezclan el azúcar y la mantequilla hasta formar una masa blanda; se añaden la harina y la levadura. Los huevos se baten aparte y se echan poco a poco sobre la mezcla, luego se agregan las pasas y la ralladura de limón.

Se tiene preparada una bandeja de hornear untada de mantequilla y con una cuchara se van colocando pequeñas porciones de masa del tamaño de una nuez y se introducen en el horno a temperatura media. Cuando estén doradas se sacan, se dejan enfriar y se sirven en desayunos y meriendas.

Bollos de millo *(página 210)*

Bollitos de cuajada de Isabelita

(Agüimes)

Ingredientes:

1/2 kilo de queso del día sin sal
6 huevos
1/2 sobre de canela molida
1/2 sobre de matalahúva
1 copita de ron añejo
4 cucharadas de azúcar
1/4 kilo de harina, aproximadamente
Aceite

En una ondilla se tritura el queso y se cascan los huevos, se mezclan y se les agrega canela, matalahúva, ron y azúcar; se prueba y, si está a gusto, se le va añadiendo harina, removiendo sin parar hasta obtener una masa compacta; con ella se forman los bollitos huecos al centro.

Se fríen en aceite caliente y se ponen en bandeja con papel absorbente.

Se sirven fríos.

Bollitos del cura

(Originario de Moya, Gran Canaria)

Ingredientes:

2 huevos
500 gramos de harina
150 gramos de mantequilla
200 gramos de azúcar
1 vaso de vino generoso
1 cucharadita de matalahúva
1/2 cucharadita de canela

PARA EL ALMÍBAR:
460 gramos de azúcar
1 vaso de agua

Se baten los huevos en una ondilla, se le añade el azúcar, vino, matalahúva, canela, mantequilla hecha pomada y finalmente la harina ; se amasa bien. Se pone la masa sobre una mesa o mármol enharinado. Se hacen los bollitos del tamaño deseado, se colocan en una bandeja de hornear engrasada y se meten en el horno a temperatura media; se sacan cuando estén dorados.

Una vez fríos, se pasan por un baño lustre (véase puntos de azúcar) y se sirven en desayunos o meriendas.

Bollos de cuajada

(De la Isla de la Gomera. Muy antiguo)

Ingredientes:

- *1 kilo de queso tierno*
- *2 huevos*
- *1/2 kilo de flor de harina de millo*
- *1 cucharada de azúcar*
- *1 cucharada de anisado*

En una ondilla se tritura el queso troceado. Se le añaden los huevos, se van removiendo y se le agrega el anisado, el azúcar y la harina. Se trabaja la masa hasta que se despegue de las manos. Con las manos enharinadas se forman los bollos, se colocan en una bandeja de hornear y se meten en el horno a fuego moderado. Cuando estén dorados se retiran y pueden servirse solos o bañados con miel de abeja, de caña o de palma.

Bollos de leche al horno

(Teror, Gran Canaria)

Ingredientes:

- *1/2 kilo de harina*
- *1 cucharadita de levadura de hacer pan*
- *1 tacita de agua tibia*
- *1 vaso de leche*
- *2 huevos*
- *La ralladura de un limón*
- *1 cucharada de matalahúva*
- *Azúcar lustre*

Se pone la harina sobre el mármol o mesa de cocina, se forma con ella un volcán y en el centro se colocan la levadura, disuelta en agua tibia, la leche y los huevos batidos, la ralladura de limón y la matalahúva. Se amasa formando una pasta y se deja reposar una hora. Se forman los bollos y se colocan en una placa de hornear. Se abrillantan con un pincel mojado en huevo batido. Se dejan fermentar 20 minutos y se meten al horno a temperatura media. Cuando estén dorados se retiran y se espolvorean con azúcar lustre.

Bollos de leche fritos

(San Bartolomé de Tirajana)

Ingredientes:

- *4 huevos*
- *400 gramos de harina*
- *1 taza de leche*
- *150 gramos de azúcar*
- *1 cucharadita de matalahúva*
- *1 cucharada de levadura en polvo*
- *La corteza de 1/2 limón*
- *1/4 litro de aceite para freír*
- *Azúcar glas*

Se baten los huevos, se les añade la harina y todos los ingredientes agregando la leche poco a poco hasta conseguir una masa compacta no muy blanda. Se deja reposar media hora; luego se forman bollos de tamaño mediano. Se fríen en abundante aceite a fuego lento. Se retiran de la sartén y se colocan sobre papel absorbente. Se espolvorean con azúcar glas y se sirven.

Son apropiados para desayunos y meriendas.

Bollos de millo

(Agüimes, Gran Canaria)
(Véase Millo en el nº 40 de voces)

Ingredientes:

400 gramos de harina de millo.
200 gramos de harina de flor
200 gramos de azúcar
300 gramos de mantequilla
8 yemas de huevo
1 clara
La ralladura y el zumo de un limón

Se vierten todos los ingredientes en una ondilla grande, se amasan bien y con las manos untadas en harina se forman los bollos. Se meten en el horno a temperatura media en bandejas de hornear, previamente engrasadas.

Cuando presenten un color dorado se retiran y se dejan enfriar.

Bollos del alma

Ingredientes:

PARA EL RELLENO:
1/2 kilo de almendras peladas y molidas
1/2 kilo de azúcar
Unas gotas de agua
2 yemas de huevo
1 rabillo de canela

PARA LA PASTA:
15 gramos de levadura de panadero
2 cucharadas de agua
100 gramos de mantequilla
25 gramos de azúcar
1 pizca de sal
2 huevos
1/4 kilo de harina

Las almendras se majan muy despacio para no formar grasa; se les añade el azúcar, las gotas de agua, las yemas y la canela. Se mezcla hasta conseguir una pasta muy fina, con la que se rellenan los bollos.

Para preparar la pasta, se disuelve la levadura con dos cucharadas de agua, se añade la mantequilla, el azúcar, la sal, los huevos batidos y la harina. Se amasa todo y se deja reposar media hora.

Se estira la masa con un rodillo, se hacen rectángulos de cinco por diez centímetros. Dentro se le pone la pasta anterior, se le da forma de cigarro puro y se hace un bollo. Se pintan las puntas con un poco de huevo batido para pegarlas y se unen presionandolas con los dedos. Se van colocando en bandeja de hornear y se introducen en el horno a temperatura suave. Cuando estén bien secos se les da un baño lustre (véase receta).

Bombones caseros de chocolote y almendras

Ingredientes:

100 gramos de mantequilla
Una o dos gotas de vainilla
200 gramos de azúcar
100 gramos de chocolate especial
200 gramos de almendras tostadas y molidas

Se pone a fuego lento la mantequilla, se le añade la vainilla, el azúcar y el chocolate, removiendo con espátula de madera. Cuando esté fundido se deja enfriar, se hacen bolitas o pequeños trozos rectangulares de distintos tamaño y se cubren con chocolate molido o rallado y con las almendras molidas.

Se ponen en sitio fresco para que se oreen y cuando estén secos se envuelven en papel de aluminio.

Brisas canarias

(4 personas)

Ingredientes:

2 plátanos
1 manga de Mogán
6 mandarinas (zumo)
1/2 litro de leche de cabra
1 copa de ron añejo
5 cucharadas de azúcar

Se pelan las frutas, se limpian de semillas, se trocean y se vierten en la batidora, se les añade el resto de los ingredientes y se baten hasta que queden bien unidos.

Se sirve frío.

Buñuelos de plátanos

Ingredientes:

2 plátanos pelados y cortados
1 taza de agua
1 sobre de matalahúva
1 taza de harina
6 cucharadas de azúcar
3 huevos
1 cucharilla de levadura en polvo
1/2 litro de aceite de oliva

Los plátanos se cortan y se ponen a macerar con tres cucharadas de azúcar durante media hora.

En un caldero se pone a hervir el agua con la matalahúva triturada; cuando haya hervido se aparta. En el lebrillo se mezcla la harina con el azúcar restante y se amasa poco a poco con el agua. Se baten las claras y yemas conjuntamente, uniéndose a la mezcla, que se trabaja bien, junto con la levadura, dejándola reposar media hora.

Se introducen trocitos de plátanos en la masa y se fríen en sartén con el aceite caliente, se doran, se retiran con la espumadera y se colocan en una bandeja con papel absorbente en su fondo.

Se sirven fríos como postre, con miel de abejas.

Buñuelos de queso tierno

(Guía de Gran Canaria)

Ingredientes:

PARA EL LUSTRE:

500 gramos de queso de media flor de 2 días

4 yemas de huevo

1 rabillo de canela molida

Ralladura de 1/2 limón

2 tacitas de harina

Aceite para freír

1 taza de azúcar

1/2 taza de agua

Se ponen al fuego el agua y el azúcar; cuando esté a punto de bola floja, se bate el azúcar con cuchara de madera o espátula hasta conseguir que blanquee un poco.

Se pela el queso, se tritura en una ondilla, se le añaden las yemas batidas, canela, ralladura de limón y la harina; se amasa hasta obtener una pasta blanda. Se pone la sartén al fuego con el aceite y cuando esté hirviendo se dejan caer en ella pequeñas porciones de masa. Se doran dándoles vueltas; se colocan en una bandeja con papel absorbente. Cuando estén fríos, se les da un baño del lustre preparado con anterioridad.

Cachirulos de queso

(Originaria de Guía, Gran Canaria)

Ingredientes:

1 kilo de queso de flor

6 huevos

125 gramos de azúcar

1 cucharadilla de matalahúva

1 ralladura de limón

1/2 cucharadilla de canela

1 pizca de sal

1 cucharadita de levadura en polvo

1/4 kilo de harina de flor

Mantequilla para untar los moldes

Azúcar glas

Se trocea el queso y se tritura en un lebrillo; se le añaden las yemas, el azúcar, la matalahúva, la ralladura de limón, la canela, la sal y la levadura, y se une todo bien.

Aparte se baten las claras a punto de nieve. Se agregan, junto con la harina poco a poco al lebrillo. Se unen y con la masa resultante se rellenan los pequeños moldes, previamente untados de mantequilla; se meten en horno a temperatura media y cuando estén dorados se retiran. Se sirven fríos, sacados de los moldes y espolvoreados de azúcar glas.

Castañas Teide nevado

Ingredientes:

50 castañas
1/2 taza de aceite
125 gramos de mantequilla
1 vasito de vino Malvasía seco
125 gramos de azúcar
1 vaso de nata
Esencia de azahar o limón

Se le hace una cortada a cada castaña y se introducen en el aceite bien caliente. Al minuto se retiran y cuando estén frías se pelan y se apartan. En un caldero bajo se vierte la mantequilla y el vino, y luego las castañas; se ponen a fuego lento, tapadas para que no se rompan, y cuando estén tiernas se retiran. Una vez frías, se colocan en una bandeja formando una pirámide y se decoran con la nata montada y la esencia, procurando que las castañas no queden totalmente cubiertas.

Crema batllori

(Postre originario de Galdar, Gran Canaria)

Ingredientes:

150 gramos de almendras
4 yemas de huevo
1 cucharada colmada de maicena
200 gramos de azúcar
1 litro de leche
1 luquete de limón
1 ramito de canela
1 cucharadita de azúcar
1 cucharadita de canela molida

Las almendras se pelan, se tuestan, se muelen sobre lo grueso y se reservan.

En una cacerola se ponen las yemas de huevo, la maicena y el azúcar. Se deja pendiente.

Aparte se hierve la leche con el luquete de limón y la canela. Una vez hervida se vierte, colada, en la cacerola de las yemas, se re mueve y se pone al fuego. Se deja cocer unos minutos sin dejar de mover. Finalmente se le agregan las almendras. Una vez terminada esta operación se introduce el recipiente en otro más grande con agua y hielo, para que pierda un poco el calor.

Se sirve en platos de postre u ondillas pequeñas frías, y se espolvorea de azúcar y canela.

Crema borracha

(Arucas, Gran Canaria)

Ingredientes:

- *1/2 litro de vino blanco del Monte o Malvasía seco*
- *200 gramos de azúcar*
- *1 luquete de limón*
- *1 rabillo de canela molida*
- *5 huevos frescos*
- *100 gramos de azúcar para los moldes*

Se hierve el vino con la canela y el luquete de limón y se aparta. Se baten los huevos con el azúcar y se les añade el vino hervido.

Esta mezcla se vierte en moldes embadurnados de azúcar a punto de bola y se introducen en el horno al baño maría durante 30 minutos.

Se sirve frío.

Crema de chocolate

Ingredientes:

- *1 litro de leche*
- *2 gotas de vainilla*
- *4 yemas*
- *3 cucharadas de azúcar*
- *1 cucharadita de harina*
- *100 gramos de chocolate*

Se pone la leche al fuego con el chocolate y la vainilla y se remueve con una cuchara de madera durante dos minutos.

En un recipiente se mezclan las yemas, el azúcar y la harina y se le añaden la leche y el chocolate, que estará fundido. Se deja cocer sin parar de mover.

Cuando hierva nuevamente se retira y se sirve frío. Se decora con merengue.

Cuajada imperial

(Antiguo y extinguido convento de Garachico, Tenerife)

Ingredientes:

- *3/4 kilo de naranjas de licor*
- *5 yemas de huevo*
- *4 huevos enteros*
- *200 gramos de azúcar*
- *1/2 cucharadita de canela molida*
- *Mantequilla*
- *2 cucharadas de azúcar glas*

Se extrae el zumo de las naranjas y se deposita en una ondilla. En ella se baten muy bien los huevos y las yemas, se les añade el azúcar y se mezclan; seguidamente se les incorpora la canela, se cuelan y se pasan a moldes untados de mantequilla. Se ponen en el horno al baño maría. Si al pincharla con una aguja larga sale limpia, habrán alcanzado su punto; se retiran del horno y se saca del molde, espolvoreándola de azúcar glas y depositándola en un plato de postre. Se sirve frío.

Ensalada canaria de papaya y plátano *(página 219)*

POSTRES

Chocolate merengado

(Antiguo convento de Agüimes, Gran Canaria)

Ingredientes:

1 tableta de cocholate especial
1 tacita de leche
2 cucharadas de margarina
4 gotas de vainilla
2 tacitas de azúcar
4 yemas de huevo
8 claras

En un recipiente se disuelve el chocolate con la leche caliente, se le añade la margarina, la vainilla, el azúcar, y las yemas, una a una.

En otro recipiente se baten las claras a punto de nieve. Se reserva un poco de este merengue para decorar y el resto se junta con la mezcla anterior. Se pasa a las copas o vasitos y se decora con el merengue que habíamos apartado.

Churros

Ingredientes:

1 litro de agua
1 rabillo de sal
2 cucharadas de aceite
850 gramos de harina
Aceite

Se hierve el agua con la sal y el aceite, se retira del fuego y se mezcla la harina con una cuchara de madera. La pasta debe quedar bien trabajada sobre lo duro. Preparamos una manga con boquilla rizada ancha y en ella se introduce la masa.

Aparte pondremos aceite abundante en la sartén ancha y cuando esté bien caliente, se presiona la manga formando las ruedas tradicionales o pequeños trozos al estilo madrileño.

Se llevan a la mesa bien calientes y se toman con chocolate o café con leche, según preferencias.

Delicias de santa Lucía de Tirajana

(Véase Delicias en el n.º 65 de voces)

Ingredientes:

1 kilo de almendras
500 gramos de azúcar
La ralladura de 1/2 limón
7 huevos
1 tacita de aceite

Se introducen las almendras en un caldero con agua hirviendo para pelarlas. Se reservan unas pocas, el resto se muelen, se mezclan con el azúcar y se le añaden las yemas, una a una. Se montan las claras a punto de nieve y se mezcla todo.

Se unta con aceite una placa de hornear y con una cuchara se hacen montoncitos pequeños, poniendo encima de cada uno una almendra de las reservadas.

Se introducen en el horno a temperatura media. Cuando presenten un color dorado están listas. Una vez frías se pueden comer o guardar tapadas en una lata.

Delicias del barrio de Vegueta

(Las Palmas de Gran Canaria)
(Véase delicias en el nº 65 de voces)
(Fórmula originaria del Hierro)

Ingredientes:

1 kilo de almendras peladas
1/2 kilo de azúcar
1 huevo
3 yemas
La ralladura de 1/2 limón
1 tacita de aceite

Se depositan las almendras en un caldero con agua hirviendo, se dejan un minuto, se escurren, se pelan y se muelen fino. Se les añade el azúcar y el huevo sin batir, se revuelve la masa y se agregan las tres yemas y la ralladura. Se sigue revolviendo hasta unirla perfectamente y se aparta.

Se unta con aceite una placa de hornear y con una cuchara se colocan en ella porciones de masa. Se introducen en el horno a calor moderado y, cuando hayan tomado color dorado suave, se retira. Se guardan frías, si se desea.

Dulce de almendras

(Gran Canaria)

Ingredientes:

8 huevos
200 gramos de azúcar
260 gramos de almendras molidas
1 cucharada de aguardiente
1/4 de cucharadita de canela
Una pizca de nuez moscada
La ralladura de un limón
Azúcar glas
250 gramos de harina
Mantequilla

En una ondilla se baten los huevos, se les añade el azúcar, aguardiente, canela, nuez moscada, ralladura de limón, harina y almendras, y se trabaja todo bien. Se deposita esta masa en un molde untado con mantequilla. Se introduce en el horno a temperatura media. A los veinte minutos se toca como si fuera un bizcocho; si ya está hecho se deja enfriar y se espolvorea con azúcar glas.

Dulce de cabello de ángel

(Véase Cabello de ángel en el nº 66 de voces)

(Damos a conocer esta receta popular de Gran Canaria por coincidir con otra generalizada en las demás islas)

Ingredientes:

1 calabaza de dos kilos, blanca (llamada boyuna)
Agua
1 cañita de canela (1 tubo)
1 luquete de limón
1/2 kilo de azúcar por cada kilo de cabello

Se colocan los trozos de calabaza en un caldero con agua suficiente para cubrirlos y se deja hervir. Cuando empieza a desprenderse la pulpa se le añade la canela y el limón; a los diez minutos se aparta, se escurre y se desprende la pulpa de la corteza.

Se pesa el cabello y se le añade medio kilogramo de azúcar por cada uno de cabello.

Se pone al fuego, se remueve con cuchara de madera para que no se pegue y cuando se aprecie un color rubio se retira del fuego, se deja enfriar y se sirve.

Se emplea generalmente para relleno de truchas, de pastas, de bollos, para consumir solo, etc.

Dulce de leche

Ingredientes:

4 litros de leche
750 gramos de azúcar
1 cáscara de limón
150 gramos de almendras

En una cacerola de doble fondo se pone a cocer la leche con el azúcar, moviéndola con una cuchara o espátula de madera. Se deja reducir hasta que quede un litro aproximadamente. Se le agregan el limón y las almendras tostadas y molidas; se deja cocer unos minutos y se sirve acompañando a dulces, como si fuese bienmesabe (véase receta).

Dulce de leche cortada

(Gran Canaria)
(Esta fórmula está recomendada para aprovechar la leche que fortuitamente se corta; no obstante puede cortarse voluntariamente.)

Ingredientes:

300 gramos de almendras
1 litro de leche o nata de dos días
El zumo de medio limón pequeño
200 gramos de azúcar
4 yemas de huevo

Se ponen las almendras un minuto en agua caliente, se pelan y muelen. Se le añade a la leche el zumo del limón y se deja reposar durante una hora. Pasado dicho tiempo se pone al fuego, se le añade el azúcar y se deja hervir sin dejar de remover hasta que adquiera consistencia. Se aparta, se le añaden las yemas batidas y parte de las almendras. Se revuelve y se pone a fuego lento durante unos minutos. Se aparta, se pasa a platos de postre y se espolvorea con el resto de las almendras peladas y molidas. Se sirve fría.

Ensalada canaria de papaya y plátano

(Puerto de la Cruz, Tenerife)

Ingredientes:

1 kilo de papaya
2 guayabas blancas
2 cucharadas de azúcar
3 plátanos
1 naranja corriente
1 naranja de licor
100 gramos de miel de abejas
El zumo de un limón

Las papayas se pelan, se les quitan las semillas y se cortan en cuadritos; se ponen a macerar en una ondilla con los zumos de naranja y con la miel.

Las guayabas se pelan se cortan en rodajas y se les agrega un poco de azúcar; los plátanos se pelan, se cortan en rodajas y se les añade zumo de limón y azúcar.

En platos de postre se colocan las papayas en el centro, decoradas con rodajas de guayaba y plátanos.

Ensalada de frutas canarias

(Aldea de San Nicolás, Gran Canaria)

Ingredientes:

1 aguacate mediano
1 papaya mediana
1/2 piña tropical del Hierro
3 plátanos pelados
2 naranjas
1 manzana francesa del país
El zumo de 2 limones
1 cucharada de azúcar

Se pelan y limpian de semillas las frutas, se trocean en cuadritos y se colocan en una bandeja honda y larga; se les añade el limón y el azúcar; se mezcla, se pasa a la nevera y sirve fría en platos de postre.

Hay que poner bastante zumo de limón para evitar que se oxiden las frutas.

Flan de almendras

(Originario de Santa Lucía de Tirajana. Gran Canaria)

Ingredientes:

400 gramos de azúcar
10 huevos
1 1/2 litro de leche
La ralladura de un limón
250 gramos de almendras

Se prepara el caramelo con 200 gramos de azúcar y se coloca en moldes individuales.

Se depositan en una ondilla los huevos batidos, la leche hirviendo, el resto del azúcar, la ralladura de limón y las almendras tostadas y picadas finamente con cáscara en el molde sobre el caramelo. Se pone al baño maría a horno suave con un papel graso en el fondo del molde del agua; estará listo para retirar después de 25 o 30 minutos.

Flan de leche condensada y almendras

(Originario del Puerto de la Luz, Gran Canaria)

Ingredientes:

1 lata de leche condensada
1 lata de almendras
1 lata de leche fresca
3 huevos
150 gramos de azúcar

Se ponen las almendras en agua hirviendo unos minutos, se escurren, se pelan y se muelen.

Se mezclan la leche fresca y la condensada, se baten los huevos y se junta todo con las almendras. Se preparan los moldes con caramelo. Se vuelca en ellos la mezcla y se meten en el horno al baño maría con un papel en el fondo para que no salga acorchado. Si al tacto se observa endurecido, tendrá su punto. Aproximadamente tardará unos 20 a 25 minutos en horno a temperatura media.

Se sirve frío

Flan de miel de palma Antonio Quintero

(La Gomera)

Ingredientes:

8 huevos
1 litro de leche
1 vaso de miel de palma
Ralladuras de limón

Se cubre con caramelo el molde que se desee. En una ondilla mediana se baten los huevos, se añaden la miel y las ralladuras de limón, se incorpora la leche, se bate y cuando esté la mezcla bien unida, se vuelca en el molde y se introduce en el horno al baño maría.

Se sirve frío.

Flan de piña herreño

Ingredientes:

2 kilos de piña tropical de la isla
1 taza de azúcar
3 hojas de toronjil cidrado
3 gotas de vainilla
9 huevos

Se pelan las piñas, se les quita el corazón, se trocean y se les saca el máximo de zumo en batidora o licuadora. Se le añade media taza de azúcar, se mezcla y coloca al fuego con las hojas de toronjil cidrado. Una vez hervido se retira, se le agregan los huevos batidos y la vainilla, se remueven y se sacan las hojas de toronjil.

Aparte se tendrán moldes como los de flan con caramelo en el fondo hecho con el azúcar restante; dentro de ellos se vierte el batido y se introducen en el horno al baño maría a temperatura media, con un papel graso para que no salga acorchado. A los treinta minutos, aproximadamente, se toca y, si está consistente, se retira.

Se sirve frío como un flan.

Frangollo de santa Lucia de Tirajana

(Conchita Parrilla)
(Véase Frangollo en el nº 67 de voces)
(Gran Canaria)
(Con el nombre de frangollo se adquiere en los supermercados y tiendas de comestibles el millo molido sobre lo fino.)

Ingredientes:

1/4 kilo de frangollo
100 gramos de almendras
2 litros de agua
2 pedazos de canela en rama
La corteza de 2 limones
1/2 sobre de matalahúva
1/2 cucharadita de sal
1/2 cucharadas de margarina
100 gramos de pasas sin rabos
75 gramos de azúcar

Se lava el frangollo varias veces hasta que salgan del caldero las cascarillas del millo; puede hacerse debajo del chorro, dejando salir el agua muy lentamente. Se deja pendiente.

Mientras, se vierten las almendras en agua hirviendo, se pelan y se muelen.

En otro caldero se ponen al fuego los dos litros de agua y se añaden la canela, la corteza del limón, la matalahúva y la sal. Se deja hervir diez minutos se aparta y se cuela. De este guiso se reserva un litro en un calentador; el resto se pone de nuevo al fuego y se le añade la margarina y el frangollo. Se baja la llama y se remueve lentamente con cuchara de madera durante diez minutos.

Seguidamente se añaden las pasas, las almendras molidas y el azúcar, y se deja hervir diez minutos más, sin dejar de remover. Si se espesa se le añade un poco del caldo que quedó en reserva. Se deja hervir otro poco, se aparta del fuego y se echa en bandeja de barro. Cuando esté frío se presenta en la mesa en bandeja de porcelana; se cortan trozos de cuatro centímetros y se colocan en platos hondos. En la mesa debe ponerse un azucarero y una jarra con leche.

Se puede comer tal y como se presenta o añadiéndole leche y azúcar a gusto, o bien triturado con un tenedor, disolviéndolo en el mismo plato con leche y azúcar.

Frangollo de Telde

(Llamado del Regente. Se asemeja más a una natilla de millo)
(Véase Frangollo en el n.º 67 de voces)

Ingredientes:

Piñas de millo tiernas para obtener taza y media de líquido
2 1/2 taza de leche de cabra
125 gramos de azúcar
1 sobre de matalahúva
1 sobre de canela molida
1 cucharadita de sal

Con el rallador fino, se frotan las piñas hasta obtener el líquido recomendado. Se deposita el zumo de millo en un calentador grande. Se le añade la leche, el azúcar, la matalahúva, la canela y la sal; y se mezcla bien. Se pasa por el colador fino. Se vuelca en un caldero y se pone al fuego removiéndolo continuamente. Cuando se espese de forma similar a las natillas, se aparta y se vuelca en ondillas pequeñas.

Frangollo tradicional

(Santa Lucía de Tirajana, Grana Canaria)
(Véase Frangollo en el nº 67 de voces)

Ingredientes:

150 gramos de trigo triturado
150 gramos de millo triturado
1 litro de agua
3 litros de leche
1/2 caña de canela
La corteza de un limón
200 gramos de azúcar
1 cucharada de matalahúva
100 gramos de pasas
1 1/2 cucharada de mantequilla
1 cucharadita de sal

Se pone el frangollo debajo del chorro suave, dejando rebasar el agua para que expulse la cascarilla. En un caldero se pone el agua al fuego y cuando esté hirviendo se introduce el frangollo y el trigo removiendo frecuentemente con cuchara de madera para que no se pegue.

Se tiene la leche hervida con la canela y el limón. A medida que el agua se vaya evaporando se le va añadiendo la leche; terminada esta operación, sin dejar de remover, se le añade el azúcar, matalahúva, pasas y mantequilla.

Cuando surjan las primeras burbujas se retira, se pasa a una bandeja honda y se lleva frío a la mesa. Se sirve en trozos de 0,5 centímetros cuadrados por persona. Se puede consumir así o servirlo en platos individuales a los que, según el gusto, se les añadirá un poco de leche fría con miel o azúcar, para lo cual se tendrán en la mesa jarritas con leche y miel y el azucarero.

Frangollo yarita

(Véase Frangollo en el nº 67 de voces)
(Originario de Cuba)
(4 personas)

Ingredientes:

300 gramos de millo molido grueso
1 litro de agua
1/2 paquete de mantequilla
1 cucharada de matalahúva
3 pedazos de canela en rama
La corteza de dos limones
1/2 cucharadita de sal
100 gramos de pasas sin rabo ni semillas
1 lata de leche condensada
4 yemas

Se lava el frangollo bajo un chorro suave removiendo con cuidado y procurando que el agua al rebosar del caldero se lleve consigo las pequeñas partículas y quede el millo en el fondo. Se escurre y se pone a fuego vivo con tres litros de agua. Se le añade la mantequilla, matalahúva, canela, limón y la sal. Se deja hervir por espacio de diez minutos removiendo lenta y continuamente; pasado ese tiempo se baja la llama

Ensalada de frutas canarias *(página 219)*

y se le añaden las pasas y la leche condesada; se mezclan bien y se agregan despacio las yemas batidas, pero removiendo deprisa para que se unan sin cortarse con el resto de la mezcla. A los pocos minutos se convertirá en una masa blanda y compacta.

Se retira del fuego, se vuelca en una bandeja honda y se deja enfriar. Se hace pedazos con un cuchillo y se sirve con miel por encima o azúcar, según el gusto. Puede añadírsele, si se desea, un poco de leche al plato, o también triturarlo con leche y azúcar.

Galletas de nata

Ingredientes:

2 tazas de nata de leche de más de dos días
2 cucharaditas de polvos de levadura
1/2 cucharadita de zumo de limón
1 copa de vino blanco
4 huevos
500 gramos de harina de flor

Se mezcla la nata con la levadura, el zumo y el vino. Se añaden los huevos batidos y la harina, poco a poco, hasta formar una masa compacta y suave.

Se cortan pequeñas porciones y con las manos se aplastan dándole forma de galletas. Se ponen en bandejas de hornear y se meten en el horno suave durante diez o doce minutos. Se retiran, se dejan enfriar y se sirven para merienda.

Nota: La nata recomendada ha de ser extraída de leche hervida en la propia casa. En su defecto podrá ser sustituida por nata comercial.

Huesos de San Expedito

Ingredientes:

2 huevos enteros
100 gramos de azúcar
1 dl de aceite
2 copas de ron
400 gramos de harina
1 cucharada de levadura en polvo

Se baten los huevos con el azúcar, el aceite y el ron. Se le añade la harina y la levadura. Se deja reposar una hora. Se hacen unos palitos y se fríen en aceite no muy caliente.

Se sacan cuando estén dorados. Se ponen en una bandeja con papel absorbente y se espolvorean con azúcar.

Huevos moles

(Original de la Cuesta de la Villa, Tenerife)

Ingredientes:

8 yemas de huevo
1 cucharada de agua.

PARA EL ALMÍBAR:
1 vaso de agua
200 gramos de azúcar
1 luquete de limón
1/2 caña de canela

En un recipiente de cristal o acero inoxidable se ponen las yemas y el agua, y se baten al baño maría hasta que adquiera el espesor de una natilla. Ha de tenerse preparado un almíbar a punto de hebra (véase receta) con los ingredientes reseñados, añadiéndoselo a las yemas poco a poco sin dejar de batir. Antes de que se enfríe se sirve en copas.

Huevos moles para combinados

(Fonda de Efigenita Santa Lucía de Tirajana, Gran Canaria)

Ingredientes:

8 yemas de huevo
1 cucharada de agua

PARA EL ALMÍBAR:
250 gramos de azúcar
1 tacita de agua
La ralladura de medio limón
1 pedacito de canela

En un recipiente de acero o similar se baten las yemas con una cucharada de agua al baño maría hasta que se espesen como si fuese una mayonesa. Se retiran sin parar de mover. Aparte, en un calentador se hace un almíbar (véase receta) con el azúcar, un poco de agua , limón y la canela. Cuando esté a punto de hebra floja se retira.

Cuando el almíbar esté tibio se agrega poco a poco a las yemas, puestas nuevamente al baño maría; se sigue moviendo un minuto y lueg o se sirve en copas frías decoradas al gusto.

Leche asada

(Originaria de Bajamar, Tenerife)
(4 personas)

Ingredientes:

125 gramos de almendras tostadas
Agua
1/2 litro de leche
1 cucharada de mantequilla
1/2 caña de canela
1 luquete de limón
4 huevos
125 gramos de azúcar

Se ponen las almendras un minuto en agua hirviendo, se pelan, se muelen y se reservan. Se deposita la leche en un hervidor al fuego, con la mantequilla, la canela y el limón. Cuando hierva se aparta. En un lebrillo se baten los huevos enteros y el azúcar, se le añade la leche hervida poco a poco moviendo la mezcla, y por último las almendras molidas. Se vierte en una cazuela untada con mantequilla, y se pone al horno a temperatura moderada. Cuando quede consistente, que será aproximadamente a la media hora, se retira y se sirve frío.

Leche asada

(Original de la isla de la Gomera)

Ingredientes:

1 litro de leche
6 huevos
6 cucharadas de azúcar
1 palito de canela
La ralladura de 2 limones verdes
1 cucharada de harina de flor de millo

En una ondilla mediana se cascan los huevos, se les añade el azúcar y se baten. Se les agrega le leche, la ralladura de limón y la canela. Se vuelca en un molde rectangular, untado de mantequilla, y se introduce en el horno. Cuando se pinche con una aguja y salga limpia estará a punto.

Resulta muy típica bañada con miel de palma.

Leche cuajada con miel

(Digestivo refrescante)
(Originaria de Santa Lucía de Tirajana)

Ingredientes:

1/2 taza de leche de vaca
1/2 taza de leche de cabra
El rabillo de una cucharilla de cuajo natural
1/2 tacita de miel de abejas
1 cucharada de gofio

Se deposita la leche en un recipiente y se le añade el cuajo, se forra con un pañito y se deja a temperatura ambiente. A las cuatro horas, si está cuajada, se pasa a la nevera, y cuando esté fría se sirve con miel. Lo tradicional es espolvorearle una cucharada de gofio, aunque hay quien prefiere acompañarla con almendras o nueces fritas.

Nota: La miel de abejas puede sustituirse por miel de caña o palma.

Leche frita

Ingredientes:

2 cucharadas de maicena
4 yemas
1/2 litro de leche
4 cucharadas de azúcar
1 cáscara de limón
1 tacita de aceite para freir
2 huevos para rebozar
2 cucharaditas de harina de flor
1/2 sobre de canela molida

En una cacerola se baten las yemas, maicena, azúcar, harina y canela.

Aparte se hierve la leche con la cáscara de limón. Una vez hervida se cuela y se vierte en la cacerola anterior y se pone al fuego, removiendo hasta que espese la mezcla durante 5 minutos. Esta crema se vierte en una placa untada de aceite.

Una vez fría se corta en trozos, formando rombos, se pasa por harina, luego huevo batido y se fríe en aceite caliente. También se puede hacer empanada en lugar de rebozada.

Magdalenas de nata

Ingredientes:

8 huevos
150 gramos de mantequilla
1/4 kilo de azúcar
1 bote de leche condensada
La ralladura de un limón
1 cucharadita de canela molida
1/2 kilo de harina
3/4 paquete de levadura en polvo

Se separan las yemas de las claras. Se baten por separado y se reservan. Se trabajan la mantequilla y el azúcar durante unos diez minutos. Se le añaden las yemas, luego la leche condensada, la ralladura del limón y la canela. Se sigue batiendo hasta formar una masa cremosa. En este punto se le pone la harina, la levadura y por último se agregan las claras montadas a punto de nieve. Se pone en moldes de hojalata (forrados de papel) individuales al horno moderado durante 20 o 25 minutos y se apartan. Se toman en desayunos y meriendas.

Magdalenas populares

Ingredientes:

6 huevos
200 gramos de margarina
200 gramos de azúcar
La ralladura de un limón
250 gramos de harina
1 cucharadita de levadura en polvo

Se separan las yemas de las claras. Se trabajan la mantequilla, el azúcar y el limón; cuando se consiga una masa blanda, se le añaden las yemas y se baten cinco minutos más. Luego se agregan la harina y la levadura y por último las claras montadas a punto de nieve.

La mezcla se coloca en moldes de papel untados con mantequilla a horno moderado durante 20 minutos.

Magdalenas tradicionales

(Originarias de las Islas Occidentales)

Ingredientes:

10 huevos
500 gramos de azúcar
1 cucharadita de matalahúva
La ralladura de 2 limones
1/2 litro de aceite
600 gramos de harina
1 paquete de levadura en polvo

Se baten los huevos con el azúcar, matalahúva y las ralladuras, hasta que se forme una masa espumosa. En este momento se pone el aceite poco a poco. Al final se le agrega lentamente la harina mezclada con levadura. Se pasa la masa a moldes de papel o de hojalata (forrados con papel) y se introducen en el horno a calor moderado. Cuando estén doradas se retiran.

Manjar blanco

(Año 1760)

Ingredientes:

50 gramos de almendras peladas y molidas
50 gramos de azúcar
1 litro de leche
50 gramos de harina de arroz
1 cáscara de limón
1 pedazo de canela
1/2 sobre de canela molida
1 huevo

Se hierve la leche con la cáscara de limón y el trozo de canela. Aparte se bate el huevo, harina de arroz y almendras; esta mezcla se vierte en la leche y se deja cocer como si fuese una natilla, durante 5 minutos, a fuego lento y moviéndola bien; se retira la cáscara de limón y la canela y se pasa a los platos de postre. Se espolvorea con canela y se sirve frío.

Manjar de millo tierno

(Postre)

Ingredientes:

8 piñas de millo tierno
1/2 vaso de agua
1 vaso de leche de oveja
100 gramos de azúcar
4 yemas de huevo fresco
1/2 caña de canela
1/2 luquete de limón

Se lavan las piñas, se rallan y se pasan por el colador semifino, recogiendo el zumo en un caldero y depositando la pulpa en una ondilla. Se le añade el agua, se remueve bien y se pasa de nuevo por el colador. Se repite la operación y se tira la pulpa triturada. La leche de oveja se vierte en la ondilla con la mezcla, se baten las yemas con el azúcar, la canela y el limón; se une todo. Se coloca a fuego lento removiendo en la misma dirección; cuando empiece a espesarse se retira el limón y la crema se coloca en platos de postre; se sirve frío como si fuese una natilla.

Manjar de novicias

Ingredientes:

150 gramos de almendras
1/2 litro de leche mezclada (cabra y oveja)
6 yemas de huevo
1 cucharada colmada de harina de arroz
125 gramos de azúcar
1 cucharada de canela molida

Se hierven las almendras, se pelan y luego se muelen fino. Se colocan en una cacerola y se baten con el azúcar, un poco de canela y harina de arroz.

Aparte se hierve la leche que se vertirá en la cacerola donde están las yemas; se remueve y se deja cocer unos minutos. Se retira del fuego, se echa en platos de postre u ondillas individuales y se espolvorea con un poquito de canela.

Mantecados de café de Agaete

(Véase Mantecados en el nº 68 de voces)
(Gran Canaria)

Ingredientes:

1 kilo de manteca de cochino
1 kilo de azúcar
4 cucharadas de café líquido de Agaete
1 kilo de harina de flor
2 cucharadas de azúcar glas

Se amasan la manteca y el azúcar en sitio fresco. Se le agrega el café, los huevos y por último la harina hasta obtener una masa correosa.

Se va poniendo la masa sobre la mesa de cocina y se estira con el rodillo dejando una lámina de un centímetro de altura. Se cortan con molde o el borde de un vaso de agua hacia abajo. Se espolvorean ligeramente con azúcar glas. Se colocan en la plancha de hornear y se ponen en el horno a temperatura media. A los diez minutos se retiran, se dejan enfriar y se desprenden de la placa.

Para evitar que se desmoronen deben despegarse cuando estén totalmente fríos.

Mantecados de santa Lucía de Tirajana

(Véase Mantecados en el nº 68 de voces)
(Fórmula tradicional de las medianías sureñas).
(Gran Canaria)

Ingredientes:

1/2 kilo de manteca de cerdo
1/2 kilo de azúcar
La ralladura de 2 limones
750 gramos de harina

Se mezcla la manteca con el azúcar y la ralladura de limón. Se le añade la harina y se amasa todo muy bien. Se toman trocitos pequeños con la palma de la mano, se estiran en forma de tubo de 25 o 30 centímetros de largo y medio centímetro de grueso. Se enrolla en espiral, se colocan en planchas y meten en el horno a calor suave. No deben dejarse dorar demasiado. Se retiran de la placa cuando estén fríos.

Guardados en latas cerradas y en sitio seco se conservan perfectamente una semana.

A esta típica forma de enrollarlos se le llama de caracol.

POSTRES

Mantecados populares

(Véase Mantecados en el nº 68 de voces)
(Isla de Gran Canaria)

Ingredientes:

1 kilo de mantequilla
1 kilo de harina
1/2 kilo de azúcar
2 huevos
La ralladura de un limón
20 decilitros de anís (equivalente a 3/4 de un vaso de agua)
1 yema de huevo
3 cucharadas de leche

Se unen todos los ingredientes de forma que la masa no quede demasiado blanda por trabajarla en exceso. Se coloca sobre la mesa de cocina y se extiende con el rodillo hasta obtener una lámina de un centímetro de grueso. Se cortan con el borde de un vaso y se pasan a la placa de hornear, dejándolos unos minutos tapados con un pañito.

Mientras, se bate una yema con tres cucharadas de leche y con esa mezcla se untan con un pincel y se meten en el horno a temperatura moderada. A los diez minutos aproximadamente se sacan del horno; se retiran de la placa una vez que estén fríos.

Matrimonios Conchita Parrilla

(Puerto de La Luz)

Ingredientes:

600 gramos de almendras
300 gramos de azúcar
1 ralladura de limón
Una pizca de nuez moscada
1/2 cucharadita de canela
5 claras de huevo
1 cucharada de mantequilla

Se pelan las almendras y se muelen bien junto con el azúcar; se amasan con la ralladura de limón, la nuez moscada, la canela y, finalmente, se le añaden las claras batidas a punto de nieve y se mezcla despacio; la placa de hornear se prepara con papel graso untado de mantequilla; con una cuchara se cogen porciones de masa y se depositan en ella formando montoncitos. Se introducen en el horno a temperatura media; cuando estén fríos se sirven o se guardan en latas bien tapadas.

Mazapán de las medianías *(página 232)*

Mazapán de boda (siglo XIX)

(Santa Lucía de Tirajana, Gran Canaria)
(Véase Pleita en el nº 69 de voces)

Ingredientes:

460 gramos de almendras
1 taza de agua para hacer el caramelo
460 gramos de azúcar
Canela en polvo
6 yemas
1 clara
Mantequilla para untar

Se prepara una pleita. Se ponen las almendras en agua hirviendo un minuto, se escurren, se pelan y se muelen; se apartan unas cuantas, al resto se les agrega una clara de huevo, se amasa bien y se reserva. Se pone al fuego un calentador con el agua, se le añade el azúcar hasta que alcance punto de caramelo rubio (véase receta). Se baten las yemas, se unen a las almendras y se mezclan; obtenida la masa se deposita dentro del caldero del caramelo y se pone a fuego lento sin dejar de remover. Cuando la masa empiece a desprenderse de los lados, incluso del fondo del caldero, se aparta, se pone dentro de la pleita en forma de arco con un papel untado de mantequilla de fondo y se va apretando la masa con los puños hasta obtener un queso. Se deja en la pleita hasta que se endurezca. Después se retira y se unta todo el mazapán con canela molida. Se decora con unas almendras.

Costumbre muy antigua es colocar una paloma de alfeñique en el centro, dejando caer de su pico una cinta roja sujetando un verso en honor de los novios.

Mazapán de las medianías

(Tejeda, San Bartolomé y Santa Lucía de Tirajana, Gran Canaria)

Ingredientes:

1 kilo de almendras
Agua hirviendo
1 kilo de azúcar
La ralladura de 2 limones
1 yema de huevo
1 copa de anís

Se ponen las almendras en agua hirviendo durante un minuto. Se escurren, se pelan, se lavan bien y se muelen. Se les añaden tres cuartos de kilo de azúcar y se vuelven a moler. Se les añade la ralladura de limón, las yemas y el anís, se amasa procurando que la mezcla quede compacta. Se prepara un aro de lata de hacer queso, se coloca sobre una tabla plana y se introduce en él la masa, aplastándola poco a poco con el puño cerrado. Se mete en el horno a calor moderado y cuando adquiera color dorado se saca del horno, se deja enfriar y se le quita el aro.

Con el azúcar restante se prepara un almíbar a punto de lustre (véase receta) y se baña. Cuando se oree, se guarda en un recipiente perfectamente tapado y en sito seco.

Si se prefiere puede hacerse sin lustrar.

Mazapán de las medianías (siglo XX)

(Gran Canaria)

Ingredientes:

1 kilo de almendras
1 kilo de azúcar
5 huevos
La ralladura de 2 limones
1 copa de anís

En un calentador se pone el agua al fuego y cuando esté hirviendo se añaden las almendras, se dejan unos minutos, se apartan, se escurren y se muelen. Se mezclan con 750 gramos de azúcar y se vuelven a moler; se depositan en una ondilla y se le agregan una clara y cuatro yemas, se amasa, se le añaden las ralladuras de limón y el anís y se vuelve a amasar toda la mezcla.

Se unta un aro de lata y un papel de fondo con mantequilla. Se coloca la mezcla dentro, se aprieta el aro y se modela la masa presionando hacia abajo con los puños. Se pone al horno a temperatura moderada y, sin dejarlo dorar, se retira. Se pone al fuego el azúcar restante, con medio vaso de agua en un calentador y cuando tome punto de lustre (véase receta) se retira y se baña con ella el mazapán.

Mazapanes herreños

(Véase la diferencia entre éstos y el de Gran Canaria)

Ingredientes:

1 kilo de almendras
1 kilo de azúcar
La ralladura de 2 limones
Obleas de hojaldre
Azúcar glas
Canela en polvo

Se pelan las almendras de la forma explicada en la receta anterior, se mezclan con el azúcar y se muelen juntas. Se les espolvorea la ralladura de limón de forma que quede bien repartida en la masa.

Con las manos se forman tortitas de 6 u 8 centímetros de diámetro por 1 de alto, y se colocan sobre obleas de hojaldre del mismo diámetro y de medio centímetro de alto. Ambos discos se unen presionando con los dedos. Se colocan en bandeja de hornear, se espolvorean con el azúcar glas y canela molida, se introducen en el horno a calor moderado y cuando presenten un color dorado se retiran.

Mermelada de albaricoques

(Fórmula de Santa Lucía de Tirajana)

Ingredientes:

1 kilo de albaricoques (pintones) semiduros

1/2 kilo de azúcar

La corteza de un limón

1/2 caña de canela en rama

Se pelan los albaricoques, se abren, se les quita la pipa, reservando alguna como decoración, y se depositan en un caldero. Se cubren con el azúcar y se añaden la corteza del limón y la canela. Se dejan en reposo hasta el día siguiente. Se pone el caldero al fuego lento sobre una plancha, se deja hervir muy despacio moviéndolos con cuchara de madera sin parar para que no se peguen y espumándolos mientras hierven. Cuando la mermelada tome color rubio se retira, si se va a consumir pronto; para guardar se le da punto más fuerte y se deposita en tarros bien tapados.

Si los albaricoques están maduros se hace la mermelada sin pelarlos, pero a los quince minutos de estar hirviendo se retiran del fuego, se pasan por el pasapuré para eliminar la cáscara y se ponen de nuevo al fuego; cuando tomen color rubio habrán alcanzado su punto. Se retiran siguiendo las anteriores instrucciones.

Mermelada de huevos

Ingredientes:

4 cucharadas colmadas de almendras

4 cucharadas de mermelada de naranja

250 gramos de mermelada de sidra

2 cucharadas de aguardiente

200 gramos de azúcar

2 cucharadas de agua de rosas

4 huevos

Mantequilla para untar el molde

Se dejan unos minutos las almendras en agua caliente, se pelan y se muelen. Se depositan en una ondilla grande, se le añade la mermelada de naranjas, la de sidra y el aguardiente. Se le agregan el azúcar y el agua de rosas y se revuelve.

Aparte se baten los huevos enteros y se unen a la mezcla removiéndolo todo. Esta mezcla se deposita en un molde untado de mantequilla y se pone en el horno al baño maría, con un papel graso, hasta que se cuaje. Si al tocarlo se nota cuajado, se saca del horno y se sirve frío. Se lleva a la mesa decorado al gusto.

Mermelada de tomates

(Para 1 1/2 litro)

Ingredientes:

2 kilos de tomates
Agua
1 kilo de azúcar
La corteza de un limón
1 pedacito de canela en rama

Se eligen los tomates carnosos y maduros y se pasan por agua hirviendo. Se limpian de piel y semillas y se dejan escurrir en colador grueso durante dos horas.

Se ponen a fuego muy lento y al tiempo que se revuelven se les añade el azúcar, el limón y la canela; cuando tenga el espesor de la mermelada, se aparta del fuego y una vez frío se vierte en tarros de cristal bien tapados.

Se debe cocer encima de una plancha, no en fuego directo, para que no se pegue.

Mermelada de tunos Miguel Ángel

(Los Tirajanas, Gran Canaria)

Ingredientes:

1 kilo de tunos amarillos maduros pelados
3/4 kilo de azúcar
1/4 caña de canela
Ralladura de 1/2 limón
6 granitos de matalahúva molida

Se pelan los tunos, se colocan en un caldero, se añaden todos los ingredientes y se ponen al fuego removiéndolo con cuchara de madera; se espuma regularmente. Cuando tenga punto ligero de mermelada se retira, se cuela en caliente y, una vez frío, se conserva en botes de cristal bien tapados.

Natas del rey

Ingredientes:

1/4 litro de leche de vaca.
1/4 litro de leche de cabra.
1 luquete de limón maduro.
1 ramita de canela.
6 yemas de huevo.
100 gramos de fécula de arroz.
125 gramos de azúcar.
4 cucharadas de la nata de la leche hervida.
100 gramos de almendras molidas.
1/2 cucharadita de canela molida

Se pone la leche a hervir en un caldero con el luquete de limón y la canela. Aparte, en una ondilla, se baten las yemas con la fécula de arroz y el azúcar, se vierte la leche colada sobre las yemas y se deja cocer unos minutos. Antes de retirarla del fuego se le pone la nata y antes de llevarla a la mesa se le colocan las almendras y se espolvorea con canela. Se sirve en una ondilla o en platos individuales.

POSTRES

Natillas al caramelo

(Véase Natillas en el nº 70 de voces)

Ingredientes:

1 litro de leche
4 yemas de huevo
2 cucharadas colmadas de cacao amargo
200 gramos de azúcar
1 luquete de limón

Se confeccionan igual que las natillas tradicionales sustituyendo la maicena por dos cucharadas de cacao amargo mezclado con el azúcar.

Natillas de obispos

(Véase Natillas en el nº 70 de voces)

Ingredientes:

5 yemas de huevos
200 gramos de azúcar
4 bizcochos tostaditos
1/2 tacita de vino Malvasía seco
1 litro de leche
1/2 caña de canela
1 luquete de limón
250 gramos de almendras

En una cacerola se ponen las yemas, el azúcar, los bizcochos migados y el vino, y se dejan pendientes. Aparte se hierve la leche con la canela y el limón. Una vez hervida se cuela sobre la cacerola con las yemas y se pone al fuego, removiendo con una cuchara de madera dejándola cocer unos minutos. Se aparta y se le añaden las almendras peladas Y molidas; luego se vacia en un molde grande y se decora con almendras confitadas.

Natillas tradicionales

(Véase Natillas en el nº 70 de voces)
(4 personas)

Ingredientes:

1 litro de leche
2 pedacitos de canela en rama
La corteza de medio limón
4 huevos
200 gramos de azúcar
1 cucharada colmada de maicena
4 claras de huevo
4 cucharadas de azúcar

Del litro de leche se aparta un poquito y la restante se vierte en un caldero. Se le añade la canela y la corteza del limón, y se pone a fuego lento. Se tienen batidas las cuatro yemas con el azúcar, se les incorpora la leche reservada y se le añade la maicena. Se une todo y se pone poco a poco dentro de la leche que estará a fuego lento. Se revuelve continuamente para evitar que se pegue y el hervor desborde la mezcla. Cuando surjan las burbujas y se ponga pastosa, se aparta del fuego y se vuelca en una ondilla grande, en platos de postre o en ondillas individuales. Se sirven solas, decoradas con merengue a punto de nieve hecho con las claras que sobraron y con cuatro cucharadas de azúcar.

Resultan muy atractivas y gustosas si se colocan en los platos u ondillas fresas enteras o partidas, decorando los platos o el merengue. Según el gusto pueden añadírsele unos bizcochos.

Ñames sancochados y miel

(Véase Ñames en el nº 71 de voces)
(Receta originaria de La Palma)

Ingredientes:

1 kilo de ñames
3 litros de agua
Sal
1/2 sobre de canela
1 luquete de naranja o limón

Se pela el ñame, se lava bien y se introduce en un caldero con el agua, la sal, la canela y el limón. Cuando se pinche con un tenedor y se note tierno, se aparta, se escurre y se coloca en una bandeja. Se presenta en rodajas.

En unas ondillas se llevan a la mesa miel de abejas y miel de caña. Con una cucharilla se dejan caer las mieles en partes iguales sobre las rodajas de ñames, que se consumen con queso tierno.

Este postre puede durar varios días y se toma frío.

Paciencias herreñas

Ingredientes:

6 claras de huevo
350 gramos de azúcar
1/2 tacita de agua
1 cucharadita de canela molida
1 cucharada de cacao en polvo
La ralladura y el zumo de un limón

Las claras se baten con un chorrito de limón y una cucharada de azúcar hasta convertirlas en merengue. Mientras, se pone un caldero con el resto del azúcar y el agua al fuego. Cuando alcance el punto de bola (véase receta) se vierte ésta en el merengue que estará a punto de nieve. Primero se mezcla sin parar, deprisa, y después se sigue moviendo más despacio, se le añade la canela, el limón rallado y el cacao en polvo.

Finalmente se mete dentro de una manga con boquilla ancha. Se hacen montoncitos sobre una placa de hornear. Cuando estén dorados se sacan. Se sirven frías

Pan de convento

Ingredientes:

6 claras
350 gramos de azúcar
250 gramos de harina
200 gramos de mantequilla
6 yemas
2 gotas de esencia de vainilla
100 gramos de almendras saladas y molidas

Se hace un merengue con las claras y la mitad del azúcar; se le añade despacio la harina. Aparte se trabaja la mantequilla con la otra parte de azúcar, las yemas y la vainilla. Estas dos mezclas se unen, se añaden las almendras y se remueve bien; se deposita en un molde untado de mantequilla y se mete al horno a temperatura moderada durante 20 minutos. Cuando esté dorado se saca y se deja enfriar.

Se sirve como merienda.

Pan de rey

Ingredientes:

230 gramos de almendras
10 huevos
230 gramos de azúcar
1 cucharada de aguardiente
130 gramos de manteca de cerdo o mantequilla
1 pizca de nuez moscada
1/2 cucharadita de canela molida
230 gramos de harina de flor
150 gramos de pasas sin semilla
Mantequilla para untar el molde

Se ponen las almendras en agua hirviendo; al minuto se escurren, se pelan y se muelen.

Se depositan las claras y las yemas en una ondilla con el azúcar, se baten muy bien y se añaden, sin dejar de batir, el aguardiente, la manteca derretida al baño maría, la nuez moscada y la canela. Se le irá añadiendo poco a poco la harina hasta formar una masa suave, se le ponen las pasas y las almendras, se mezcla todo bien y se deposita en un molde untado con mantequilla. Se fija un papel al fondo y lados de la bandeja y también se unta, se vuelca la mezcla y se pone al horno a temperatura moderada.

Se comprueba si está cocido introduciendo un pincho largo; si sale limpio estará listo. Se sirve frío.

Pastas de merienda

Ingredientes:

4 huevos
100 gramos de azúcar
150 gramos de mantequilla
Sal
300 gramos de harina
La ralladura de medio limón

Se cascan los huevos en una ondilla mediana, se les añade el azúcar y se baten. Se les agrega la mantequilla derretida, se mezcla todo y se le pone la sal, la harina y la ralladura de limón; se bate con cuchara de madera. La mezcla se vierte en un molde engrasado con mantequilla y se pone al horno a temperatura moderada. Cuando esté casi dorado se retira, se deja enfriar, se corta en trozos y se meten de nuevo en el horno hasta que se observe que están bien doradas.

Pastas para meriendas

Ingredientes:

250 gramos de mantequilla
150 gramos de azúcar
3 yemas de huevo
1 rabillo de canela molida
1 cucharada de agua de azahar
1 ralladura de limón
450 gramos de harina

En una ondilla se ponen la mantequilla, el azúcar, las yemas, la canela, el azahar y la ralladura de limón; se mezclan y se va

Mazapanes herreños *(página 233)*

añadiendo la harina, sin dejar de remover hasta formar una masa semidura. Se deja reposar media hora. Se extiende con el rodillo sobre una mesa de mármol, dejándole un centímetro de espesor, y luego se cortan en medias lunas. Se ponen en bandeja de hornear y se introduce en el horno a temperatura media.

Se espolvorea con azúcar glas.

Pastel de garbanzos a la moda conejera

Ingredientes:

1/2 kilo de garbanzos de Lanzarote
2 litros de agua
250 gramos de azúcar
3 bizcochos sin lustrar
4 huevos
1 cucharada de mantequilla
1 luquete de limón
Hojaldre (véase receta)

Se ponen los garbanzos en remojo la noche anterior. Al día siguiente se escurren, se depositan en un caldero al fuego y se dejan guisar. Cuando estén listos se apartan, se escurren y se muelen con el azúcar.

Se colocan en una ondilla mediana y se amasan junto con los huevos batidos, los bizcochos, la mantequilla y el luquete de limón. Se coloca el hojaldre en un molde, forrando fondo y lados, se vierte sobre él la masa y se pone al horno a temperatura media durante 35 minutos.

Se sirve como postre.

Pastel de plátanos

Ingredientes:

1/2 vaso de ron
20 gramos de pasas sin semilla ni rabo
3 plátanos en ruedas de 3 cm
1/2 litro de leche
200 gramos de bizcochos en trocitos
2 cucharadas de mantequilla para untar
4 huevos
3 cucharadas de azúcar

Se ponen a macerar las pasas y el ron durante unas dos horas; los plátanos, cortados, se sofríen un poco para que no se pongan negros; los bizcochos se cortan en trozos; la leche se hierve. Todos los ingredientes se mezclan, se vierten dentro de un molde, previamente untado de mantequilla y se introduce en el horno durante 30 minutos. Cuando esté frío, se saca del molde y se sirve.

Pasteles de carne navideños

(Siglo XIX. Gran Canaria)

Ingredientes:

2 kilos de carne de cerdo
1 cabeza de ajos
2 ramas de perejil enteras
200 gramos de pan molido
400 gramos de azúcar
2 granos de pimienta negra molida
3 clavos molidos
1 cucharadita de canela
1/4 kilo de almendras horneadas y molidas
Las ralladuras de 1 limón grande
Hojaldre (véase receta)
Azúcar glas

En un caldero se ponen a guisar la carne en trozos, la cabeza de ajos entera con una cortadita y las ramas de perejil. Cuando esté todo bien guisado se sacan del recipiente los trozos de carne, se muelen, se le añaden el pan, azúcar, pimienta negra, los clavos, la canela, las almendras molidas y el limón; se pone al fuego de nuevo sin dejar de mover hasta que hierva. Se aparta y se deja enfriar.

Se hace una plancha de hojaldre. Se preparan los moldes especiales para pasteles, colocando en su interior el hojaldre procurando que quede bien adherido y tome su forma. En el hueco que queda se introduce una porción de carne ajustándola al hueco, se tapan con un redondel del mismo hojaldre y se ponen al horno hasta que estén dorados. Al sacarlos se espolvorean con un poco de azúcar glas.

Se comen fríos.

Pepitos

(Postre para el día de San José, de ahí su nombre)
(Gran Canaria)

Ingredientes:

400 gramos de harina de flor
1 1/2 cucharilla de levadura en polvo
200 gramos de mantequilla
100 gramos de azúcar
4 yemas
1 cucharilla de vainilla en polvo
1 cucharada de agua
100 gramos de dulce de membrillo

Se hace una masa en la mesa de cocina, poniendo la harina con la levadura. Se bate la mantequilla hasta que se ponga cremosa. Se le agrega el azúcar, las yemas, la vainilla y el agua. Se trabaja bien todo hasta obtener una masa suave; luego se hace un rollo largo y delgado y se van cortando trozos medianos, que se moldean con las manos y se aplastan formando tortitas redondas; éstas se colocan en la bandeja de hornear untada de mantequilla. Se les hace un hoyito al centro y se rellena con el dulce de membrillo. Se dejan reposar una hora, se ponen al horno a temperatura moderada y cuando están dorados se retiran. Se sirven fríos en meriendas y pueden guardarse en recipientes bien tapados.

Pestiños

(Véase Pestiños en el nº 72 de voces)
(Conocidos en todas las Islas Canarias)

Ingredientes:

- *250 gramos de harina*
- *4 cucharadas de aceite*
- *1 copa de anís*
- *1/2 taza de agua*
- *1/2 tacita de vino Malvasía seco*

Se hace una masa con la harina y el resto de los ingredientes; si queda muy dura se aligera con un poquito de agua.

Se deja reposar media hora. Se estiran trocitos de masa con el rodillo, se cortan porciones de 4 centímetros y se fríen en aceite caliente. Cuando estén dorados se retiran y se colocan en una bandeja con papel absorbente. Se sirven con miel de caña.

Plampudín casero

(Se mide todo en el mismo vasito del yogurt)

Ingredientes:

- *1 yogurt de limón*
- *3 1/2 vasos de harina*
- *2 vasos de azúcar*
- *1/2 vaso de aceite de oliva*
- *4 huevos*
- *1 limón rallado*
- *1 cucharada de mantequilla para untar el molde*
- *1 cucharadita de levadura en polvo*

Se bate el azúcar con las yemas y la ralladura del limón, mezclándolo bien. Se le agregan la harina y la levadura lentamente. Se baten las claras a punto de nieve con un chorrito de limón, y se mezcla todo despacio.

Se unta el molde con la mantequilla y se pone la mezcla dentro, se mete en el horno a una temperatura media de 160-170 °C.

A los 35 minutos, se introduce un pincho de hacer brochetas y si éste sale limpio está terminado.

Se puede hace también con pasas, poniendo éstas en remojo dos horas antes y agregándolas a la masa.

Postre de castañas

Ingredientes:

- *1 kilo de castañas con una cortada*
- *Agua hirviendo*
- *1/2 vaso de leche*
- *1/4 kilo de azúcar*
- *6 huevos*

Se introducen las castañas en agua hirviendo y se dejan un minuto al fuego, se retiran y se pelan. Se colocan en un caldero con una tacita de leche, se dejan hervir hasta que se consuma la leche, revolviendo de vez en cuando para que no se peguen; se apartan y se trituran bien. En otro caldero se disuelve el azúcar con el resto de la leche dejándola hervir durante 8 minutos; se aparta y se le añaden las yemas y las claras montadas a punto de nieve, junto con las castañas.

Se pasa a un molde de porcelana, previamente untado de caramelo, se pone al baño maría durante 25 o 30 minutos a horno moderado y se presenta en el mismo molde.

Se sirve caliente o frío, según preferencias.

Pudín de almendras

(Originario de Tejeda, Gran Canaria)

Ingredientes:

250 gramos de almendras
125 gramos de azúcar
1 copa de vino blanco del Monte
1 cucharada de mantequilla
1/2 ralladura de pomelo
Un pizco de nuez moscada
1 copa de agua de azahar
7 huevos
Mantequilla para untar el molde
1 cucharadilla de canela molida
250 gramos de harina

Se pelan las almendras y se muelen con el azúcar; se les añade el vino, la mantequilla, la ralladura, la nuez moscada, el agua de azahar y las yemas, y se mezcla. Aparte se baten las claras a punto de nive y se unen a lo anterior, añadiéndole la harina. Esta masa se vierte en una bandeja untada de mantequilla y se pone al horno a temperatura media durante 20 minutos aproximadamente. Se toca y, si se nota consistente como si fuese un bizcocho, se saca, se espolvorea de canela y se sirve.

Pudín de almendras

(Originaria de Garafía, La Palma)

Ingredientes:

230 gramos de almendras
230 gramos de azúcar
1/4 kilo de pan bizcochado molido
Ralladura de un limón
1/2 cucharilla de canela molida
6 huevos

Se ponen las almendras en agua hirviendo y al minuto se retiran, se pelan y se muelen con el azúcar; se le añade el pan bizcochado, se mezcla y se le van poniendo los huevos uno a uno. Se agrega el limón y la canela sin dejar de trabajar y se vuelca la mezcla en un molde de hornear untado de mantequilla. Se dejará en el horno a fuego moderado, y cuando esté dorado se retira.

Pudín de ñames Antonio Quintero

(Gomera)

Ingredientes:

1 kilo de ñames
1/2 kilo de castañas peladas y guisadas en leche y matalahúva
100 gramos de uvas pasas
1 litro de leche
7 huevos
1 vaso de vino de miel de abeja
1 medida igual de miel de palma
1 cucharada de gelatina natural
Ralladura de limón

Pelados los ñames, se introducen en un caldero y se dejan hervir en agua suficiente para cubrirlos; cuando estén tiernos se retiran, escurren y trituran. Igual se hará con las castañas, a las que previamente se les hace un corte lateral; una vez tiernas se retiran, se pelan y se muelen. Se unen las castañas y los ñames con las pasas y los huevos; se amasan bien, se les añaden las dos mieles y se termina agregándoles la leche y la gelatina, disuelta esta última en un poco de agua tibia. Se agregan las ralladuras de limón, se une todo y se deposita en un molde que se introduce en el horno al baño maría durante unos 35 o 40 minutos. Cuando el pudín adquiera un tono oscuro se pincha con una aguja y si ésta sale limpia estará listo para retirar. Se sirve con miel de palma, aderezado con castañas en almíbar y nueces.

Pudín de pan de Agüimes

Ingredientes:

500 gramos de pan de molde
1/2 litro de leche
130 gramos de azúcar
3 huevos
1 cucharada de mantequilla
1 copa de anís
150 gramos de mermelada de albaricoque

Se le quita la corteza al pan y en un recipiente se pone a esponjar con la leche hervida durante media hora. Con una cuchara de madera se deshace y se le añade el azúcar, las yemas, la mantequilla y el anís. Después de mezclarlo bien se pone en un molde untado con mantequilla y se introduce en el horno a calor moderado. Se notará que está hecho cuando se desprenda de las orillas del molde, entonces se saca y se coloca en una bandeja de hornear; se extiende sobre el pudín una capa de mermelada y sobre ella las claras batidas a punto de nieve. Se introduce de nuevo en el horno y se retira cuando las claras estén doraditas.

Se sirve frío en platos de postre, cortado en trozos.

Pudín de pan santa Lucía

Ingredientes:

La miga de un pan redondo del día anterior
3/4 litro de leche
200 gramos de azúcar
1/2 paquete de mantequilla
6 huevos
1/2 vasito de licor de plátanos
1/2 limón rallado
Una pizca de nuez moscada

Se le quita la corteza al pan, se desmenuza la miga y se deposita en una ondilla. Aparte, se hierve la leche y se vierte sobre las migas de pan; se le añade el azúcar, la mantequilla derretida, licor, ralladura de limón, nuez moscada y las yemas; finalmente se le agrega las claras a punto de nieve, se mezcla y se vuelca en un molde previamente untado con mantequilla. Se pone al horno, al baño maría, durante 40 minutos aproximadamente.

Se puede servir entero o en porciones.

Pudín de plátanos

(Arucas, Gran Canaria)

Ingredientes:

6 plátanos manzanos maduros
5 cucharadas de azúcar
4 huevos
1 taza de miga de pan en trozos
1 limón rallado
1/2 litro de leche
50 gramos de mantequilla

Se pelan los plátanos, se fríen un poco y luego se trituran con un tenedor junto con el azúcar; se les añade la miga de pan, la leche previamente hervida, la ralladura de limón y los huevos batidos. Los moldes se untan con mantequilla, se pone en ellos la mezcla y se introducen en el horno al baño maría, como si fuesen un flan, durante 20 minutos. Cuando esté frío se saca del molde y se sirve, decorándolo según el gusto.

Pudín de rebanadas de pan

Ingredientes:

1 pan redondo de matalahúva del día anterior
4 cucharadas de mantequilla
6 huevos
100 gramos de azúcar
2 vasos de leche
1/2 cucharadita de canela
Una pizca de nuez moscada rallada
150 gramos de pasas de corinto

Las pasas se ponen en remojo. Se baten los huevos enteros con el azúcar y se les añade la leche hervida con la canela y nuez moscada.

Se van colocando en el molde untado de mantequilla capas alternativas de pasas y de pan. Finalmente se le pone la mezcla que tenemos de huevos y leche. Se introduce en el horno al baño maría durante 35 minutos, aproximadamente, y cuando esté dorado se retira.

Una vez frío se saca del molde y se sirve entero o cortado.

Pudín de requesón

Ingredientes:

1 kilo de queso del día anterior
10 huevos
1/2 cucharadita de canela
1/8 de nuez moscada (ralladura)
La ralladura de un limón
1 cucharada de agua de azahar
250 gramos de azúcar
150 gramos de mantequilla
1 cucharada de azúcar glas
250 gramos de harina

Se deshace el requesón en una ondilla y se le unen las yemas, la canela, la nuez moscada, la ralladura de limón, el agua de azahar, el azúcar y la mantequilla. Se revuelve todo muy bien y por último se agregan las claras a punto de nieve y la harina despacio.

Se mezclará todo y se vaciará en un molde, el cual habrá sido untado con mantequilla previamente. Se comprueba si está hecho introduciendo una aguja larga; si sale limpia se aparta y se le pone canela y azúcar glas por encima. Se presenta entero y se sirve en porciones.

Pudín de zanahorias

Ingredientes:

250 gramos de zanahorias
1 cucharada de pan migado
3 huevos
1/4 litro de leche
1 cucharada de agua de rosas
150 gramos de azúcar
Mantequilla para untar
1 cucharadita de azúcar glas

Se cuecen las zanahorias, se escurren y se trituran. Se les añade el bizcocho, la leche hervida, el azúcar, las yemas y las claras a punto de nieve; se mezcla despacio y se vierte en un molde untado de mantequilla. Finalmente se pone al horno, al baño maría.

A los 20 o 25 minutos se pincha con una aguja; si ésta sale limpia se saca del horno y se espolvorea con azúcar glas. Se sirve en platos de postre.

Quesadillas fritas

(Véase Quesadillas en el nº 73 de voces)

Ingredientes:

1/2 kilo de queso del día
8 huevos
200 gramos de harina
1 cucharadita de matalahúva molida
La ralladura de un limón mediano
1 raspadura de nuez moscada
8 cucharadas rasas de azúcar
1 cucharadita de sal fina
Azúcar glas
1 cucharadita de canela molida

Se tritura el queso en una ondilla grande, se le añaden los huevos batidos, matalahúva, ralladura de limón y nuez moscada, azúcar, sal y la harina que admita; se trabajan hasta conseguir una masa suave.

Se hacen tortitas medianas y se fríen en aceite caliente. Cuando estén doradas se retiran de la sartén y se ponen sobre un papel absorbente hasta que expulsen el aceite.

Si se desea, al colocarlas en la bandeja de servir, pueden espolvorearse con un poquito de azúcar glas y canela molida.

Suspiros palmeros *(página 253)*

POSTRES

Quesadillas fritas herreñas

(Véase Quesadillas en el nº 73 de voces)
(Fórmula tradicional)

Ingredientes:

PARA LA MASA:

600 gramos de harina
300 gramos de mantequilla
150 gramos de azúcar
2 huevos
Ralladura de un cuarto de limón

PARA EL RELLENO:

1 kilo de queso del día anterior
300 gramos de azúcar
200 gramos de miel de abeja
1 cucharadita de matalahúva molida
1/2 cucharadita de canela molida
La ralladura de medio limón

Se coloca la harina en forma de volcán sobre la mesa y dentro del hoyo se depositan la mantequilla, azúcar, huevos y la ralladura de limón. Se amasa con las manos hasta obtener una masa correosa y uniforme. Se deja reposar una hora. Mientras, se prepara el relleno.

Para el relleno, se lava y tritura el queso en una ondilla grande; se trabaja con las manos durante 10 minutos, se le añade el azúcar y se sigue amasando hasta que ésta se haya disuelto; después se pone la miel y, sin dejar de trabajar, se agregan los huevos uno a uno, luego la matalahúva, canela y ralladura de limón; se trabaja bien hasta obtener una mezcla unida y suave.

Con un rodillo se estirará la masa colocando parte de ella en moldes de latón o similar, parecidos a los de las magdalenas, y en el hueco que queda se colocará el relleno que lleve; se introducen en el horno a temperatura no superior a 170 °C. Cuando estén doradas se sacan y sirven frías.

Quesadillas tradicionales de Gran Canaria

(Véase Quesadillas en el nº 73 de voces)

Ingredientes:

1/2 kilo de queso de vaca, cabra y oveja
300 gramos de azúcar
4 yemas de huevo
Ralladura de 1/4 de limón
1/2 cucharadita de matalahúva
1/2 cucharadita de canela molida
3 cucharadas de harina de flor
1 taza de aceite de oliva
La corteza de 1 limón regular
La corteza de 1 naranja mediana

Se lava y se tritura el queso en un lebrillo pequeño con un tenedor; se le añade el azúcar, las yemas, las raspaduras de limón, matalahúva y canela, se tritura y se mezcla todo muy bien con el tenedor; se le agrega la harina y se trabaja hasta eliminar los grumos y conseguir una pasta cremosa y suave. Se pone la sartén al fuego con el aceite y las cáscaras de limón y naranja; cuando el aceite esté hirviendo se retiran, y se pone con una cuchara porciones de masa a freír, haciéndoles un hoyito al centro a cada una en forma de bollo, y cuando estén doradas se pasan a una bandeja forrada con papel absorbente.

POSTRES

Queso de higos pasados

(Receta exclusiva de Santa Lucía de Tirajana)
(Véase Pleita en el nº 69 de las voces)

Ingredientes:

- *1 kilo de higos negros pasados*
- *1/2 kilo de almendras*
- *1/4 kilo de nueces*
- *1 clavo molido*
- *150 gramos de harina*

Se les quita el pezón y el ombligo a los higos y se muelen mezclados con las almendras sin pelar y las nueces. Se añaden los clavos molidos y se espolvorean sobre los higos. Se amasa todo y se introduce en un aro de lata o pleita de palma y se le da forma de un queso. Sin sacarlos del aro se untan las dos caras del queso con harina y se prensa dándole la vuelta durante ocho días, pasados los cuales se retira del aro, extendiendo con la mano un poco de harina por todos sus lados.

Es un postre canario de primera magnitud y fue el alimento favorito de los emigrantes canarios en sus viajes al continente americano y Antillas.

Queso de higos pasados tradicional

(Oriundo de Santa Lucía de Tirajana)
(Véase Pleita en el nº 69 de voces)

Ingredientes:

- *1 kilo de higos*
- *250 gramos de almendras*
- *1 sobre de canela molida*
- *1 sobre de matalahúva (molida)*
- *150 gramos de harina*

Se coloca sobre una tabla o plancha de mármol una pleita o un aro de lata formando una circunferencia de 15 cm. Se quitan los ojos y pezones a los higos. Se abren longitudinalmente y se van colocando en capas dentro de la circunferencia procurando que el interior del higo quede hacia arriba y el exterior hacia abajo. A continuación se coloca una capa de almendras de forma que queden una o dos almendras en cada higo y así sucesivamente, espolvoreando cada capa con la canela y la matalahúva. La última camada se colocará de forma que la pulpa del higo quede hacia abajo.

Terminada la operación se extenderá con la mano una capita de harina por ambas caras del queso. Se prensa con un peso encima y a los 10 días se retira el aro, espolvoreando harina por todos sus lados hasta conseguir un blanqueo uniforme de todo el queso.

Rapaduras blancas

(Véase Rapaduras en el nº 74 de voces)

Ingredientes:

1/4 litro de agua
1/2 cucharadita de matalahúva
1 kilo de azúcar
200 gramos de almendras peladas, tostadas y molidas fino

Se pone al fuego el agua con la matalahúva. Se deja hervir, se aparta y se cuela. En el caldero donde se ha colado se le añade el azúcar, se pone de nuevo al fuego y se va removiendo sin parar. Cuando tome punto de almíbar se retira del fuego y se bate bien, rociándolo con agua de vez en cuando hasta que esté casi frío. Se le añaden las almendras, se bate la mezcla y se vierte en los moldes que deben humedecerse previamente con agua fría.

Se sacan con cuidado de los moldes cuando se hayan enfriado y se envuelven en papel graso o de aluminio.

Rapaduras de almendra

(Véase Rapadura en el n.º 74 de voces)

Ingredientes:

1/2 cucharadita de matalahúva
1/2 litro de leche de vaca
1 kilo de azúcar
350 gramos de almendras tostadas y molidas

Se le pone la matalahúva a la leche caliente y antes de que rompa a hervir se retira y se cuela. Se le añade el azúcar y se remueve hasta que se haya disuelto. Se pone al fuego de nuevo y cuando esté hirviendo se añaden las almendras sin dejar de remover. A los pocos minutos se retira del fuego y se vierte en los moldes que deben ponerse en agua fría antes de ser usados.

Para extraerlas de los moldes se dejan enfriar y se sacan con cuidado. Cuando estén bien frías se envuelven en papel graso o de aluminio.

Rapaduras de chocolate

(Véase Rapaduras en el nº 74 de voces)

Ingredientes:

1/2 litro de leche de vaca
1 kilo de azúcar
1/2 tacita de chocolate especial

Se pone a fuego lento la leche, se le añade el azúcar y se remueve sin parar. Cuando esté hirviendo la leche se le añade el chocolate, previamente diluido en un poco de leche caliente. Se sigue removiendo hasta que tome forma pastosa. Se aparta y se pone en los moldes, que han de estar fríos.

Se extraen con cuidado de los moldes cuando se hayan enfriado y se envuelven en papel graso o de aluminio

Rapaduras de leche

(Véase Rapaduras en el nº 74 de voces)

Ingredientes:

200 gramos de almendras
1/2 litro de leche de oveja
1 kilo de azúcar

Se ponen las almendras en agua hirviendo; al minuto se escurren, se pelan y se muelen. Se vierte la leche en un caldero y se disuelve en ella el azúcar. Se pone a fuego lento y se remueve despacio pero sin parar. Cuando esté hirviendo se le añaden las almendras molidas muy finamente. Se deja hervir unos minutos, sin dejar de remover, y se pasa a los moldes con cierta ligereza para que no se endurezca la pasta. Los moldes son de forma cónica, y deben estar bien fríos.

Cuando estén endurecidas y frías se sacan de los moldes y se enrollan en papel graso.

Rosquetes de almendras

Ingredientes:

460 gramos de almendras
4 yemas de huevo
3 cucharadas colmadas de harina de flor
160 gramos de azúcar
1 cucharadita de canela molida
2 cucharadas de azúcar para espolvorear

Se ponen en agua hirviendo un minuto las almendras, se escurren, se pelan y se muelen. Se depositan en una ondilla. Se baten las yemas y se mezclan con las almendras, se les añade la harina, el azúcar y la canela. Se amasa todo muy bien y, sobre el mármol de cocina enharinado, se les da forma de rosquetes al tamaño que se desee. Se unta un papel graso de manteca, se coloca sobre el latón de hornear y se introduce en el horno. Cuando estén dorados se retiran y se espolvorean con azúcar glas. Se sirven o se guardan en recipientes bien tapados.

Rosquetes de obispo

Ingredientes:

1 huevo y una yema
50 gramos de azúcar para la mezcla
2 cucharadas de aceite
Ralladura de un limón
1/2 cucharadita de canela molida
1/4 kilo de harina
1 cucharadita de levadura en polvo
1 taza de aceite para freír
2 cucharadas de azúcar glas

Se bate el huevo, la yema, el azúcar y el aceite, se le añade ralladura de limón y canela, harina y levadura.

Se mezcla todo y se comienzan a formar los rosquetes. Se fríen en aceite no muy caliente. Se sacan cuando estén dorados, se colocan en una bandeja con papel absorbente y se sirven espolvoreados de azúcar glas.

Sopa de ingenio

(Receta del siglo XIX)
(Véase Sopa de ingenio en el nº 75 de voces)

Ingredientes:

1/2 litro de miel de abejas
1/2 litro de miel de caña
1 kilo de pan bizcochado molido
1/2 kilo de azúcar
300 gramos de almendras tostadas y molidas
1/2 cucharilla de canela molida
1 rabillo de pimienta negra molida
1 rabillo de clavos molidos
1 cucharilla de matalahúva
La ralladura de un limón

Se mezclan las dos mieles y se ponen al fuego con el azúcar; cuando forme hebra se aparta, se le añade el pan, previamente humedecido en agua y se revuelve; se le ponen las almendras y el resto de los ingredientes y se unen bien con cuchara de madera. Se pone nuevamente al fuego, revolviendo durante unos minutos; cuando esté proximo a cuajarse se retira del fuego y deposita en un molde enharinado; una vez frío se sirve en platos de postre, decorado con figuritas de confite.

Sopas de miel de abejas

(6 personas)

Ingredientes:

3 panes pequeños bizcochados
1/4 kilo de miel de abejas
1 cucharadita de matalahúva
La ralladura de medio limón
20 gramos de almendras molidas

Se tienen las ruedas de pan bizcochado dispuestas en una bandeja. En un recipiente se pone la miel a fuego lento. Se le añaden la matalahúva, el limón y las almendras horneadas cortadas en tiritas muy finas. Cuando empiece a tomar punto, se baja el fuego al mínimo y se van introduciendo una a una las ruedas de pan, bañándolas con la mezcla y procurando que las almendras queden repartidas en cada superficie de pan. Se sacan con espumadera y se van colocando en una bandeja, echándoles por encima la mezcla que ha quedado. Esta operación ha de hacerse con cierta rapidez para evitar que la miel se queme.

Suspiros de teror

(Gran Canaria)

Ingredientes:

7 claras de huevo
400 gramos de azúcar
Unas gotas de zumo de limón
4 cucharadas de agua
1 cucharada de canela molida

Se baten las claras a punto de nieve, añadiéndoles, despacio, dos cucharadas de azúcar, las gotas de limón, el agua y la canela. El resto el azúcar se prepara a punto de bola (véase receta) y se le pone al merengue sin dejar de batir, primero muy deprisa y luego despacio, hasta que se enfríe. Se colocan en la bandeja de hornear sobre un papel graso untado de mantequilla, haciendo unos montoncitos en forma de cono. Se meten en el horno a temperatura suave y cuando presenten matices dorados se retiran.

Suspiros palmeros

Ingredientes:

150 gramos de almendras
6 claras
350 gramos de azúcar
Mantequilla para untar
Harina para espolvorear

Se hierven las almendras, se pelan, se hornean y se muelen. Se baten las claras con el azúcar poco a poco a punto de nieve. Una vez hecho el merengue se le añaden las almendras molidas y se mezclan despacio. Se hacen montoncitos, preferentemente de tamaño pequeño, y se colocan en bandejas de hornear previamente untadas de mantequilla y espolvoreadas con harina. Se meten en el horno a temperatura suave y cuando estén doradas se retiran.

Se sirven de postre o meriendas.

Tabas

Ingredientes:

2 huevos
2 cucharadas soperas de azúcar
2 cucharadas de aceite
1/2 cucharada de matalahúva molida
1 cucharadita de ralladura de naranja
1 cucharadita de levadura en polvo
1/4 kilo de harina

Se baten los huevos hasta formar espuma, se les añaden el aceite, la matalahúva, la ralladura de naranja y la levadura y se mezclan. Al final se le pone la harina despacio hasta obtener masa dura. Se deja reposar media hora y se procede a hacer unos palitos de 4 centímetros de largo. Se fríen en aceite no muy caliente, se ponen sobre papel absorbente, se pasan por azúcar y se sirven fríos, acompañados de miel de palma, si se desea.

Tabletas de almendra

Ingredientes:

460 gramos de almendras
460 gramos de azúcar
Ralladura de un limón
1/2 cucharadita de canela molida

Se pelan las almendras después de tenerlas un minuto en agua hirviendo. Se dejan enfriar, se filetean y se depositan en una taza.

Se derrite el azúcar en un calentador y se le añade la corteza de limón y la canela.

Antes de tomar color dorado, sin dejar pasar el almíbar, se le añaden las almendras removiendo la mezcla hasta que tome color dorado; esta mezcla se pondrá en moldes pequeños y bajitos, untados con aceite de almendras, y con un limón verde se presiona al centro y a los lados para que quede bien figurado.

Tarta de nueces

(Receta del antiguo hotel Monopol)

Ingredientes:

PARA LA CREMA:

1 taza de agua
200 gramos de azúcar
4 yemas
2 cucharadas de agua
300 gramos de mantequilla
1/2 taza de nueces majadas

PARA LA TARTA:

6 huevos
150 gramos de azúcar
180 gramos de harina de flor
1/2 taza de nueces picadas
La mitad de la crema
1 cucharadita de levadura en polvo
6 nueces enteras
Harina para enharinar
Mantequilla para untar el molde

Para hacer la crema se pone a hervir el agua con el azúcar, hasta que adquiera punto de hebra fuerte (véase receta). Se baten las yemas al baño maría con dos cucharadas de agua hasta que queden como una mayonesa. Se agrega el almíbar a las yemas, se unen y se le añaden la mantequilla y las nueces majadas. Se bate todo y estará lista para untar.

Para preparar la tarta, se separan las claras y se baten a punto de nieve; se les unen las yemas batidas y se les añade el azúcar, la harina poco a poco, sin dejar de batir; tres cuartas partes de las nueces picadas, la mitad de la crema y la levadura, revolviendo con cuchara de madera hasta lograr una masa uniforme. Se unta un molde de hornear con mantequilla y se sirve en él la mezcla. Se pone al horno a temperatura media y a los treinta y cinco minutos se retira.

Una vez fría, se saca la tarta del molde, se corta en tres láminas y se untarán las caras superiores con la crema sobrante, dejando un poco para los laterales. Se monta la tarta, procurando que la lámina untada de crema quede hacia arriba, se bañan los laterales con la crema restante, salpicándolos con el resto de las nueces picadas y decorando la superificie con nueces partidas.

Tarta de papaya

(Agaete, Gran Canaria)

Ingredientes:

1/2 kilo de papayas maduras
2 huevos
8 cucharadas de leche
1 cucharadita de mantequilla
120 gramos de azúcar
1/4 cucharilla de canela molida
2 cucharadas de harina
Mantequilla para untar
1 cucharada de azúcar glas

En una ondilla se tritura la papaya pelada, sin semilla, y se le añaden el azúcar, las yemas, la mantequilla, la canela, la leche y la harina. Finalmente se baten las claras a punto de nieve y se mezcla todo despacio. Se vierte la masa dentro de un molde, previamente untado de mantequilla, y se introduce en el horno a temperatura moderada, durante unos 35 minutos. Se espolvorea con azúcar glas .

Tarta de queso

Ingredientes:

PARA EL RELLENO:

1 queso tierno de un kilo
7 huevos
1 limón rallado
1 sobre de matalahúva
1 rabillo de canela molida
150 gramos de harina
75 gramos de azúcar
3 yogurt de limón
1 sobre de levadura en polvo

PARA LA MASA:

600 gramos de harina
300 gramos de mantequilla
150 gramos de azúcar
2 huevos
1 pizca de vainilla

En una ondilla se baten las yemas con el azúcar, la ralladura de limón, la matalahúva y la canela. En otra ondilla se baten las claras a punto de nieve, se vierte donde están las yemas y se le agrega la harina poco a poco. Este relleno se pone dentro de la masa.

Para preparar la masa, se mezclan todos los ingredientes. Se forra el molde con esta pasta y se le pone el relleno dentro, sin taparlo. Se mete al horno a 160-170 °C durante unos 35-40 minutos.

Tejas de almendras

Ingredientes:

100 gramos de almendras molidas
2 claras de huevo
100 gramos de azúcar
70 gramos de harina
1 cucharada de mantequilla
Ralladura de un limón

Se baten las claras a punto de nieve y se les añade el azúcar, la ralladura de limón, la harina, la mantequilla en pomada y las almendras; se mezcla despacio.

De esta mezcla se toman pequeñas porciones con una cuchara y se van poniendo en una placa de hornear, previamente untada con mantequilla. Se introducen en el horno a temperatura media y cuando estén doradas se retiran.

Tentaciones galdáricas

(De la ciudad de Gáldar, Gran Canaria)

Ingredientes:

- *6 plátanos manzanos pelados*
- *2 tacitas de azúcar*
- *1 taza de vino tinto del Monte*
- *2 clavos majados*
- *1 rabillo de canela molida*
- *1 tacita de miel de abejas*
- *1 cucharada de almendras*

En un caldero plano se pone a hervir el azúcar con el vino, clavos, canela y miel durante unos minutos; después se le agregan los plátanos, dejandolos cocer y procurando que no se rompan. Se sirven calientes en platos de postre, con las almendras fileteadas y tostadas por encima.

Tirajalla

(Gran Canaria)
(Fórmula muy antigua)
(Véase Tirajala en el nº 77 de voces)

Ingredientes:

- *1/2 litro de miel de caña*
- *200 gramos de azúcar*
- *1/2 corteza de limón*
- *1/4 sobre de canela molida*

En un calentador se vierten todos los ingredientes y, cuando la mezcla toma punto de bola (véase receta), se retira del fuego y se va vertiendo en cucuruchos de papel graso previamente preparados.

Una vez fríos se comen.

Tocino de cielo

(Originaria de Teror)

Ingredientes:

- *300 gramos de azúcar*
- *1/2 vaso de agua*
- *15 yemas de huevo*
- *150 gramos de azúcar para hacer caramelo*

Se hierve el azúcar con el agua y cuando esté a punto de hebra (véase receta) se retira. Se mezcla poco a poco el almíbar con las yemas y se pasa todo por un colador. Se preparan moldes individuales o uno grande, se les pone un fondo de caramelo rubio (véase receta) hecho con 150 gramos de azúcar y se deposita en ellos la mezcla. Se coloca un caldero al fuego con agua, dentro se le pone un cedazo y sobre éste los moldes, para que se hagan al vapor, se tapa y se cubre con un paño.

Se sirven cuando se hayan enfriado.

Torta de cuajada

(San Mateo)

Ingredientes:

- *250 gramos de almendras*
- *200 gramos de azúcar*
- *6 huevos*
- *500 gramos de cuajada del día*
- *Ralladura de 1/2 limón*
- *1 cucharada de mantequilla*
- *125 gramos de harina*

Se pelan las almendras y se muelen; se mezclan con la cuajada, el azúcar, la ralladura de limón, las yemas y la harina; una vez hecha esta mezcla se le añaden las claras a punto de nieve, removiendo despacio. Finalmente se deposita en un molde, previamente untado de mantequilla. Se pone al horno a temperatura media durante 40 minutos.

Se sirve frío.

Si se desea puede ponerse en la mesa una ondilla pequeña con miel de abeja o de palma.

Tortas de garbanzas

(Originarias de Lanzarote)
(4 personas)

Ingredientes:

1/4 kilo de garbanzas
150 gramos de azúcar
1 sobre de canela molida
La ralladura de 1/2 limón
100 gramos de harina
1 copa de anís
4 huevos
1/2 tacita de aceite
Sal

Se ponen las garbanzas en remojo la noche anterior cambiándoles el agua. Al día siguiente se lavan, se cuecen y se pasan por el pasapuré, dejándolo caer en una ondilla; se añaden todos los ingredientes, excepto las claras. Éstas se batirán a punto de nieve y se unen despacio a la masa. Conseguido esto, se toman porciones de mezcla con una cuchara sopera y se depositan en la sartén con aceite caliente.

Cuando estén doradas se retiran y se colocan sobre papel absorbente. Una vez expulsado el aceite, se colocan en una bandeja y se espolvorean con azúcar.

Tortas de Santa Teresa

(Gran Canaria)
(8 personas)

Ingredientes:

1 pan redondo de dos días
1/2 litro de leche fresca
300 gramos de azúcar
1/2 caña de canela
La ralladura de un limón
1 sobre de matalahúva
4 huevos
Aceite para freír
2 cucharadas de azúcar glas

Se corta el pan en rodajas de dos centímetros y se coloca en una bandeja honda. En un caldero se pone al fuego la leche con el azúcar, la canela, la ralladura de limón y la matalahúva. Se deja hervir, revolviéndola durante unos minutos, y se aparta. Al tiempo que se cuela se deja caer sobre las rodajas de pan. Se escurre la leche que no se haya empapado. Se baten los huevos y se vierten por encima del pan.

Se pone bastante aceite en la sartén y en ella se fríen las rebanadas con uniformidad, dándoles la vuelta. Cuando estén fritas se retiran de la sartén y se espolvorean con azúcar glas.

Tortilla de bodas

(Originario de Barlovento, La Palma)
(4 personas)

Ingredientes:

8 huevos
1 cucharadita de canela molida
2 cucharadas rasas de azúcar
1/4 kilo de harina
1/2 paquete de levadura en polvo
La ralladura de un limón
1 taza de aceite para freír

Se baten las claras a punto de nieve y se le añaden poco a poco las yemas, la canela, el azúcar, la harina, la levadura y la ralladura de limón. Se mezcla todo y se remueve hasta convertirlo en una masa suave. Se pone el aceite en la sartén y cuando esté bastante caliente se va vertiendo parte de la masa en forma de tortilla. Se vuelve para dorarla por ambos lados, se retira y se coloca en una bandeja con papel absorbente. Se repetirá la operación hasta que se termine la masa.

Se baña con miel de abeja o con un almíbar, según el gusto.

Tortillas de paridas y de carnaval Toñita María

(Puerto de la Luz)

Ingredientes:

6 huevos
1 sobre de canela
1 sobre de matalahúva
1/2 vasito de anís
3 cucharadas de pan bizcochado molido
6 cucharadas de azúcar
1 litro de leche
La ralladura de medio limón
1 kilo de harina
1/2 litro de aceite de oliva
1 cucharada de levadura en polvo
1 cáscara de limón

Se baten los huevos y se les añade la canela, matalahúva, anís, pan molido, azúcar y ralladura de limón. Se bate, se añade la leche y se va agregando harina mezclada con la levadura hasta conseguir una masa blanda y correosa; ésta se tapa con un paño húmedo y se deja reposar media hora. Se pone el aceite en la sartén al fuego con la cáscara de limón y cuando ésta esté dorada se retira y se empiezan a freír porciones de mezcla del tamaño que se desee.

Cuando estén doraditas se retiran y se sirven frías o calientes, acompañadas de miel de abeja para rociarlas según el gusto. Pueden guardarse en latas 4 o 5 días.

Tortitas para meriendas

(Desaparecida Fonda de Moya, Gran Canaria)

Ingredientes:

- *460 gramos de harina de flor*
- *230 gramos de mantequilla*
- *150 gramos de azúcar*
- *3 yemas de huevo*
- *1/2 cucharadilla de canela molida*
- *1 cucharada de agua de azahar*
- *La ralladura de medio limón*
- *1 cucharada de manteca para untar*

Se pone en una ondilla grande la harina, se le añaden el resto de los ingredientes y se amasa muy bien. Se pone la masa sobre la tabla de cocina o mármol enharinado y se extiende con el rodillo dejándole un centímetro de espesor, aproximadamente. Con el borde de un vaso mojado en agua se corta la masa y se colocan los círculos en plancha de hornear, untada de manteca y con un papel en su fondo.

Se ponen a temperatura moderada y cuando estén doradas se retiran; se sirven frías o se guardan en latas forradas con papel y herméticamente tapadas.

Tortitas para meriendas

(San Mateo, Gran Canaria)

Ingredientes:

- *6 huevos*
- *4 cucharadas de azúcar*
- *1/2 litro de leche*
- *1/2 kilo de harina*
- *1/4 sobre de canela molida*
- *1/2 cucharada de matalahúva*
- *1 vaso de aceite de oliva para freír*

Se ponen en una ondilla grande los huevos, se baten bien con el azúcar, se le añade la leche, la canela y la matalahúva y, poco a poco, la harina sin dejar de remover hasta conseguir una masa rala y uniforme.

Se pone el aceite en la sartén y cuando esté bien caliente se empezarán a colocar con una cuchara porciones de mezcla. Se dejan freír hasta que estén doradas y se van colocando en una bandeja sobre papel absorbente.

Tostadas con almendras

(Originaria de Tejeda, Gran Canaria)

Ingredientes:

- *10 gramos de almendras tostadas*
- *8 rebanadas de pan de molde*
- *8 cucharadas de leche condensada*

Se depositan las almendras en agua hirviendo, se dejan unos minutos, se escurren, se pelan, se filetean y se apartan.

Cada rebanada de pan se unta con leche condensada y se cubre seguidamente con una capa de almendras. Se ponen al horno y a los pocos minutos, sin dejarlas tostar demasiado, se retiran y se sirven calientes.

Se toman con chocolate y son adecuadas para desayunos y meriendas.

Truchas con cabello de ángel

Ingredientes y preparación:

Se preparan de la misma forma que las anteriores pero cambiando el relleno por cabello de ángel (véase receta). Se sirven frías, espolvoreadas con azúcar glas.

Truchas conejeras de batatas

Ingredientes:

1/2 kilo de batatas
Agua para hervir
150 gramos de azúcar
1 cucharadita de canela
Ralladura de un limón
Hojaldre (véase receta)

Se ponen las batatas a hervir con agua suficiente para cubrirlas. Una vez cocidas se sacan del agua, se escurren y se trituran. Se les añade el azúcar, la canela y la ralladura de limón. Conseguido este puré, se agrega un poquito del agua de la cocción, hasta que resulte una masa suave.

Aparte cortamos círculos de hojaldre de diez centímetros. Se coloca una cucharada de relleno en el centro, se pinta con un huevo batido el círculo, se dobla formando una media luna y se fríen en aceite caliente. Cuando estén doradas se colocan en una bandeja con papel absorbente y se espolvorean con azúcar.

Truchas de batatas

(Postre típico de Navidad, tradicional en todo el Archipiélago Canario)

Ingredientes:

PARA LA PASTA EXTERIOR:
1 kilo de harina
1/4 kilo de manteca
20 gramos de azúcar

PARA LA MASA:
1 kilo de batatas amarillas
Agua, sal
125 gramos de almendras pasadas por agua hirviendo, peladas y molidas
1 copita de anís
1 cucharadita de canela molida
200 gramos de azúcar
1 ralladura de limón
1/2 sobre de matalahúva
50 gramos de pasas sin semilla.
1 litro de aceite para freír

Se coloca la harina en forma de volcán sobre la mesa de cocina y en el hueco se pone la manteca y el azúcar. Se amasa todo y se deja reposar una hora

Mientras, se pelan las batatas, se lavan y se colocan dentro de un caldero con agua suficiente para sancocharlas (hervirlas), se le añade la sal y cuando estén guisadas se apartan, se escurren y se trituran; se le añaden las almendras, el anís, la canela, el azúcar, la ralladura de limón, la matalahúva y las pasas, puestas en remojo una hora antes. Se amasa bien este relleno y se reserva

Pasada la hora de reposo de la masa se espolvorea sobre la mesa un poco de harina, se coloca la masa y se estira con el rodillo hasta convertirla en una fina lámina, lista para ser cortada en forma de obleas, apretando sobre ella el borde de una escudilla. En el centro de la circunferencia se coloca una cucharada de relleno, se dobla y se unen los bordes pegándolos con un poco de huevo batido, se apretan con los dientes de un tenedor procurando que sus huellas queden bien señaladas como adorno.

En una sartén se pone abundante aceite con la corteza de medio limón. Cuando esté caliente se retira la corteza y se empiezan a freír las truchas sin moverlas. Cuando adquieran un color dorado claro se les da la vuelta; una vez fritas se retiran del fuego y se pasan a la bandeja de servir, espolvoreándolas con un poco de azúcar.

Se debe estar pendiente para evitar que se quemen o para añadir aceite a medida que éste se consuma. Se pueden conservar muy bien en una lata forrada interiormente con papel absorbente y herméticamente tapada.

Truchas horneadas

Ingredientes y preparación:

Con los mismos ingredientes y forma de preparar las truchas fritas de batatas se confeccionan las truchas al horno, sustituyendo la masa de harina por hojaldre (véase receta de hojaldre).

Una vez horneadas se acostumbra darles un baño de lustre, con almíbar a punto fuerte (véase receta).

Truchas majoreras

Ingredientes:

PARA EL RELLENO:

250 gramos de garbanzos
200 gramos de azúcar
La ralladura de un limón
1 cucharada de matalahúva
4 yemas de huevo

PARA LA PASTA:

500 gramos de harina
100 gramos de azúcar
3 cucharadas de aceite
2 claras bien batidas con 2 cucharadas de leche
1 cucharada de levadura en polvo

Se ponen en remojo los garbanzos un día antes. Una vez cambiada el agua y limpios éstos, se ponen a cocer con abundante agua hirviendo. Cuando estén bien guisados, se apartan, se escurren, se pelan y se hace puré, añadiendoles el azúcar, la ralladura de limón y la matalahúva. Se ponen de nuevo al fuego, se les añaden las yemas, una a una sin dejar de mover, y se apartan.

Para preparar la pasta, se amasa todo junto, hasta formar una mezcla compacta; se estira con el rodillo consiguiendo un grueso de tres milímetros. Se deja descansar. Se cortan círculos de diez centímetros de diametro, con el borde de una taza, se coloca en el centro de cada uno una porción de relleno, se pinta con huevo alrededor, se dobla formando media luna y se fríen en aceite caliente. Al sacarlas, se colocan en bandeja con papel absorbente y se espolvorean de azúcar.

Batidos y refrescos

Sangría conejera siglo XIX *(página 267)*

Batido monseñor

Ingredientes:

4 guayabas.
1/4 litro de zumo de naranjas.
1/4 litro de leche de cabra.
3 cucharadas de azúcar.
1 copita de licor de plátanos

Se pelan las guayabas, se cortan en trocitos y se ponen en la batidora. Se les añade el zumo de naranjas y la leche. Se agrega el licor y el azúcar, se bate unos segundos y se cuela. Se sirve frío.

Batido regional canario

(2 personas)

Ingredientes:

1 mango mediano de Mogán
1 rodaja de piña tropical canaria
1/4 litro de zumo de naranja de licor
1/4 litro de zumo de naranjas del país
1/2 chirimoya
1 plátano manzano pequeño
2 cucharadas de azúcar

Se pelan y se quitan las semillas de las frutas. Se hacen trocitos, se introducen en la batidora y se les añade el zumo de naranjas y el azúcar. Se bate y se sirve frío.

Batido Santacrucero

(Tenerife)

Ingredientes:

1/2 litro de leche de cabra
1/4 litro de zumo de naranjas de licor
1/4 litro de zumo de naranjas corrientes
150 gramos de almendras peladas y molidas
1/4 papaya
1 plátano manzano mediano
4 cucharadas de azúcar moreno

Se ponen las almendras un minuto en agua hirviendo, se pelan y se muelen. Se quitan las semillas a las frutas. Se vierte todo en la batidora y se deja hacer hasta que la mezcla quede bien unida y las almendras disueltas.

Se sirve frío.

Escarcha de uvas

Ingredientes:

1 taza de agua
3 tazas de azúcar
1 kilo de uvas
El zumo de dos limones
1 cucharadita de vainilla en polvo

En un caldero se ponen todos los ingredientes al fuego, menos la vainilla y el limón; se mueve el caldero de derecha a izquierda para que las semillas, con la ebullición, suban a la superficie; con la espumadera se van retirando hasta eliminarlas. Al cuarto de hora se le añade la vainilla y el limón, se deja hervir dos minutos y se aparta; se sirve frío en copas de boca ancha y pie fino.

Helado de aguacate

Ingredientes:

2 aguacates maduros triturados
El zumo de medio limón
2 decilitros de leche de vaca
7 cucharadas de azúcar
1 cucharada de fécula de arroz
1/2 taza de agua
3 yemas de huevo
1 taza de crema de leche

Se mezclan en un recipiente los aguacates triturados y el zumo de limón. Aparte se hierve la leche con el azúcar.

En una taza se deslíe la fécula en un poco de agua fría y se le añade a la leche que está hirviendo; se deja cocer un minuto más, sin parar de remover con cuchara de madera y se aparta. Se baten los huevos y se le añade la leche, se remueve y se le agregan los aguacates. Fuera del fuego, se combinan bien todos los ingredientes y se deja enfriar la mezcla, poniéndola en la nevera y removiendo de vez en cuando.

Esta misma fórmula puede emplearse para confeccionar helado de plátanos, empleando cuatro piezas de esta fruta.

Néctar de papaya maspalomas

Ingredientes:

1/2 kilo de papaya
1/4 litro de zumo de uvas
100 gramos de miel de abejas

Limpia la papaya de piel y semillas, se tritura en la batidora, añadiéndole el zumo de uvas; se bate medio minuto, se agrega la miel y se repite el batido

Se sirve frío en vaso largo, decorado con una uva y una fresa.

Refresco de tunos

Ingredientes:

7 tunos indios (colorados)
3 tunos amarillos
1/4 papaya
1 vaso de naranjada
Azúcar
2 cubos de hielo

Se pelan y se trocean las frutas, se introducen en la batidora, se les añade el zumo de naranjas, el azúcar y el hielo picado. Se bate durante unos segundos, se cuela y se sirve.

Este refresco puede hacerse con tunos indios o amarillos solos, o, si se desea, añadiendo guayabas o kiwis en la misma proporción que la papaya.

Sangría conejera siglo XIX

(Isla de Lanzarote)

Ingredientes:

1 sandía grande
2 botellas de vino tinto de Lanzarote
1 botella de agua con gas
2 copas de coñac
1 naranja
1 limón
1 plátano
2 manzanas
1 papaya
1/2 caña de canela
4 cucharadas de azúcar

Para colocar la sandía se ha de disponer de un trípode de metal o hierro, cuyas patas han de estar unidas por un aro en la parte superior. El aro ha de ser de diámetro aproximado al de la sandía. Este soporte se forra de fibra vegetal (palma anea o junco) y las patas con caña. El trípode puede quedar sin forrar, en cuyo caso no resultará tan típico. Para servir se debe usar un cucharón de madera de mediano tamaño.

Se pelan y se cortan en trocitos las frutas y se depositan en un recipiente. Se escancia el vino, agua y coñac en una tinaja de barro melada o en un recipiente de cristal, se le añade el azúcar y se disuelve batiendo suavemente. Se vierten las frutas, se le añade bastante hielo y se deja reposar una hora.

A la sandía, que ha debido estar en la nevera varias horas, se le corta la parte superior en forma de tapa. A ser posible se le extrae toda o parte de la semilla sin estropear la pulpa. Se vierte la sangría en la sandía, se tapa y se lleva a la mesa. Con el cucharón se va sirviendo al mismo tiempo que se trata de extraer un poco de pulpa de la propia sandía. A medida que se vaya consumiendo se le añadirá más sangría.

Quesos, vinos y licores

Quesos canarios *(página 271)*

Los quesos canarios

Desde antiguo, los quesos de nuestras islas han gozado de fama internacional por sus exquisitos sabores y peculiares aromas, destacando el de Flor, elogiado por importantes gastrónomos de fama universal. Viera lo registra en su Diccionario.

Damos a continuación una breve descripción de los quesos producidos artesanalmente en el Archipiélago Canario.

Queso de Gran Canaria.-.Existen en esta isla muchos tipos de quesos, tanto frescos como curados, confeccionados con mezcla de distintos tipos de leche cruda: oveja, cabra y vaca. La masa al corte presenta un color blanco, compacto y suave, con pocos y pequeños ojos. De paladar suave y aroma agradable, dependiendo de las estaciones y lugares de producción: cumbres, medianías y costas. Destaca el de Flor, elaborado en lo alto de las ciudades de Guía y Gáldar, con un 25% de leche de oveja y 75% de vaca, cuajado con la flor del cardo *Cynasa Scolimus*; es de corteza lisa, aspecto ceroso y color amarillento; la masa bien prensada presenta un aspecto cremoso y sin ojos. Su sabor es suave y mantecoso.

Queso de la isla de Tenerife.-.Se elabora en toda la isla. Tiene fama el de la zona sur. Se utiliza para su confección leche de vaca, cabra y oveja, sin guardar proporción; es tierno (puede decirse que no tiene corteza) y la masa es de color blanco. Al corte presenta ojos pequeños repartidos en toda la superficie. Su sabor es suave y muy agradable.

Queso majorero.- Este queso es originario de la isla de Fuerteventura, confeccionado con leche de cabra y una pequeña cantidad de oveja. Es un queso de corteza blanca, se conserva untado en aceite y pimentón y, a veces, también con gofio. De sabor algo picante, cremoso y con un intenso aroma. Se elabora en toda la isla.

Queso herreño.-Se confecciona en toda la isla, especialmente en las zonas de medianías, con leche cruda de cabra, oveja y vaca, sin señalar proporciones. La corteza presenta color veteado blanco y amarillento. La masa al corte es de aspecto variable, más cremosa y amarillenta cuanto mayor es el porcentaje de leche de oveja. Los ojos suelen ser pequeños y de distribución regular. De sabor ácido agradable y suave, con un intenso aroma ahumado.

Queso de Lanzarote.- Se elabora en toda la isla, sobre todo en los municipios de Teguise y Tinajo, con leche cruda exclusivamente de cabra. Su corteza es muy fina; el color es totalmente blanco; la masa al corte presenta aspecto compacto, con pocos y pequeños ojos. Su sabor es el típico de la leche de cabra, con un peculiar y agradable sabor.

Queso palmero.- Se elabora en toda la isla, especialmente en los municipios de El Paso y Garafía, confeccionado con leche cruda de oveja y cabra. Tiene pocos ojos, repartidos de forma heterogénea; es de sabor suave y aspecto agradable. Invita a degustarlo.

Queso Gomero.- El queso de la isla de la Gomera está fabricado con mayor porcentaje de leche de cabra y poca de oveja; el queso curado presenta corteza gris amarillenta y aspecto grasiento; la masa es pesada, sin ojos, de sabor fuerte y picante, con intenso aroma. Se elabora en las zonas de Chipude, Igualero, El Cercado, Las Hayas, Ayamosna y Alajero.

Los vinos canarios

Nuestros vinos gozan de fama internacional desde los siglos XVI y XVII, fecha en que por primera vez fueron degustados en Inglaterra . Shakespeare menciona el Malvasía canario varias veces en sus obras; en la titulada *Enrique IV*, dice de él: «Es un vino maravillosamente penetrante y perfuma la sangre antes de que se pueda decir: ¿qué es esto?». Más tarde, el 20 de diciembre de 1803, la corte napoleónica invita a altos cargos del gobierno americano a un banquete y en los postres se brindó con vino canario, del que se hicieron elogiosos comentarios.

En la actualidad, después de varios años de decadencia, la producción de vinos canarios está cifrada en 30 litros por habitante y año, que supone los 200 000 Hl anuales, cantidad que no cubre la tercera parte del consumo local. Los viticultores canarios, en vista de la buena acogida que en la actualidad tienen sus caldos, están tratando de aumentar tal cantidad.

Como es de suponer, cada isla y zona produce variedades y calidades con matices diferentes. No olvidemos los microclimas que existen en cada una y la composición de terrenos destinados al cultivo de la vid, cuyas cepas en buena proporción están plantadas en terrenos compuestos por escorias volcánicas con bajo nivel pluviométrico.

Damos a conocer una sucinta relación de estos vinos artesanales:

Malvasía dulce: El rey de los caldos canarios, el famoso Vino Canary, elogiado repetidamente por acreditados catadores; es agradablemente dulce, embriagador, amargo y ácido a la vez, oloroso, de colores ambarino y sabor exquisito, con una graduación de 16°. Se consigue en algunas bodegas de La Palma, principalmente en Fuencaliente.

En Lanzarote se producen varios Malvasías de superior calidad:

Malvasía clásico: De color tostado ambarino, que emite destellos de aroma almendrado e intenso, de paladar voluptuoso y de gran plenitud. Selecto para acompañar con pastas.

Malvasía seco: Color amarillo paja pálido, muy limpio y brillante, adecuado para tomar con pescado frito. Debe servirse a 8° C de temperatura.

Malvasía semiseco: De igual calidad que el anterior, aunque más suave de paladar, muy equilibrado y agradable sabor. Se sirve a 6° C de temperatura. Excelente para acompañar a pescados sancochados y mariscos.

Malvasía Joven: Gran vino blanco, brillante, de color amarillo oro, muy atractivo. Rico en aromas frutales, destacando la personalidad que le confiere la variedad Malvasía.

Vino de licor Malvasía: Dulce, especial como vino de postre y muy exquisito. Producido en la comarca de Fuencaliente, isla de La Palma.

Vinos tintos: Se consechan en todas las Islas Canarias, menos en la Graciosa y muy poco en Fuerteventura.

Vinos de buqué y calidades diferentes según islas y zonas: La isla de Tenerife es la mayor productora. De bonitos colores: rojo violáceo y rojo rubí. Densos, con rico aroma, carnosos y viriles, dotados de un sabor potente que se abren a la boca.

Destaca también el llamado **Del Monte**, Gran Canaria: Vino joven, con bastante capa y gran personalidad, cuya variedad base es la uva negra común, de

Guindilla *(página 276)*

sabor suave y afrutado. Su graduación está entre los 12,5 y 13°. Todos son apropiados para parrilladas de carne y papas arrugadas con mojo, o salmorejos de conejo. Los de Santa Brígida y San Mateo son más bien rosados, suaves, afrutados, con 12 y 12,5°.

Vinos moscatales: Son en realidad mistelas; se elaboran principalmente en la isla de Lanzarote; muy generosos y de excelente calidad , su presencia en toda mesa canaria da un toque de distinción y elegancia al servirlo como digestivo.

Vinos blancos secos: Las principales islas productoras de estos vinos son: Tenerife, La Palma, Gomera y El Hierro. Secos de cuerpo y color, bien constituidos y con acidez total relativamente baja, debido a la gran concentración de azúcar que alcanzan sus uvas. Los hay jóvenes, afrutados, frescos y con gran fragancia y aromas. Muy apropiados para pescados y comidas suaves, especialmente para consumir con viejas sancochadas, acompañadas de mojo verde y papas arrugadas.

Vino de mesa blanco-semidulce: Excelente vino producido en la isla de La Palma, procedente de uvas iguales a las empleadas en la elaboración del vino blanco, con un 3% de dulce, que lo convierte en el vino ideal para consumir con carnes blancas, pescados fritos o a la plancha, incluso para postres acompañando al café. Este vino tiene gran aceptación en fiestas y banquetes.

Vinos rosados: Se producen en la comarca de Taganana (Tenerife), Fuencaliente (La Palma), Frontera (El Hierro) y en la isla de Lanzarote.

Son vinos de aroma suave y color fresa o rosáceo rubí, con ligeros destellos anaranjados; muy agradables y afrutados, con un retrogusto similar a las cerezas frescas, según las islas y zonas. Tienen un punto de aguja que los hacen el vino ideal para combinar con cualquier tipo de comida. Debe servirse frío.

Vino Diego: Se trata de una variedad muy particular, típica de Lanzarote. Vino de color blanco pálido, de aroma afrutado y sabor suave, con buen equilibrio de acidez; su graduación suele oscilar entre los 12,5 y los 14°.

Vino de licor Listán: Ideal para postre. De sabor muy agradable, que recuerda a la variedad de donde procede, es, sin duda, el vino más cultivado en todo el Archipiélago Canario. Bueno como aperitivo, si se toma muy frío, y excelente como vino de postre.

Vino de Tea: Llamados así por ser criados en madres de madera del corazón del pino canario, llamado tea; se les atribuyen propiedades curativas. Su sabor recuerda a los Retsina griegos. Son producidos en el norte de la isla de La Palma. Las barricas son construidas por toneleros naturales de la misma zona. Todos estos vinos pueden adquirirse en las bodegas y cooperativas radicadas en las islas.

Otros vinos de tipo medicinal

Vino de palma guarapera: El vino de palma se produce en cantidades reducidas, con base en la extracción artesanal de la savia de la palma, llamada guarapo. Una vez obtenida, con técnicas propias de la isla de la Gomera, puede consumirse sin fermentar durante las primeras 48 horas. Es una bebida gustosa, refrescante y antialcohólica.

La transformación del guarapo en vino por el procedimiento de fermentación y conservación en madres apropiadas, está en decadencia; el líquido resultante es escaso y se consume como el vino.

Para su conversión en aguardiente existen alambiques rudimentarios de distintos tipos en las zonas de Tamagarda, Agulo, La Palmita y Vallehermoso.

El poco aguardiente producido es consumido por los residentes en la isla, mezclado con la miel de palma y unas gotas de limón en proporciones que varían según el gusto de cada cual. A esta típica bebida se le llama gomerón.

Vinos de abeja: Producido en casi todas las islas donde existen colmenares. Bebida medicinal obtenida de los residuos de la castrada (recolección de miel), mezclada con agua hervida; se cuela y se deja macerar en frascos de cristal. Puede empezar a consumirse a partir de los 4-6 meses de su envasado.

Mistela

(Véase Mistela en el nº 80 de voces)

Ingredientes:

1 litro de aguardiente
1/2 litro de agua
1/2 canuto de canela
200 gramos de azúcar

De las varias fórmulas que conocemos damos la más popular, pudiendo jugar con las cantidades según el gusto.

Mistela

(Otra opción)

Ingredientes:

1 litro de aguardiente.
1/2 litro de agua
750 gramos de miel de abejas
150 gramos de azúcar morena
La corteza de 1/2 naranja
La corteza de medio limón
2 pedacitos de canela
1/2 cucharilla de matalahúva

En un recipiente de cristal se depositan el aguardiente y las cáscaras de los cítricos; se dejan en maceración 6 días. Pasado este tiempo se retiran las cortezas, se prepara una melaza a fuego lento con el agua, azúcar y miel. Una vez disuelto se retira del fuego, se deja enfriar y se vierte en el aguardiente; se deja macerar un mes, al cabo del cual se filtra y se vuelve a depositar en el recipiente, bien tapado, para consumir cuando se desee.

Licores

En las Islas Canarias se han confeccionado licores de todas las frutas, de leche, de café, de huevos y de hierbas aromáticas; esta costumbre ha sido relegada, perdurando en la actualidad sólo las exquisitas mistelas, de confección casera y con muy poca diferencia en todas las islas, especialmente en La Palma. El Mejunje y la Guindilla, licores autóctonos de los pueblos de Santa Lucía y San Bartolomé de Tirajana, son ejemplo de ello.

El primero fue descubierto, documentalmente hablando, y confeccionado por primera vez en el año 1964 por quien esto escribe; su fórmula fue hallada también por mí en un archivo parroquial de esta comarca, en el legajo denominado «Cuentas de Fábrica», donde se reflejaban, entre otros, los gastos ocasionados por las visitas de los señores Obispos al pueblo en el pasado siglo.

Nota: Aunque nuestras inmediatas generaciones fueron muy aficionadas a la confección de licores, en la actualidad sólo se hacen los que hemos reseñado. En los recetarios consultados encontramos fórmulas para confeccionar licor ROSOLÍ, a base de rosas frescas y de pétalos de rosas, cuyas cantidades y preparación varían según el gusto de cada persona.

Guindilla

(Véase Guindilla en el n.º 79 de voces)
(Fórmula original)

Ingredientes:

10 litros de ron de 40 grados
6 kilos de guindas maduras del país
5 kilos de azúcar
3 litros de agua
1/2 caña de canela

Se lavan y se le quitan los rabos a las guindas; se depositan en un garrafón. Se disuelve el azúcar en agua templada, se le añade la canela y se vierte en el recipiente anterior; se deja macerar un año. Otros aditamentos que aparecen en algunos recetarios desvirtuan el auténtico sabor de la guinda.

Huevos malvasía

(Originaria de Lanzarote)

Ingredientes:

2 yemas de huevo
2 cucharadas de azúcar
1 copa de vino Malvasía
1 copa de anís
1/2 sobre de canela molida

Se baten en una taza las yemas y se les añade el azúcar. Se siguen batiendo hasta que el azúcar se haya disuelto por completo y se reservan.

Se mezcla el vino con el anís y se calientan a fuego lento; se retiran antes de que empiecen a hervir y se añaden a las yemas con la canela molida.

Se bate en coctelera, y se sirve en copas y semifrío.

Malvasía fin de fiesta

(Lanzarote)

Ingredientes:

4 yemas
300 g de azúcar
6 decilitros de vino Malvasía seco
1/4 litro de infusión de vainilla

Se baten en una ondilla las yemas y el azúcar; se pasa el vino a un recipiente de cristal, se le añade el batido anterior y se revuelve. Se prepara la infusión de vainilla y se añade a la mezcla. Se remueve de nuevo y se pasa por el colador, dejándolo caer dentro de un calentador. Se pone al calor unos minutos y se sirve suavemente caliente en tazas de ponche.

Mejunje

(Véase Mejunje en el n.º 79 de voces)

Ingredientes:

1 litro de ron de Telde de 40º
200 gramos de miel de abejas
100 gramos de azúcar
2 limones pintones medianos, a ser posible cogidos en el limonero
1/2 vaso de agua de Firgas

Se deposita la miel en un calentador con el azúcar y se remueve despacio. Antes de que rompa el hervor se retira, se les añade el ron y el agua, y se mezclan. Se lavan y se pelan los limones, procurando quitar sólo la cáscara exterior (no la blanca que es amarga) y se le añade a la composición. Se extraae el zumo de los limones pelados y se agrega a la mezcla; se remueve y se tapa. Al día siguiente se retiran las cáscaras y se embotella. Puede tomarse a partir de los diez días.

Nota: Podemos afirmar que cualquier otra fórmula con el nombre de este licor es un burdo plagio. Las composiciones dadas en algunos recetarios con hierbas aromáticas y granos de café no corresponden al clásico mejunje, sino a otros añadidos introducidos en la isla por emigrantes canarios venidos de Cuba; a estos preparados se les da el nombre de «yerbilla», y no mejunje.

Papaya al ron

(Arucas, Gran Canaria)

Ingredientes:

3/4 kilo de pulpa de papaya madura
1/4 kilo de guayabas.
1/2 taza de agua
2 copitas de ron añejo
Unas gotas de esencia de vainilla

Se pelan y quitan las semillas a las papayas y a las guayabas. Se ponen en la batidora con el resto de los ingredientes y se baten a alta velocidad un minuto; luego se pasa a un recipiente e introduce en la nevera 2 horas.

Se sirve en copas de helado, adornado con cerezas, fresas y guindas.

Ponche de la «señá» Aniquita

(Risco de San Nicolás. Siglo XIX)
(Véase Ponche en el nº 81 de voces)

Ingredientes:

- *1 litro de agua*
- *2 ramitas de hierbaluisa*
- *1 sobre de té*
- *La corteza de 2 naranjas*
- *La corteza de 2 limones*
- *300 gramos de azúcar*
- *2 decilitros de agua*
- *1 botella de ron de Arucas añejo*
- *1 botella de aguardiente*
- *El zumo de seis naranjas*

En un calentador se pone el agua al fuego y cuando rompa a hervir se le agregan la hierbaluisa, el té y las cortezas de naranja y limón; se aparta y se deja enfriar. En una cacerola se depositan el azúcar, el agua, el ron y el aguardiente; se remueve y se le prende fuego, removiendo con cucharón de acero inoxidable. A los ocho minutos aproximadamente se le añade la infusión, se mezcla y se pone al calor de la plancha.

En el momento de servirlo, se pasa a una ponchera y se le agrega el zumo de naranjas. Se prueba y, si resulta muy fuerte, se le pone un poco de agua hirviendo.

Se sirve templado.

Ponche de plátanos

(Véase Ponche en el nº 81 de voces)

Ingredientes:

- *2 copas de licor de plátano*
- *1 vaso de té*
- *1 copita de ron añejo*
- *1 vaso de naranjada del país*

En un calentador se prepara el té; una vez frío se le agrega el resto de los ingredientes, se remueven, se ponen de nuevo al fuego y se sirve templado.

Ron cumbrero

Ingredientes:

- *2 litros de ron de 40º*
- *La corteza (fina) de 5 naranjas pequeñas del país*
- *La corteza (fina) de 1 limón pequeño*
- *1/2 caña de canela*
- *2 granos de pimienta negra*
- *460 gramos de azúcar*
- *125 mililitros de agua*

Se vierte el ron en una garrafa de cristal con todos los ingredientes menos el azúcar. A los 5 días se cuela.

Se queman 60 gramos de azúcar en un calentador pequeño, se disuelve en agua y se agrega al ron sólo lo suficiente para darle color. El azúcar restante se disuelve en agua caliente y se añade al ron. Se tapa la garrafa y se deja en maceración 6 meses.

Yerbilla

(Véase Yerbilla en el nº 82 de voces)

Ingredientes:

1 litro de ron
200 gramos de miel de caña
1 limón grande
100 gramos de azúcar
4 granos de café de Agaete
1 ramita de hierbaluisa
2 cucharadas de azúcar quemada

Se deposita la miel en un calentador con 100 gramos de azúcar y se pone al fuego; antes que rompa a hervir se añaden el ron y el agua, se remueve y se aparta. Se lava el limón y se pela fino añadiendo la cáscara a la mezcla. Lo mismo se hace con el zumo que se obtenga, los granos de café, la hierbaluisa y el azúcar quemada. Se remueve bien y se deposita en botellas, previamente colado. Puede consumirse a partir de 15 días.

Tablas de medidas de áridos y líquidos recopiladas de antiguos recetarios de cocina y repostería y su equivalencia en medidas actuales.

MEDIDAS PARA SÓLIDOS

1 libra = a 16 onzas.
Equivalente a 460 gramos.

1 cuartero = a la cuarta parte de un entero.

1 cuarterón = a 115 gramos.

1 cascarón de huevo = a 1 cucharada sopera.

1 dedal, medida para productos molidos, sal, pimienta, canela, etc, equivale a una cucharilla de las de café.

1 onza = a 16 adarmes.
Equivalente a 287 gramos.

1 adarme = a 3 tomines.
Equivalente a 179 gramos.

1 tomín = 1/3 de adarme = a 12 gramos y 575 mgs.

1/12 de tomín = a 1 gramo y 43 mgs.

MEDIDAS PARA LÍQUIDOS

1 azumbre equivale a 2 litros 16 mililitros.

1 cuartillo = a 1/4 parte del Azumbre, equivale a 504 ml.

1 cortadillo, medida casera equivalente a 1 medida, igual a: 1 cuartillo, que es 1 litro.

1 jícara = a 1 vaso de los de agua, equivalente a 1/2 cuartillo, que mide 250 mililitros. (Véase Jícara en el nº 34 de voces)

1 cacillo = a 125 mililitros.

Significado y origen de las voces

1 **Gofio**.- Este vocablo en todas las islas es usado para designar a la harina de los cereales, tostados y molidos. En cambio, en Tenerife (Güimar), Hierro y Fuerteventura, a cualquier clase de cereal tostado antes de moler se le llama Tafena.

2 **Gánigo**.- Vasija de barro muy antigua usada para conservar alimentos.

3 **Benahoritas**.- Nativos de la isla de La Palma.

4 **Bimbachos o bimbaches**.- Nativos de la isla del Hierro.

5 **Guanches**.- Voz que identifica a los primitivos habitantes de Tenerife.

6 **Cosco, cofe cofe**.- *Mesembrianthum nodiflorum*.

7 **Amagante**.- *Luenopodium*.

8 **Lisas**.- Lebranchos.

9 Juan de Bethencourt dice en sus crónicas que estas palomas eran cazadas al palo. Nosotros las identificamos como la avutarda de Fuerteventura.

10 A este tipo de carne se le llama **Maironа o Tamarona**.

11 Estas construcciones redondas, con ventanal orientado al viento dominante, el alisio, se denominan **Taros**.

12 Ovejas, designadas con la voz prehistórica **tahaxan** en Gran Canaria. **Cigüana** en La Palma y Lanzarote.

13 Al cochino se llamaban **Aranfaibo**.

14 Leche, **Aho** en Lanzarote, Gran Canaria y Fuerteventura. En El Hierro, **ahemen**.

15 Véase en la guía de Fuerteventura, por este mismo autor y Editorial, el caso del converso Heligrut, pág. 28.

16 **Tazufre**.- Odre o zurrón.

17 **Cigüana**.- Cabra u oveja.

18 **Mantequilla**.- *Amolán* en Lanzarote y Fuerteventura. *Aculán* en Gomera y en El Hierro.

19 **Ahemén**.- Suero de leche.

20 **Yoyas**.- Frutas del Mocan.

21 Islas Feudales: Lanzarote, Fuerteventura, El Hierro y Gomera.

22 Islas Realengas: Gran Canaria, La Palma y Tenerife.

23 **Cerones**.- Gigantescos bolsos de esparto, palmera o aneas.

24 **Tostones**.- Cochinillos asados.

25 **Guisero**.- Fuente honda, cuadrada o redonda, con tapa apropiada para servir y conservar los alimentos calientes.

26 **Alfeñique**.- De la raíz árabe *alfenid*; del persa *panid*. Pasta confeccionada con azúcar y aceite de almendras dulces, con la que se hacían figuritas para pasteles y otros dulces.

27 **Zurrón**.- Pellejo de cabrito donde se amasa el gofio

28 **Beletén**.- Leche de los dos primeros días después del parto de las vacas, cabras y ovejas.

29 **Tabefe**.- Voz muy antigua, aún en vigor, empleada por los campesinos para denominar al suero o líquido residual resultante de hacer el queso.

30 **Burgado**.- Voz aborigen que en todas las islas perdura para designar al caracol de mar. La existencia de las Ostras en Lanzarote : Álvarez (Rixo).

31 **Cuarterones**.- El tocino salado, cortado en cuadros.

32 **Bañas**.- Órganos interiores el cochino que contienen la mayor y mejor concentración de manteca.

33 **Arbilla**.- Músculos adheridos a las bañas del cochino. Lo mejor para hacer los chicharrones.

34 **Jícara**.- Del mejicano *xicalli*. Vasija pequeña hecha de la corteza del fruto de la guira y usada, como la loza en España, para tomar chocolate.

35 **Enyesques**.- Este término es una corrupción de la palabra castellana yesca,

que aparte de otros significados, quiere decir alimento preparado al fuego. La voz yesca, derivada del latín *Esca*, en sentido familiar y figurativo en Canarias designa a cualquier alimento que excita las ganas de beber vino, ron, güisqui, etc.; se toma a la hora del aperitivo, costumbre popular en las islas.

36 **Tollos**.- Plato característico de la cocina canaria. Voz tradicional en nuestro archipiélago para distinguir a las tiras resultantes de cortar el cazón, colgadas en liñas y secadas al sol y al aire. El cazón es un pez muy voraz, de piel gruesa, como papel de lija; su carne, tanto fresca como seca, constituye un alimento típico muy sabroso y popularmente apreciado por los canarios. Se presenta en manojos y se expende por kilos en todos los establecimientos del ramo.

37 **Carajaca**.- Se desconoce el origen de la voz; es muy antigua en Canarias y se emplea para distinguir a la tapa confeccionada a base de hígado de cochino, preferentemente frito o asado con mucha salsa picante, para acompañar al pizco de ron canario.

38 **Chuchango**.- Vocablo isleño de raíz galaico-portuguesa que en canario equivale a caracol de tierra. Plato exquisito y muy goloso . Se prepara de varias formas y es indispensable a la hora de tapear con buen vino de las islas o ron canario.

39 **Huevas de pescado**, frescas o secas.- Planchadas de cualquier pescado de tamaño regular; han sido y siguen siendo un producto muy apreciado por los canarios, que las consumen de cualquier forma: secas, hervidas, aliñadas, etc. En épocas de abundancia llegaron a tener tanta demanda que en la Gomera se hizo preciso la instalación de una fábrica de enlatado y conservación de huevas. Popularmente se les llama caviar canario.

40 **Millo**.- Cereal procedente de América, su primitiva denominación es maíz. *Cochafisco*, antigua voz empleada en Canarias para dist inguir a las actuales Palomitas.

41 **Salpicón**.- Plato típico de la cocina gallega. Cervantes lo menciona en El Quijote. A Canarias llega a finales del siglo pasado.

Hoy se emplean varias fórmulas para confeccionarlo y aplicarlo pues en su origen se hacía sólo para carnes.

42 **Pejines**.- Pez pequeño de la familia de las sardinas, el longorón, el boquerón o el chicharrón; tal como se pescan son puestos al sol y al aire para que se sequen. Las islas de Lanzarote, Fuerteventura y Graciosa son buenas productoras de este producto.

43 **Jarea**.- Vocablo popular en nuestras islas, utilizado para distinguir al pescado pequeño, abierto al centro, destripado y secado al sol y al aire. Este sistema ha sido desplazado por el hielo. Aquella costumbre arraigada en los canarios hace que se confeccione por encargo en las islas de Lanzarote, Graciosa y Fuerteventura donde aún quedan afamados especialistas. Entre las especies canarias más solicitadas por gustosas, destacan la vieja y la araña de mar; le siguen en calidad las chopas y el bocinegro.

44 **Los mojos canarios**.- De ellos pueden decirse que ocupan un lugar privilegiado en el capítulo de las salsas canarias. Existen dos variedades populares en las islas: el colorado y el verde. Este último puede consumirse crudo o hervido. El colorado, hasta finales del siglo XIX fue distinguido con el nombre de bravo; luego con el de quemón y en la actualidad se le denomina picón o de «puta madre», por su sabor fuerte, picante y quemón. Goza de gran predicamento en la población canaria,

que lo considera el rey de los mojos. Ideal para la confección de adobos, enyesques, «sopeteos» con papas arrugadas, sancochadas, pan, pellas de gofio, etc. El palmero con almendras es el aristócrata de los mojos canarios. Otro para paladares delicados se prepara con pimentón en vez de pimienta quemona; el verde, hervido o sin hervir, es propio para el aliño del pescado. El vocablo popular mojo tiene su raíz en la voz castellana moje, de mojar o, como se dice aquí, sopetear. En Canarias, como ocurre con otras voces, se le cambió la vocal «-e» por la «-o». El mojo canario, como ocurre en Cuba y a diferencia del caldo de cualquier guiso peninsular, es una salsa que se prepara preferentemente en crudo con ingredientes picantes machacados y mezclados con aceite y vinagre.

45 **Almogrote**.- Palabra compuesta, derivada del latín *ad-moretum*, en árabe *almojrot* y en castellano almodrote. Por corrupción en Canarias se dice almogrote, que en las dos primeras versiones quiere decir salsa de queso y en Canarias mojo de queso.

46 **Chicharros**.- *Trachurus Suareus*, pez que por su abundancia en las playas de Santa Cruz de Tenerife dio su nombre a los residentes en dicha ciudad, conocidos como Chicharreros.

47 **Gallegada de pescado**.- Este plato, de mucha aceptación en Gran Canaria, es de origen gallego, introducido en Canarias desde principios de siglo por los muchos gallegos aquí afincados, vinculados con la pesca y el Puerto de la Luz, que han dado un gran impulso a la economía de las islas.

48 **Sancochos**.- Pertenecen a la época gastronómica más antigua de nuestro Archipiélago. Tanto en la cocina rural como en la señorial, el sancocho ocupa un lugar privilegiado en todas las mesas canarias. Hay dos tipos de sancocho: el cumbrero, hecho con hierbas del campo y con carne de cochino, servido con el indispensable gofio; y el otro, que se prepara con pescado salado, preferentemente cherne, burro, etc. Un cherne legítimo, en perfectas condiciones, debe ser completamente blanco, no amarillo; en el primer caso se le dice «Cherne de ley»; en el segundo «Cherne pasado».

49 **Santorra**.- Singular crustáceo de la familia de las langostas; carece de antenas y su cuerpo es más corto y ancho que la africana, de color marrón oscuro y pata azul. Su carne es más sabrosa que la langosta común. Se captura en el Banco Sahariano y las islas canarias Alegranza y Graciosa.

50 **Sopimpa**.- Pez de la familia de los rascacios, de carne fina y buen gusto. Se captura a profundidades que oscilan entre los 250 y 300 metros en los mares canarios.

51 **Vieja**.- Pez que habita en las aguas del Archipiélago Canario. El exquisito sabor de su fina carne hace que se le considere el rey de los peces canarios. El macho es de color pardo y la hembra colorada; hay otra especie de color amarillo. Los canarios sentimos una gran predilección por este pez al que se le han dedicado muchos cantares y refranes populares como el siguiente: «Por abril, viene la vieja al Veril». Quiere decir que es una época estupenda para su pesca. El diccionario de la Lengua registra otra variedad que no responde a las características de las nuestras.

52 **Vicuda o picuda**.- Voz cubana adoptada en Canarias para, como en aquella isla caribeña, distinguir a un pez semejante a la aguja , que nuestros pescadores por deformación lingüística llaman Vicúa.

Abunda en nuestros mares y su nombre específico es *Esox Sphirana*; su carne es tierna y sabrosa, aunque un poco sosa.

53 **Chochos**.- Voz derivada del árabe *choch*, en castellano altramuz, del género *Lupinus*.

54 **Templero**.- Rabo de cochino que, colgado del umbral de la cocina, quedaba dispuesto para introducirlo unos segundos en el caldero del guiso de hierbas, para darle gusto al caldo y amasar gofio. Luego volvía a su sitio hasta su próxima utilización. En ocasiones se prestaba entre vecinos y se usaba hasta que perdía todo su sabor, momento en que se reemplaza por otro. Costumbre generalizada en Fuerteventura en épocas de extremada escasez, llamada hambruna. Datos que como homenaje a aquellos admirados y sufridos majoreros recojemos en esta edición.

55 **Zorrocloco** y su comida.- Denominación que hasta principios de este siglo se le daba al marido de la parturienta. Era costumbre que el hombre compartiera la cama durante los días anteriores al bautizo; ella comía el caldo, la sopa y la carne, compartiendo además las tortillas y el arroz con leche, presentes con los que los vecinos les obsequiaban. Esta tradición en Gran Canaria tiene su origen en la conjunción de costumbres gallegas y africanas, derivada de la antigua esclavitud.

56 **Burgados** (XXIX).- Es voz de origen portugués, donde se emplea para designar el caramujo castellano, pequeño molusco de color gris oscuro, con minúsculas pintas blancas, que se recolecta en los acantilados y bajo las piedras en las playas de risco a marea baja. El *burgao* es muy apreciado por los canarios para confeccionar platos típicos. Son famosos los que por encargo se preparan en escabeche envasados en botellas. Esta fórmula, muy antigua, fue empleada también para conservar ostras a partir de 1882 en Lanzarote, llamadas allí *cajetas* que hasta finales de siglo se recolectaban abundantemente en las cercanías del Charco del Janubio. Depositadas en tinajas de barro cubiertas de escabeche, se exportaban a Tenerife y Gran Canaria (XXX).

57 **Caldo de pescado**.- Nuestro típico y exquisito caldo de pescado proviene de los que hacían nuestros pescadores en sus propios barcos cuando iban a faenar a las costas de África. En 1764 dice de él el cronista consultado: «Los pescadores canarios cuelgan una olla sobre el fuego y en ella cuecen el pescado; luego cogen una fuente y ponen pan bizcochado, cebollas desmenuzadas, pimienta, vinagre y caldo. El pescado sobrante lo tiran y de segundo comen pescado asado. No hay sopa ni caldo más deliciosos que el que elaboran estos pescadores» (XXII). Doña Rosarito, arrendataria del Mesón del Puerto en el siglo XVII, hizo famoso este caldo en la celebración de las fiestas de la Luz, en la Isleta (isla de Gran Canaria). Desde entonces no hay mesa en Gran Canaria en la que no se sirva el nutritivo y sabroso caldo de pescado. De las casi setecientas especies de peces que habitan en nuestras aguas, en distintas batometrías, ninguna ha podido superar en calidad y sabor para nuestro caldo de pescado al mero; ya lo dice el refrán: «De la mar el mero y de la tierra el cordero». Otras especies de calidad para caldo son el abae, bocinegro y sama. El besugo, que se captura en Lanzarote y San Cristóbal (Gran Canaria), alcanza por Navidad precios muy altos, junto a otras que abren nuevos horizontes a nuestra cocina.

58 **Potaje**.- Derivado de pote. Originario de Galicia, es una comida equivalente a la olla de Castilla y Asturias. En Canarias

no sólo se hace con granos, sino que además se emplean verduras y hierbas silvestres. Plato indispensable en todas las mesas de los isleños. En la actualidad, el potaje de berros es el preferido de los canarios. Con muy pocas diferencias, se confecciona en todas las islas. Los berros también se consumen en ensaladas para abrir el apetito. Esta planta fue introducida en Gran Canaria por los frailes dominicos, cuyas semillas sembraron en los barrancos por donde discurría el agua permanentemente. Se distinguen, por su peculiar sabor, los cultivados en aguas minerales de las que en Gran Canaria existe gran variedad.

59 **Boango**.- Voz de origen portugués, en Canarias buango. En el diccionario de la Lengua recibe el nombre de calabacín. Nuestra especie es diferente, más redondo y gustoso. Se emplea como el calabacín, que habitualmente sustituye al boango por escasez de éste.

60 **Puchero.-** Voz que procede del latín *pulpitarios* y que en castellano significa olla para guisar; en Canarias, guiso de carnes, garbanzos y verduras. Popular en las islas mayores a partir del siglo XVI. Desde 1764 el puchero en Canarias figura en los menús tradicionales y celebraciones de cualquier rango social; a partir de ahí fue evolucionando hasta alcanzar el grado de popularidad y riqueza alimentaria que hoy goza. Es un suculento y gustoso plato, abundante en carnes y verduras, que aún hoy se sirve un día a la semana en cualquier casa canaria. A él le dedicó un romance popular en el pasado siglo Domingo Enrique que, extractado, dice:

«EL PUCHERO DE MI TIERRA»

En Canarias el puchero es de
suma tradición. Para cinco o seis
personas lleva mucho condimento.
Préndase la negra hornilla
con carbón de pino o brezo.
Echense seis litros de agua
en el pucheral caldero;
primero, carne de vaca,
dos kilos de pierna o pecho;
un argollón de morcilla,
tres chorizos y de puerco
cinco onzas; de garbanzos
de Castilla, «o conejeros»
igual suma, y una dosis
de sal de tres del impuesto.
Y cocidas que hayan sido
las partes de lo que expreso,
«se apartan» así se dice
en el canario archipiélago.
Y por la candente boca
del atezado caldero
échase la calabaza
sobre un kilo más o menos,
chayote, col, habichuelas,
panochas, bubangos tiernos,
ñames y peras; cuando haya sazonado el [fuego
tanto «totum revoletum»
como lo que dicho llevo,
apartanse las verduras
para reemplazarlas luego
con las papas y batatas
de aquellas en cinco libras,
las batatas en dos menos.
Témplese entonces, azafrán,
ajos y clavos.
En el almirez casero;
tritúrense con la manilla del fierro.
Del caldo una cucharada
viértense en él diluyendo
las especias que se arrojan
incontinente al caldero.
Y allá cuando el sol declina,
las carnes y las verduras
vuelven otra vez al fuego.

Unidos los componentes
todos por escaso tiempo
en el caldero hacinados
reciben calor de lleno.
De segunda se coloca
el manjar populachero
en anchurosa bandeja
blanca como flor de almendro.
Lo demás huelga decirlo:
Se hizo para comerlo
con la boca y los cubiertos.
Con el suculento «tumbo»
se agasajan los criados
en derredor del barreño
a la hora de la queda
en que tocan a silencio.
¿Quiere usted el coste
a que asciende este puchero?
De catorce a quince reales,
ahí... rozándole el peso.

NOTA: El peso, moneda de plata de aquella fecha, equivale a 15 reales de vellón.

61 **Tumbo**.- Formado por lo sobrante del puchero, que al quedar en el fondo del caldero, se aprovecha para la cena. Costumbre muy antigua.

62 **Baifo**.- Cabrito.

63 **Gandinga**.- Voz originaria de Cuba y Puerto Rico, derivada de la chafaina andaluza. A Canarias llega a mediados del pasado siglo a través de nuestros emigrantes. Con el tiempo se ha hecho popular en esta tierra. Fue adoptada por la población rural para denominar al plato favorito del día de la muerte del cochino (y no matanza).

64 **Alférez**.- Denominación que en la isla de La Palma se le da a la hoy llamada tableta en Gran Canaria. En su origen se confeccionaba con miel de palma y almendras y se cubrían sus dos caras con un papel blanco. En la actualidad se hace con almendras, manises o trigo tostado con azúcar a punto de caramelo. La voz alférez tiene su origen en el árabe *al-halwa*. En árabe marroquí significa dulce de azúcar y miel (XXXII).

65 **Delicias**.- Aunque la receta está tomada de viejos recetarios de famosos reposteros de Gran Canaria, se confeccionan en todas las islas de este archipiélago, cambiando sólo la proporción de la masa y la forma. En Cuba y Méjico existen dos poblaciones con esta denominación. En la primera se ubica la mayor central azucarera del mundo.

66 **Dulce de cabello de ángel**.- Se prepara de forma similar en todas las Islas Canarias, variando la cantidad de azúcar y el nombre de la calabaza, pues mientras en Gran Canaria se denomina calabaza bolluna, en el Hierro se le llama pantana o pantana dura, destinándose además para potajes y caldos; en otras islas se denomina calabaza blanca para dulce. Su nombre científico es *concubita máxima* oriunda de la India.

67 **Frangollo**.- Postre muy típico del Archipiélago canario. El vocablo frangollo, que quiere decir mezcolanza de granos triturados, es un arcaismo introducido en nuestras islas por los emigrantes canarios que regresaron del continente americano y las Antillas, a mediados del siglo pasado. En Chile esta voz quiere decir: Trigo, cebada o maíz triturado para cocerlo. Mezcla que se asemeja a las fórmulas canarias.

68 **Mantecados**.- Descendientes de las mantecadas andaluzas, cuya receta fue llevada a Cuba y traída a Canarias por nuestros emigrantes. Se confeccionan en todas las Islas Canarias con poca diferencia en la proporción de los ingredientes y forma de hacerlos.

69 **Pleita**.- Esta voz distingue una cinta de hojas de palma de 0,50 a 0,75 cm de largo, terminada su punta en una «tomisa» (cuerda); sirve para apretar la materia que en el interior del aro se deposita.

70 **Natillas**.- Son susceptibles de convertirse en variados, gustosos y atractivos postres. La imaginación de las inteligentes amas de casa y profesionales de la repostería pueden dar lugar a nuevos platos.

71 **Ñames**.- Entre las distintas variedades de ñames conocidas, la canaria tiene su origen en la de América y desde muy antiguo se cultiva en estas islas. Famosos son los ñames de La Palma y más curioso y original su cultivo en aquella isla.

72 **Pestiños**.- Postre de convento, populares en la isla de Tenerife. Se confecciona en todas las islas. Es tradicional, una vez fritos, bañarlos con miel de abejas.

73 **Quesadillas**.- La denominación de este postre, altamente estimado en nuestras islas tiene su origen en el árabe *almochabbana*, en castellano almojábana, y por corrupción en Canarias almohábana; en todas sus denominaciones quiere decir torta de queso y harina. Registrada en el Diccionario de la Academia de la Lengua en 1726, algunos investigadores se inclinan a creer que a nosotros nos llegó de América, si bien su antigüedad avala su origen español y conventual. Oigamos, si no, al inmortal Lope de Vega cuando de ellas dice:

¿Cómo os diré mi contento?
Vivas mil años amén.
Avisa a todo el convento
que hoy hay fruta de sartén
y almojábanas de viento.

Nuestras primitivas quesadillas fueron introducidas en el continente americano y de allí trasvasadas por nuestros emigrantes a estas islas. En la actualidad, las quesadillas son confeccionadas por familias canarias radicadas en diferentes islas, pero las más originales y gustosas son las del Hierro; allí hemos obtenido varias fórmulas a cual más gustosa y deliciosa.

74 **Rapadura**.- Voz portuguesa que define a las raspaduras de las adherencias del azúcar antes de lavar las calderas de los ingenios azucareros. Vocablo que se halla documentado en las Ordenanzas del Consejo de Gran Canaria del año 1521.

75 **Sopa de Ingenio**.- Según las distintas recetas que figuran en nuestro archivo fechadas en el siglo pasado, la verdadera y antigua denominación de este postre es la que aparece con este título, o sea Sopa de Ingenio. Las que se dan en modernos recetarios sin la preposición «de», pueden considerarse un modernismo que desvirtúa su origen. No sabemos si su nombre es debido a que proceden de la Villa de Ingenio, o por el contrario se debe a la ingeniosidad de los reposteros de la época.

76 **Arroz con leche**. Plato que en Canarias desplazó a las natillas en los días más señalados: San José, Jueves Santo, Domingo de Ramos, Días de parida, con el Zorrocloco y acompañantes. De ahi las antiguas follas que los visitantes cantaban a la parturienta:

A la señora parida
yo le vengo a preguntar
que si no hay arroz con leche
no le vuelvo más acá.

77 **Tirijala**.- Denominación que en Canarias se le da al pirulí hecho a base de miel a punto de caramelo blando, el cual con el calor de la boca, al chuparse y retirarse, tira y jala.

78 **Mejunje**.- Voz derivada del árabe *mechún*. Refiérese a la mezcla de varios ingredientes. En efecto, el mejunje está compuesto de ron, miel de abejas y limón según se aconseja en la receta correspondiente. Se ha recuperado en Santa Lucía de Tirajana debido a mis investigaciones realizadas en los archivos del pueblo en 1965. Su confección data del siglo pasado cuando se hacía para invitar a los obispos en sus visitas pastorales. Se dio a conocer en mi casa en 1966. En 1975 se comercializó. El licor que no se confeccione con estos ingredientes es adulterado. Recomendamos elegir establecimientos serios para su adquisición y pedir garantía.

79 **Guindilla**.- Afamada bebida tirajanera, originaria de Tunte, capital de San Bartolomé de Tirajana, se prepara con la fruta pequeña y roja llamada guinda, propia de la zona según receta.

La implantación de la Guindilla en Tunte se debe al sacerdote catalán Don José Sidesa, que a finales del siglo pasado estuvo allí de párroco. La popularidad de este licor se debe al ilustre patricio de aquella villa don Antonio Yáñez Melián. En la actualidad se le añaden clavos y pimienta negra que desvirtúan su sabor original y natural.

80 **Mistela**.- Esta voz viene del latín *mistus*, en castellano mistela, mixela; mezcla de líquidos. En tiempos pasados fue bebida popular en casi todas nuestras islas, menosen Gran Canaria. En Lanzarote, por ejemplo, hasta el primer cuarto de este siglo se hacían mistelas de distintas graduaciones según fueran para hombres, mujeres o niños. Otra mistela se fabrica con mosto de uvas, encabezado con alcohol de solo 15 o 17 grados. En la actualidad se confecciona en La Palma.

81 **Ponche**.- Voz derivada de inglés *punch* y éste del persa *pancha*. En su origen es la mezcla de cinco ingredientes: ron, agua, azucar, limón y té, aunque hay variantes como el ponche de huevo: ron, leche, clara de huevo y azúcar. El más famoso fue el de Señá Aniquita, en el Risco de San Nicolás. En la actualidad sólo se confecciona en casas particulares.

82 **Yerbilla**.- Licor dimanante de la fórmula del mejunje, llevada a Cuba y traída de nuevo a Gran Canaria por nuestro emigrantes, con el añadido de la hierbaluisa y granos de café. Como se verá nada tiene que ver con el mejunje.

83 **Conduto**.- Alimento que se toma para acompañar otras viandas como puede ser el queso, o en su defecto aceitunas que se toman con el gofio o los potajes.

84 **Guanijiais**.- Corrupción del inglés; en el argot de los cambulloneros una copa o un pizco de ron.

85. **Cambullonero**.- Vendedor marítimo.

Bibliografía

BIBLIOGRAFÍA Y DOCUMENTOS

I *La población prehispánica de las Islas Canarias*, ILSSI SCHIWIDETZKY.

II *Informe del Museo Antropológico de Santa Cruz de Tenerife.*

III *Informe del Museo Canario de Las Palmas de Gran Canaria.*

IV Padre Alonso de Espinosa, Fray Abréu y Galindo, Torriani, Viana, Tomás Marín y Cubas, Fray José de Sosa, Sedeño, Gómez Escudero , Viera y Clavijo, Millares Torres, Chil Naranjo, Sabín Berthelot, Serra Rafols, Juan Bosch Millares.

V *Las cuentas de la Conquista*. Anuario de Estudios Atlánticos número 12.

VI *Historia de Canarias*, FRAY JOSÉ DE SOSA.

VII *Anuario de Estudios Atlánticos*, n.º 7. 1961.

VIII *Protocolo Archivo Histórico Provincial*, 1528, PEDRO LÓPEZ, confitero.

IX *Protocolos Archivo Histórico Provincial, ventas, arrendamientos y testamentos*, 8-7-1532, 30-9-1535, 12-9-1525, 7-6-1535.

X JORGE GLAS, *Descripción de las Islas Canarias.*

XI JORGE GLAS, *Descripción de las Islas Canarias.*

XII *El ovillo y el Novelo*. RODRÍGUEZ MURE, año 1817.

XIII *Recuerdo de un Novetón*, DON JOSÉ NAVARRO.

XIV *Tierras de Guanarteme.*

XV *Tierras de Guanarteme* (1905).

XVI *América y la España del siglo XVI*. GONZALO FERNÁNDEZ.

XVII *América y la España del siglo XVI*. GONZALO FERNÁNDEZ DE OVIEDO.

XVIII *Historia de Galicia*, RAMON OTERO PEDRAYO, a través del gallego afincado en Canarias, Rafael Morgado Formoso, capitán de la Guardia Civil.

XIX *Historia de la Conquista de las 7 Islas Canarias*. FRAY JUAN ABRÉU GALINDO.

XX *Archivo Histórico Provincial, Protocolo 2.345*. ESCRIBANO SALVADOR GONZÁLEZ.

XXI *Archivo Histórico Provincial, Legajo 2.494*. ESCRIBANO SEBASTIÁN ESPINO.

XXII *Historia de Arucas*. PEDRO MARCELINO QUINTANA.

XXIII *Manual del lenguaje criollo del Centro y Sudamérica*, CIRO BAYO (1931), y JOSÉ MIGUEL ALZOLA, *El millo en Canarias* (1984) .

XXIV *Diccionario de Historia Natural de las Islas Canarias*, DON JOSÉ DE VIERA Y CLAVIJO.

XXV Don José de Viera y Clavijo.

XXVI *Crónica del Perú*. PEDRO CIEZA DE LEÓN.

XXVII JUAN RÉGULO PÉREZ. *Anuario de Estudios Canarios.*

XXVIII Jorge Glas.

XXIX *Léxico Canario*. PANCHO GUERRA.

XXX José Agustín Álvarez Risco.

XXXI La información se debe a la familia Araña Yanes.

XXXII *Fenómenos de Analogía en los portuguesismos de Canarias*. JOSÉ PÉREZ VIDAL.

Otras fuentes:

Canarias, el Azúcar, Dulces y las Conservas, José Pérez Vidal.
Medicina y dulcería en el libro de Buen Amor. José Pérez Vidal.
Fenómenos de analogía en los portuguesismos de Canarias. José Pérez Vidal.
Boletín del Instituto Histórico Da Ilha Terceira.
Otros valiosos datos cuyos documentos se conservan en nuestra biblioteca.

AGRADECIMIENTO

Expreso mi agradecimiento a:
Doña María Fernanda Ayala.
Don José Miguel Alzola.
Don Antonio María González, Cronista Oficial de la Ciudad de Telde y Director del Museo León y Castillo de dicha ciudad Gran Canaria.
Don Luis García Correa y esposa.
Doña Loli González Verneta. (La Laguna, Bajamar, Tenerife).
Doña Piedad Páez, residente en la Isla Graciosa.
Don Rafael Morgado Formoso. Capitán de la Guardia Civil.
Que amablemente me permitieron el acceso a sus archivos familiares o particulares de donde extraje valiosos datos.
A mi esposa, Conchita González Parrilla, de la cual obtuve positivas aportaciones de sus altos conocimientos y dominio de la cocina canaria por tradición familiar.
Archivo Diocesano, Museo Canario y Casa de Colón.
Caja Insular de Ahorros de Canarias.
De forma muy particular al maestro de Cocina, don Manuel Espino, valioso colaborador, que aportó entusiasmado sus inestimables conocimientos.
Al director del Restaurante HAO, en Santa Lucía de Tirajana, don José Manuel Oliva Cazorla y a su cocinero mayor.
Ilmo. Sr. D. Bartolomé Domínguez, exdirector de la Escuela de Hostelería de la Provincia de Las Palmas.
A Juan Toledo Betancort y su esposa Margucha, vecinos de la Isla Graciosa.
A tantos otros residentes en el Archipiélago Canario, que harían interminable esta lista.

Índice de recetas

ENYESQUES Y ENTREMESES

Aceitunas con mojo 35
Aceitunas del país al temple del huevo 35
Aguacates rellenos, ocho islas Canarias 36
Albóndigas canarias 36
Albóndigas de carne 37
Burgados o lapas en escabeche (I) 38
Burgados o lapas en escabeche (II) 38
Carajacas tirajanecas 39
Carcajacas cumbreras 39
Carcajacas del Mosquito 40
Carne en adobo 40
Cochafisco 42
Chicharrones populares 42
Chicharrones tradicionales 42
Chochos 43
Chuchangos en salsa 43
Chuchangos en salsa de vino 44
Chuchangos en salsa deliciosa 44
Ensalada de verano, ocho islas Canarias 45
Entremeses de verano 46
Huevas de pescado fresco rebozadas 46
Huevas de pescado prensadas secas 46
Huevas fritas a lo cambullonero 48
Jareas en salpicón 48
Lapas con mojo 48
Lapas sudadas al estilo de Salvador 49
Mejillones jareados majoreros 49
Morena frita 49
Morena pintada en salmorejo 50
Pejines (I) 50
Pejines (II) 50
Pejines fritos 50
Pulpo en salsa 51
Pulpo en su jugo 51
Rosquetes de huevas de pescado fresco 52
Salpicón de pulpo 52
Sardinas a la brasa 52
Sardinas tostadas con gofio 54
Tollos con mojo picón 54
Tollos con mojo verde 55
Tollos en salsa 55
Tollos en salsa del país 56
Viejas jareadas sancochadas 56

GOFIOS

Beletén de cabra 59
Beletén de oveja 59
Beletén de vaca 59
Beletenes con gofio 59
Buñuelos de gofio doña Isabelita 59
Escacho palmero 60
Escaldón con yema al horno 60
Escaldón de gofio del siglo XIX 61
Escaldón de gofio y leche 61
Escaldón de tocino 61
Gofio amasado con papas y batatas 62
Gofio con chicharrones 62
Gofio con miel 62
Gofio con tabefe 62
Gofio con vino tinto (o rala de vino) 63
Gofio en pella (o pella de gofio) 63
Gofio escaldado 63
Gofio escaldado al estilo de los bordones 64
Gofio y leche 64
Plátanos con gofio 64
Rapaduras de gofio 65
Tulipán de gofio 65
Turrón de gofio 65

MOJOS

Almogrote gomero 69
Mojo bravo, picón o colorado 69
Mojo de ajos 70
Mojo de almendras palmero 70
Mojo de huevos 71
Mojo de naranjas agrias 71
Mojo de queso 72
Mojo herreño de queso 72
Mojo hervido 74
Mojo majorero 74
Mojo verde con cilantro 74
Mojo verde con perejil 75

Salsa amarilla 75
Salsa bechamel 75
Salsa canaria de aguacates 76
Salsa costera 77
Salsa de nueces don Virgilio 77
Salsa de tomate 77

MARISCOS Y PESCADOS

Almejas en salsa canaria 81
Almejas reales en salsa canaria Toñita Sánchez 81
Almejas reales en salsa majorera 82
Arroz con burgados y lapas 82
Atún fresco embarrado 83
Atún frito moganero 84
Atún moganero 84
Besugos al horno 85
Bolitas de cherne salado 85
Cabrillas con almendras 86
Cabrillas en escabeche 86
Calamares al estilo de la isla Graciosa, Margucha 87
Calamares compuestos (I) 87
Calamares compuestos (II) 88
Calamares rebozados 88
Calamares rellenos 89
Cangrejos en mojo hervido 89
Centollo relleno Islas Canarias Manolo Espino 90
Compuesto de lapas 90
Compuesto de pescado a la maxorata 92
Congrio con arroz 92
Cherne con acelgas 93
Chicharros con mojo verde 93
Chicharros en escabeche 94
Empanadillas de sama 94
Encebollado de cherne fresco 95
Encebollado de pescado salado 95
Encebollado de viejas 96
Ensalada de cherne salado 96
Estofado de huevas de pescado 97
Gallegada de pescado 97
Huevas de pescado con salpicón 98
Langostinos con migas Manolo Espino 98
Mejillones en salsa majorera 98
Pastel de cherne salado 99
Pastelón de pescado 99
Pescado a la cazuela 100
Pescado al horno 100
Pescado en escabeche 102
Picadillo de pescado 102
Pota a lo costero 103
Pulpo compuesto 103
Revuelto de tollos moganeros 103
Rollo de pescado 104
Salpicón de pescado 105
Sama al horno al gusto conejero 105
Sancocho canario de pescado salado 106
Santorra con aguacate horneada 106
Sardinas de agaete en escabeche 107
Sardinas empanadas 107
Sardinas en adobo Piedad Paez 108
Sardinas fritas 108
Sardinas prensadas en aceite Pinito Parrilla 108
Sardinas rebozadas 109
Sardinas rellenas 110
Sargo al horno al estilo palmero 110
Sobrante de sancocho de pescado salado (I) 111
Sobrante de sancocho de pescado salado (II) 111
Sopimpa arinagüense 112
Tamboritos de salmón 112
Tollos al ajillo 112
Vicuda o picuda en escabeche 113
Viejas al horno doña «Juanita» 113
Viejas sancochadas 114

CALDOS, SOPAS, POTAJES Y PUCHEROS

Arvejones a la majorera 117
Caldo de gallina para el zorrocloco 117
Caldo de lapas y burgados 118

Caldo de millo 118
Caldo de papas 119
Caldo de pescado (I) 119
Caldo de pescado (II) 120
Crema de aguacate 121
Crema de cangrejos 121
Migadas de huevo 121
Potaje conejero de chicharos blancos 122
Potaje de acelgas 122
Potaje de arvejas (I) 124
Potaje de arvejas (II) 125
Potaje de berros 125
Potaje de berros con garbanzos 126
Potaje de buangos 126
Potaje de cardos con hinojo 126
Potaje de colinos 127
Potaje de convento 128
Potaje de jaramagos 128
Potaje de leche 130
Potaje de lechugas 130
Potaje de lentejas (I) 131
Potaje de lentejas (II) 131
Potaje de lentejas con garbanzos 132
Potaje de millo graciosero 132
Potaje de rábanos 133
Potaje de verduras 134
Potaje majorero de chicharros blancos doña Mima 134
Potaje santo de habas tiernas 136
Puchero de bodas del siglo XIX 136
Puchero gallina aldeano 137
Puchero Toñita María 138
Rancho canario popular 139
Rancho canario selecto 139
Rehogado de lentejas majorero doña Deogracia 140
Sancochado de rábanos 140
Sancocho de mixturas de hierbas, conocido por taco 142
Sopa a la reina Conchita Parilla 142
Sopa de aguacates 143
Sopa de almendras 143
Sopa de aves silvestres doña Chicha 144
Sopa de buangos 144
Sopa de fideos para abuelitos 145
Sopa de lapas 145
Sopa de lechuga 146
Sopa de mariscos Toñita María 146
Sopa navideña canaria 147
Tumbo de puchero 147

CARNES

Arroz a lo Grancanario 151
Arroz con pollo a lo canario 151
Asado de carne 152
Baifo compuesto 152
Baifo en adobo 153
Baifo frito a la canaria 153
Carne a la reina Conchita Parrilla 154
Carne compuesta al estilo conejero 154
Carne compuesta al estilo isleño 155
Carne compuesta de cabra 155
Carne de cochino a la cazuela de Taburiente 156
Carne de cordero en salsa 156
Carne en adobo con mojo 157
Cazuela canaria 157
Cazuela de gallina don Mateo 158
Cochinillo al horno a la «moda» de Alfonsito el panadero 159
Compuesto de riñones de la casa del pastor 159
Conejo con almendras 160
Conejo en adobo 160
Conejo en salsa Carmita Sánchez 162
Conejo en salsa de cazador 162
Conejo en salsa majorera 163
Costillas de cochino con millo 163
Costillas de ternera a la naranja agria 164
Estacas 164
Gallina rellena 165
Gandinga de caldo 165
Gandinga en salsa 166
Guiso de pollo doña Luisa 167
Guiso de pollos 167

Guiso majorero de carne de cabra 168
Lambreado de carne 168
Lascas de convento 169
Mojo de cochino al estilo de la familia Naranjo Rivero 169
Orejas de cochino frescas rebozadas 170
Pan de conejo 170
Pastel de aves 172
Pasteles del alcalde 172
Pata de cordero mechada 173
Perdices compuestas 173
Picadillo de cordero o baifo 174
Pichones en leche de almendras 174
Pichones en salsa para recién paridas 175
Pollitos a la canaria 175
Pollo al romero Concha Ramírez 176
Pollo conejero doña Piedad 176
Pollos al limón 177
Rollos de carne Conchita Parrilla 177
Ropa vieja (I) 178
Ropa vieja (II) 178
Salmorejo de carne de cabra 179
Solomillo de ternera relleno 179

GUARNICIONES

Arroz con millo tierno 183
Arroz con verduras 183
Boangos con carne de puchero al horno 184
Bolitas de papas 184
Budín de papas 185
Compuesto de papas 185
Croquetas casino 186
Croquetas de cherne salado a lo don Mateo 186
Habichuelas compuestas 187
Papas arrugadas a la marinera 187
Papas arrugadas a lo tradicional 188
Papas panaderas 188
Papas rellenas 189
Pastel de millo a la canaria Conchita Parrilla 189
Verduras adobadas 190

HUEVOS, MASA DE HOLJALDRE Y PUNTOS DE AZÚCAR

Huevos rellenos 193
Masa de hojaldre 193
Tortilla a las finas hierbas 194
Tortilla de aguacate 194
Tortilla de cangrejo 194
Tortilla de plátanos 195
Tortillas de cherne salado 195
Tortitas de buangos 196
Puntos de azúcar y sus aplicaciones 196

POSTRES

Alamohabanas 201
Alegrías tirajaneras 201
Alférez 201
Arroz con leche de arucas 202
Arroz con leche de paridas 202
Arroz con leche majorero 203
Besitos de guía 203
Bienmesabe 203
Bizcocho con salsa de vino cremosa 204
Bizcochón de Agaete 204
Bizcochón de naranja 205
Bizcochón siglo XX, 1903 205
Bizcochos de Moya lustrados 205
Bizcochos de tamaraceite 206
Bolitas de pasas 206
Bollitos de cuajada de Isabelita 208
Bollitos del cura 208
Bollos de cuajada 209
Bollos de leche al horno 209
Bollos de leche fritos 209
Bollos de millo 210
Bollos del alma 210
Bombones caseros de chocolate y almendras 211
Brisas canarias 211
Buñuelos de plátanos 211
Buñuelos de queso tierno 212
Cachirulos de queso 212

Castañas Teide nevado 213
Crema batllori 213
Crema borracha 214
Crema de chocolate 214
Cuajada imperial 214
Chocolate merengado 216
Churros 216
Delicias de santa Lucía de Tirajana 216
Delicias del barrio de Vegueta 217
Dulce de almendras 217
Dulce de cabello de ángel 218
Dulce de leche 218
Dulce de leche cortada 218
Ensalada canaria de papaya y plátano 219
Ensalada de frutas canarias 219
Flan de almendras 219
Flan de leche condensada y almendras 220
Flan de miel de palma Antonio Quintero 220
Flan de piña herreño 220
Frangollo de santa Lucia de Tirajana 221
Frangollo de Teide 221
Frangollo tradicional 222
Frangollo yarita 222
Galletas de nata 224
Huesos de San Expedito 224
Huevos moles 224
Huevos moles para combinados 225
Leche asada (I) 225
Leche asada (II) 226
Leche cuajada con miel 226
Leche frita 226
Magdalenas de nata 227
Magdalenas populares 227
Magdalenas tradicionales 227
Manjar blanco 228
Manjar de millo tierno 228
Manjar de novicias 228
Mantecados de café de Agaete 229
Mantecados de santa Lucía de Tirajana 229
Mantecados populares 230
Matrimonios Conchita Parrilla 230
Mazapán de boda (siglo XIX) 232
Mazapán de las medianías 232
Mazapán de las medianías (siglo XX) 233
Mazapanes herreños 233
Mermelada de albaricoques 234
Mermelada de huevos 234
Mermelada de tomates 235
Mermelada de tunos Miguel Ángel 235
Natas del rey 235
Natillas al caramelo 236
Natillas de obispos 236
Natillas tradicionales 236
Ñames sancochados y miel 237
Paciencias herreñas 237
Pan de convento 237
Pan de rey 238
Pastas de merienda 238
Pastas para meriendas 238
Pastel de garbanzos a la moda conejera 240
Pastel de plátanos 240
Pasteles de carne navideños 241
Pepitos 241
Pestiños 242
Plampudín casero 242
Postre de castañas 242
Pudín de almendras (I) 243
Pudín de almendras (II) 243
Pudín de ñames Antonio Quintero 243
Pudín de pan de Agüimes 244
Pudín de pan santa Lucía 244
Pudín de plátanos 245
Pudín de rebanadas de pan 245
Pudín de requesón 245
Pudín de zanahorias 246
Quesadillas fritas 246
Quesadillas fritas herreñas 248
Quesadillas tradicionales de Gran Canaria 248
Queso de higos pasados 249
Queso de higos pasados tradicional 249
Rapaduras blancas 250

Rapaduras de almendra 250
Rapaduras de chocolate 250
Rapaduras de leche 251
Rosquetes de almendra 251
Rosquetes de obispo 251
Sopa de ingenio 252
Sopas de miel de abejas 252
Suspiros de teror 252
Suspiros palmeros 253
Tabas 253
Tabletas de almendra 253
Tarta de nueces 254
Tarta de papaya 254
Tarta de queso 255
Tejas de almendras 255
Tentaciones galdáricas 256
Tirajalla 256
Tocino de cielo 256
Torta de cuajada 256
Tortas de garbanzos 257
Tortas de Santa Teresa 257
Tortilla de bodas 258
Tortillas de paridas y de carnaval Toñita María 258
Tortitas para meriendas (I) 259
Tortitas para meriendas (II) 259
Tostadas con almendras 259
Truchas con cabello de ángel 260
Truchas conejeras de batatas 260
Truchas de batatas 260
Truchas horneadas 261
Truchas majoreras 261

BATIDOS Y REFRESCOS

Batido monseñor 265
Batido regional canario 265
Batido Santacrucero 265
Escarcha de uvas 265
Helado de aguacate 266
Néctar de papaya maspalomas 266
Refresco de tunos 266
Sangría conejera siglo XIX 267

QUESO, VINOS Y LICORES

Quesos canarios, los 271
Vinos canarios, los 272
Mistela (I) 275
Mistela (II) 275
Licores 276
Guindilla 276
Huevos malvasía 276
Malvasía fin de fiesta 277
Mejunje 277
Papaya al ron 277
Ponche de la «señá» Aniquita 278
Ponche de plátanos 278
Ron cumbero 278
Yerbilla 279
Medidas para líquidos 279
Medidas para sólidos 279